MYRRH GARDEN

没药花园

迷案重现

MYRRH GARDEN 没药花园

何袜皮 —— 全新作品

湖南文艺出版社
HUNAN LITERATURE AND ART PUBLISHING HOUSE

博集天卷
CS-BOOKY

迷案重现

目 录

Contents

1

日本福岛县
女教师宿舍便池怪死案

1989 年 2 月 28 日的傍晚，日本福岛县一名 23 岁的小学女教师探亲回来，在自己宿舍的便池下方发现了一具尸体。躺在 U 型便池内的是与她相识的 26 岁同村男子，已死亡两日。由于 U 型管内十分狭小，他是如何进去的，以及为什么要进去至今仍是未解之谜。警方根据法医的结论，以"偷窥导致意外身亡"结案，但众多村民无法接受这个结论。

下面我们一起看看究竟发生了什么，以及可能的真相。

上篇：案情篇

01. 发现尸体

1989 年 1 月 7 日，日本昭和天皇去世。

1 月 18 日，福岛县下了一场大雪。

2 月 24 日，日本为昭和天皇举行隆重的"大丧之礼"，全日本放假。

第二天是周六，因此 24 日至 26 日小学连着放了三天假。福岛县一个小山村的小学女教师赤子（化名）多请了一天假，在 24 日至 27 日之间回了县内的老家。

2 月 28 日，赤子回到了位于田村郡都路村古路上的小学。虽然周六下了一场冰雹，但当天气温回升了一些，最低气温 0 摄氏度，最高气温 12 摄氏度，室外尚有一些残雪。

晚上六点左右，天色已黑，赤子给学生上完课后，从学校走回旁边的教职工宿舍。教职工宿舍一人一间，每间都配有独立的厕所。而这起案件就发生在赤子专用的厕所下方。

当年的厕所还采用简单的蓄粪池设计。一个 U 型管道，一端是位于室内的蹲便器，另一端是位于户外的排污口，定期会有清洁工从排污口把管道内的粪水抽走。

赤子称她回到宿舍上完厕所后，碰巧往便池口看了一眼，隐隐约约看到了什么东西，像是一只鞋子，她感觉有些奇怪。

赤子独自来到户外，发现排污口的盖子是打开的。她从排污口向下望去，看见了人的腿。她吓坏了，认为有人钻到下面偷窥她，立刻跑去通知了校长和同住职工宿舍的同事。

校长和几个男同事来到排污口也向下探望，确认里面是人的腿，且脚上没有穿鞋。校长报了警。

警方到后，曾试图把人从排污口拖出来，但那个人却像被卡住了。最终，消防员叫来了挖掘机，挖了整个 U 型管周围的土，并用起重机吊起 U 型管。随后，他们用切割机把管道切开。

里面的男子身体僵硬，已经死亡多时。

尸体的姿势很奇怪。他穿着长裤，双腿弯曲；上身赤裸，双手把衣服（有说是毛衣，有说是夹克）抱在胸前。他的头部对着蹲便器的便池口，脸朝上，但微微偏向左侧。头上放了一只皮鞋。

根据法医推断，死亡时间是在两天前，即 2 月 26 日。死者的身上除了膝盖和肘部有轻微擦伤外，没有其他明显外伤，死亡原因是低温导致的心肺衰竭。

结合尸检结果来看，他应当是 24 日就进入了管道，26 日死去，28 日尸体被发现。

也就是说，他很有可能是活着进入管道，浸泡在冰冷的粪水中，两天后被冻死的。死者的另一只鞋子后来也找到了，在离案发现场不远的河岸上。

由于尸体在粪水中浸泡了两天，非常臭，所以在取出后先清洗了两遍才进行解剖，这意味着如果尸体上有可以被当作证据的精液、毛发、指纹等痕迹，也早已被洗掉了。

二十世纪八十年代末各种技术手段还不先进，尚没有应用 DNA 检测。由于死者没有外伤，没有证据可以证明他死于谋杀，警方认定这是一次意外。他们推测，死者为了偷窥赤子上厕所而主动进入 U 型管，但由于管道狭窄无法挣脱，最终被冻死。

村民们无法接受警方的结论，他们不相信这个优秀的青年会做出如此荒唐变态的事。

都路村总共有 3800 个人，加上其他几个村子的人，村民们总共搜集到了4000 多个签名。他们要求警方重新调查，恢复菅野直之的名誉。但警方坚持，证据指向菅野直之的死亡是个意外，没有再调查此案。

02. 死者是谁?

死者名叫菅野直之，26 岁（有说 25 岁），住在距离小学约十分钟车程的都路村。他未婚，和父母及祖母住在一起。他在邻村的一家公司工作，主要为核电站提供养护服务。同时，他还担任"村青年会"娱乐活动部长等职务，喜欢运动和音乐，会弹吉他、作词，高中时和同学组建过乐队。

菅野直之是村民心中的好青年。大家评价他个性开朗，人缘很好，口才出众，受人信任，经常被朋友邀请当结婚司仪等。在他去世后，警方在他的房间找到了一些色情刊物和录像。但是，对于一个单身男青年，这也不奇怪。

菅野直之生前的活动引发了人们对他的死因的揣测。一个和他的工作有关，另一个和都路村的村长竞选有关。

菅野直之很有才干。他在公司的职务是营业主任，也曾担任福岛第二核电站的操作人员。但在他死亡前两个月，福岛第二核电站发生了 3 号机零部件脱落事故。

事故的具体情况是这样的：1988 年底，福岛第二核电站无视警报继续运作，致使原子炉再循环泵内部的叶轮回转翼破损、断裂，金属片流入核心，造成核反应堆长时间停机。

当时的福岛县知事（相当于省长）佐藤荣佐久氏是反核电派。或许是怕遭到当地政府的反对，东京核电公司一直隐瞒事故，直到 1989 年 1 月 6 日才终于向福岛县政府汇报情况。

菅野直之曾接受调查组询问。他的老板推荐他去接受询问，也是因为他的理念是支持核电的。

不久后，菅野直之的同事，即第二核电站的保养维修科的科长在火车站台跳轨自杀，没有留下遗言说明自杀原因。

有人因此猜测，菅野直之说不定知道什么核电站事故的内幕，想要告发，却被核电公司的杀手灭口。行凶者伪造了死者偷窥女教师致死的情节。

第二件事和村选举有关。关于要不要在都路村建核电站，村民分为两派，一派认为核电站污染环境、危害健康，坚决反对；另一派则认为建核电站有利于当地经济发展，应该支持。当时都路村正在进行村长换届选举，新村长的态度将决定核电站的前景。

现任村长是核电站推进派，正在寻求连任。菅野直之本人就在核电行业工作，自然是支持建核电站的，也支持现任村长。在案发十天前举行的村长选举中，菅野直之还替现任村长演讲拉票。但在那次演讲之后，他突然不再出现在选举中。他的缺席也在他死后引发了一些流言。

有人猜测，菅野直之发现村长受贿，并用钱拉选票。富有正义感的他想去警察局举报，才会被村长中途弃用，甚至被灭口。

但也有菅野直之的朋友，也是青年会的会长，向记者否认这种猜测。

现任村长有个选举参谋。该参谋的二儿子 Z 刚好和发现尸体的女教师赤子有婚约，而大儿子在发现尸体后曾准备过吸粪车。

对于核电公司谋杀说和村长谋杀说，有媒体称它们为"天书奇谈般的想象"。

03. 骚扰电话

死者菅野直之不仅认识发现尸体的赤子，也认识她的未婚夫 Z。这也不奇怪，都路村总共就 3800 人，许多人互相都认识。

Z 是名男教师，有文章说他和赤子在同一所小学工作。Z 是青年会的会员，且如前文所说，他的父亲是村长的第一选举参谋，而他本人与菅野直之是朋友。

在案发前赤子曾遭到一系列恶作剧电话的骚扰，报警后依然没有得到解决，很受困扰。菅野直之协助 Z 一起调查此事，也因此与 Z 的未婚妻赤子成为朋友。菅野直之和 Z 将其中一通骚扰电话录音，并把录音带交给了福岛县警察，但警察敷衍对待，并没有处理此事。

据菅野直之的朋友说，菅野一直在帮忙调查究竟是谁打的骚扰电话，并似乎有了一些眉目。他曾对同事说，他知道是谁干的了。但他并未说出那个人的名字。也有朋友曾听菅野直之说起，他几乎阻止了骚扰者继续给赤子打电话。

那么这个骚扰者究竟是谁呢？警方并没有确定。

据周围人的闲话，电话骚扰者可能是住在赤子宿舍附近的一个 51 岁的男子。该男子有过犯罪前科，他否认自己打过骚扰电话，起先说不认识女老师，后来又说过这样的话："那个女老师哪怕从远处看，也是男人喜欢的那种女子。"

他说自己在发现尸体的当日（28 日）外出干活了，不知道这些事，并提供了不在场证明。不久警方就把他从涉案关联人物中删除了。

可菅野直之很可能在 24 日就进入了厕所，51 岁男子有无不在场证明呢？

此外，网络上至今还有一些流言，说赤子只是从短期大学（相当于中国的大专）毕业，过去是个不良少女，在村中与多个男性有关系，和菅野直之也交往过，并且她和未婚夫 Z 在案发前已经出现感情问题。这些传闻的来源不明确，也有新闻称这些是"谣言"。案发后，赤子因不明原因和 Z 解除了婚约，转到了别的学校，离开了都路村，没人能找到她询问更多的情况。

04. 失踪前

其实在 24 日，即"大丧之礼"全国放假的当天，菅野直之便已失踪。

2 月 23 日（周四）晚上，他参加了一个公司前辈的送别会。多名当晚一起参加聚会的人做证，菅野直之在半夜一点左右离开餐厅，独自驾车回家。

青年会会员 C 也参加了这个聚会，他在那期间听到菅野直之说："明天要见一个不得不见的人。"C 告诉菅野直之的家属，当时菅野是一副不想见那个人的样子。

2 月 24 日上午十点，菅野直之走出房间，站在玄关对正在看电视的父亲说了一句："我出门一下。"随后，他驾驶自己的汽车离开了。

当晚他没有回家，他的父亲找不到人，便去警察局报了失踪。

在菅野直之失踪期间（2 月 25 日~27 日），村长的第二个选举参谋（不是 Z 的父亲）曾来到菅野直之家中，打听菅野去哪儿了。他可能从哪儿听说了菅野直之失踪一事。

在菅野直之失踪后的某天，有人发现菅野直之的汽车停在小学教职工宿舍附近的农协停车场。车钥匙插在车上没有拔下来，车门也没有锁，看起来好像他很快会回来，或者临时走开一下。

菅野直之一直没有被找到，直到 2 月 28 日被赤子发现死在厕所管道内。

【没药花园】如何进入管道？

U 型管的三段都是圆筒形状。它的一端是位于户外的排污口，竖管直径是 36 厘米；另一端位于室内，开口直径也是 36 厘米，但上面固定了一个蹲便器，便池口的直径约 20 厘米。

根据《经济产业省 2004—2006 年调查》，日本 25 岁~29 岁男性的平均肩宽为 40.4 厘米，同龄日本女性的平均肩宽是 36 厘米。

虽然不知道菅野直之的身高和肩宽。但是，热爱运动的菅野直之的肩宽较大可能大于日本女性的平均肩宽 36 厘米，也就是竖管的直径。

由于 U 型管内空间狭窄，他几乎不可能在管道内把头脚调换位置，因此他当时必然是头朝下先进去，脚在后面进。这意味着，他舒展的肩膀会先在 36 厘米的直径口卡住。

如果菅野直之不是处于昏迷状态或自愿配合蜷缩肩膀及整个身体，其他人很难在不弄伤他的情况下把他强塞进 U 型管。如果他有过激烈反抗，身上很可能会留下淤青等痕迹，但法医称没有发现这些伤痕。

有文章称，菅野直之的父亲曾在现场找回 U 型管碎片，重新拼出 U 型管的形状，而菅野直之生前所在的公司也曾搭建了一个一模一样的 U 型管。他们试图重现菅野直之当时是怎么进入管道的，但都没能成功。

不管如何，现实中没有魔法师，菅野直之确确实实进入了管道，而且只在他的膝盖和肘部有轻微擦伤。那为什么做实验的人进不去呢？

或许在紧张、害怕、内心抗拒的情况下，实验者的身体会变得僵硬，肌肉紧张。不情愿进去，又没人施压，就退缩了。

那么菅野直之这么用力挤入（或被塞入）管道，为什么没有造成其他擦伤呢？日本的这些 U 型管为了方便清洁，内部的水泥不会很粗糙。如果他是穿着衣服进入的，且在进入时没有制造很大的阻力，也有可能保证皮肤上没有擦伤。

结合他身上没有擦伤、没有其他搏斗的痕迹以及最终能够进入管道的情况来看，我认为他在进入时的状态有如下可能：一、处于昏迷状态，任人摆布；二、主动下去；三、被人要挟后自愿配合。

换言之，我排除的只是"有人采用暴力把他强塞进管道"那一种可能。因为考虑到现实条件，这样做很难成功；哪怕成功，也势必会在他身上造成更多的伤痕。

【没药花园】为何没出来？

排污口的盖子是打开的，如果真有杀手，也不可能几天几夜守在上面，所以菅野直之无论是被人塞进去的还是自己进去的，最终没出来的原因只能是：一、不想出来；二、卡住了，出不来。

目前没有发现菅野直之有自杀的倾向。哪怕他起初有厌世的念头，在长时间极度寒冷和饥饿的情况下，人会本能地想要脱离那个环境，很可能会中断自杀。而且就死亡方式而言，恐怕也没有人会选择在"厕所冻死"这种漫长、恶心、痛苦并且可能还死不了的方式自杀。

所以我认为他没出来，不是因为不想出来。那么，只能是卡住了，出不来。

事实上，他可能大声呼救过，但因为日本山村人少加上放假，没人听到。

能进得去，为什么出不来呢？以前的画没有完全按照比例绘制，所以我根据他的身高腿长比例重新手绘了一个。

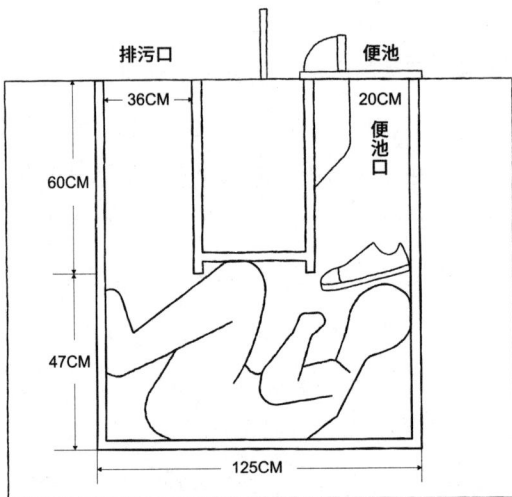

假设菅野直之的身高是 170 厘米，按照日本人的平均会阴高 / 身高 =0.449（脚底到裆部 / 整个身高），他的上身长度约为 94 厘米，而腿长约 76 厘米。大家可以从上图中看出，他完全不可能把腿伸直。

那么他可以原路退回去吗？

我想如果他有足够的臂力，当他手臂撑起倒立的话，大腿以下的腿部可以露出 U 型管，但是继续往上就很艰难了，因为他的肩膀进入直径 36 厘米的圆筒后就会被卡住，阻力极大。如果说，他进入管道时还有重力帮忙，那退出去时几乎没地方可以使力。

在他被困住的初期，我相信他不会坐以待毙，而是尝试过出去，但怎么努力都只是白白消耗体力和能量，根本不可能实现，也没有人听见他的呼喊。于是他只能回到管道内，采取斜靠在竖管壁上，或者平躺这种最节省体力的姿势。此刻，他唯一剩下的希望是赤子回到宿舍，可以听见或看见他，所以他把头对着便池口，但是他没能撑到那个时候。

05. 死因详解

法医推定，在狭窄空间内受压迫加上低温，导致菅野直之体内血液循环障碍，最终被冻死。

其实他死亡时保持的蜷曲姿态，也符合冻死的特征。人身处冷水中如何保持体温？美国急救知识中的 HELP（heat escape lessening position，减少热量发散动作），和菅野直之的尸体被发现时的动作几乎一样。

菅野直之未必知道这个动作，但尸体的姿势或许可以说明，无论是蜷缩身体还是把毛衣抱在胸口给心肺部位保温，都是一个正常人试图保持体温的本能动作。

菅野直之在进入管道至死亡的 48～60 个小时内到底经历了什么？我们看一下那几天的天气和气温。

24 日，如果他是在上午阴天时进入的，天气不算特别冷，但到了夜间就只有 0 摄氏度。

25 日，最低气温降到了零下 1 摄氏度。

25 日和 26 日下过雨和冰雹，雨水和冰雹落入没有盖子的 U 型管，导致内部的湿度增加、水位升高，温度进一步降低，也让他的身体更大面积接触冷的液体。

按照法医的推定，他没有撑到 27 日。大家都知道人体的恒定体温是 37 摄氏度。低温症是指一个人丧失的热量大于产生的热量，导致体温降到 35 摄氏度以下。若持续如此，此人最终会死亡。

一个人冻死的过程可分为四个时期：兴奋期、兴奋减弱期、抑制期、完全麻痹期。各个时期之间是相互连续的。

1. 兴奋期：体温在 35 摄氏度～36 摄氏度，寒冷初期，出现寒战，呼吸、心率加快，血压升高，神经处于兴奋状态，这个时期可产生较多的热量维持下降的体温。

2. 兴奋减弱期：体温在 30 摄氏度～35 摄氏度，血液循环和呼吸功能逐渐减弱，呼吸、心率减慢，血压下降，出现倦怠，运动不灵活，可能出现意识障碍，这个时期持续的时间比较长。

3. 抑制期：体温在 26 摄氏度～30 摄氏度，心率、呼吸减慢，血压逐渐下降，对外界的刺激反应迟钝，意识处于模糊状态。这个时期体表温度和肛温有一段时间接近或相等，出现"反常热感觉"，可发生"反常脱衣现象"。

4. 完全麻痹期：体温在 25 摄氏度以下，体温调节中枢功能衰竭，呼吸、心率抑制，血压几乎呈直线下降，各种反射消失，对外界的刺激无反应。最终导致血管运动中枢及呼吸中枢麻痹而死亡。

他为何会脱掉上半身的衣服呢？

关于菅野直之脱衣服，有以下三种推测：

推测一：他自己可能在钻入前就脱掉了衣服。

当天气温不高，他所穿的衣服应当是较厚实的。脱衣服可能是为了缩小体积，顺利进入 U 型管；也可能是怕衣服沾上粪便，回家路上被人发现。

这种推测的疑点在于：如果他是赤裸上身下去的（无论是主动下去还是被塞下去），背部皮肤都会和水泥壁直接发生摩擦，而他此后若尝试逃出来，背部会再次发生摩擦。哪怕水泥壁不是很粗糙，他的背部皮肤也应当会有轻微刮伤，但法医并未发现。

我认为他进入时和尝试出来时，很可能是穿着上衣的。如果是在进入管道前已经脱掉衣服，那衣服为什么会在管道内？如果是他自己脱掉衣服后再钻进去，完全没有必要把衣服扔进粪水里，而是可以把衣服留在地面等上来时穿。那只能是凶手在把他塞下去后，把衣服一起扔了下去。

推测二：他进入管道后脱掉了衣服，为了防止弄湿。

本来 U 型管中可能只有浅浅一层的粪水，但当开始下雨和下冰雹后，U 型管中的积水逐渐上升。他把衣服脱下来抱在胸口，可以防止衣物被浸湿、变冷，并给胸口保温。

这种推测的疑点在于：穿着湿衣服确实不好受，但让背部裸露直接浸泡在粪水里，也一样不好受。

推测三：他在"抑制期"出现"反常热感觉"，并在幻觉的支配下脱掉了上半身的所有衣服。

"反常脱衣现象"是法医学术语，指冻死者明明极度寒冷，却反常地主动脱去衣物，有的甚至脱到一丝不挂，仿佛热得受不了。

他们这么做可能是因为体温调节中枢麻痹，让他们产生幻觉，即"反常热感觉"。

这也是为什么在冻死的现场，常常可以看到有的尸体脱去棉衣，有的脱去鞋或扔掉帽子、手套、围巾等，有的解开衣扣或鞋带，有的女性脱得只剩胸罩和内裤。

我认为菅野直之光着上身，将上衣抱在胸口，最大可能是在死亡前不久出现了"反常脱衣现象"。这也可以佐证法医的结论：冻死。

在"反常脱衣现象"和最终死亡之间，如果他有过片刻清醒，依然可能摆出"减少热量发散动作"。

06. 两只皮鞋

菅野直之的尸体被发现时，头微微转向左侧，一只皮鞋压在他的头上，而另一只则在离案发现场有一定距离的河岸上被人找到。

这怎么解释？

先说河岸上的那只鞋子，它出现在那里并不难理解。一、它可能是在菅野直之倒栽着进入 U 型管之前，就落在了地面上；二、它可能是在菅野直之最初还有力气尝试逃生时，把脚伸出排污口乱蹬时掉在地面的。若是这两种情况，那么鞋子很有可能是后来被野狗或其他动物叼到了河岸上。

我认为如果有凶手看见菅野直之的鞋子掉在了管道外，不会对鞋子置之不理，或者特意拿到远处的河岸丢弃。因为这没必要，而且不符合其伪造现场的目的。凶手只有捡起鞋子一起丢进 U 型管，才符合伪造偷窥致死的情节。

第三种可能是菅野直之和凶手到过河岸边，菅野直之在那里时已经被弄晕或者被控制，而一只鞋子也已经掉在了那里。凶手并未注意到，而是把他塞进车里，开车来到了农协停车场。

那么，U 型管内部的另一只鞋子为什么在他头上呢?

较大可能，鞋子是菅野直之自己拿到头这边的（横过来的管道直径有 47 厘米，尚有活动空间）。可能最开始是像一些网友所说，他用它来敲管壁，希望能吸引到谁的注意。

至于最后为什么皮鞋会跑到他的头上并一直待在那里，这就取决于他的性格和心理活动了。

原因可能有很多种:

1. 希望赤子注意到下面有人，但又不希望她一眼看见人脸，被吓到。

2. 怕赤子没看到自己就上厕所，所以用鞋子接一下。

3. 表明自己没有看赤子的隐私部位，以避嫌，维护赤子的声誉。

4. 伸手把鞋子塞在便池口，希望赤子一回家就能注意到。但是在他死后，鞋子受重力掉下，落在他头上。

5. 这是他作为性受虐癖者寻求屈辱感的方式之一。

回到开头，菅野直之究竟为何会出现在赤子的便池下方? 我会在下一篇分析篇中告诉大家我的回答。

下篇：分析篇

01. 争议细节

以下一些细节非常重要，但我看到不同的甚至矛盾的信息。我在这里进一步解释我相信的版本。

1. 排污口的盖子是打开的吗？

一些中文文章说赤子独自出去查看时打开了排污口盖子，也就是说，她发现尸体时盖子是合上的。菅野直之头朝下进入 U 型管后，不可能自己合上盖子。如果盖子合上了，说明很可能他下去时有其他人在场。

但我在比较多个日文报道后，相信赤子出去查看时，盖子已经是打开的。

当然，这也只能基于赤子本人的证词。

2. 2月 24 日~28 日菅野直之的车在哪儿？

有一个网文提到，2 月 28 日，即发现尸体的当日，菅野直之的车"突然出现"在农业协会的停车场。

"突然出现"意味着车在 24 日~27 日之间并不在那里。

这令人疑惑。24 日~27 日那几天车停在哪儿？是谁，又是为什么要在 28日当天冒险把车挪到这里？如果要伪造成他自己开过去的，为什么不早几天挪过去？

大部分资料只说在停车场找到车，没有提到具体的日期。

有一篇提到，是一个农协的员工发现了车，并通知了菅野直之的父母。较大可能是当时还未发现尸体。

比较合理的是，车其实一直停在农协停车场，但并未被人留意。由于这所小学并不在村子里，而是在距离都路村有十分钟车程的地方，所以，警察在寻找菅野直之时，也没有去车的附近寻找。直到菅野直之失踪的消息传出后，农协的一个员工才注意到这辆车子。

但即便找到了车，恐怕警察当时也不会想到去教职工宿舍区的厕所中找人。

3. 菅野直之和赤子的关系到底如何？

据稍正规的媒体报道，菅野直之是通过协助 Z 调查骚扰电话，认识了 Z 的未婚妻赤子。既然菅野直之已经死亡，这种说法的来源只能是 Z 或赤子。

但也有一些文章说，菅野直之和赤子此前也谈过恋爱。譬如有文章说："福岛县田村君都路村的原村会议员说，她与菅野直之也有过不一般的关系。"

赤子和菅野直之到底是什么关系？

（1）前任关系，现在只是朋友？

（2）通过 Z 认识后有了暧昧？

（3）菅野直之对朋友的未婚妻单相思？

（4）有私情？

这个问题对于判断他是否会钻进去偷窥很重要，可惜无法找到确定的答案。

结合菅野直之如此卖力地调查骚扰电话，我认为不排除赤子和菅野直之其实比 Z 以为的更熟悉。

这可以结合下面一个问题一起看。

4. 电话骚扰者找到了？

根据几篇文章的内容，我们可以知道，菅野直之在死亡前几天曾对一个朋友说，调查骚扰者"有了眉目""知道是谁了"，并且几乎"阻止了"对方继续打电话。

但在菅野直之死亡后，警方却没法确定骚扰者是谁。目前看到的怀疑对象也就是那个 51 岁的男子。由此可见，赤子和 Z 要不是不知情，要不就是向警方隐瞒了自己知情。

如果他们不知情的话，不禁让人困惑：菅野直之毕竟只是外人帮忙，在他知道骚扰者是谁后，为什么不第一时间告诉当事人，询问该怎么处理，反而擅自行动？菅野直之只是协助 Z 调查他未婚妻的事，为什么表现得反而比未婚夫积极？

如果菅野直之和赤子之间有超出朋友的关系，或者菅野直之单方面爱慕赤子，或许就能解释了。

当对骚扰电话的调查有了眉目后，他或许会跳过 Z，直接向赤子本人汇报。在警察没有作为的时候，他作为护花使者出面警告（阻止）了骚扰者。Z 可能真的不知道这个骚扰者是谁。

在那个年代的日本村庄，赤子不愿意承认自己在有婚约的情况下，私下还和菅野直之有密切的联系，也可以理解。因此当 Z 表示不知道骚扰者究竟是谁时，她可能也不愿承认自己知道。

那菅野直之本人会不会是那个电话骚扰者呢？

我在前文中提到，菅野直之曾和 Z 一起把一通打进来的骚扰电话录音，并交给了警方。虽然不清楚录音时菅野直之是不是也在电话边，但如果他自己是那个打电话的人，知道 Z 在录音的情况下，应当不会再打进来留下证据。而且他更没有必要高调地撒谎，称他找到了骚扰者。这样若传来传去传到警方、赤子或 Z 耳中，很可能会要他说出骚扰者的名字。

5. 菅野直之死时抱着的是什么衣服？

可以确定的是，他死时上身是赤裸的，抱着的是他 24 日当天穿的衣服。

至于细节，我看到了不同的说法。有的文章说是（白色）毛衣，有的说是夹克。有的说他抱着的衣服是叠好的，但也有许多文章未提到衣服的折叠。大部分文章未明确指出是一件还是多件。

1989 年 2 月 24 日，当地最高气温 3.4 摄氏度。一般来说，正常人不太会直接裸身穿夹克衫出门。所以如果他怀里抱着的是夹克，我想他抱的应当不止一件，可能毛衣和夹克都在。

他被困在便池下有大量时间，什么都干不了，如果顺手整理了怀里的衣服，也不奇怪。

6. 便池是什么样子的？

在我的理解中，这种便池像中国农村的蹲坑，只是在地面或者 U 型管上固定了一个陶瓷的蹲便器。

现在中国城市的厕所连接城市污水管道，一冲水就冲走了。但这个便池中所有的污物都留在 U 型管中，如果不经常抽取，返回室内的气味会很大。因此，本案中的便池可能是一人一个，使用量不大。

现在城市的便池口连接着一根管子。但本案的便池口是直接开口 20 厘米，直通往下，所以赤子能看见下面的鞋子。由于距离底部有 1 米多深，且里面是黑的，所以不会看得很清楚。如果赤子只是隐约看到鞋子而没有辨识出下面的头部，也是正常的。

02. 明确四点

1. 菅野直之是从排污口那头进去的，也意味着他是头朝下进去的。我看到有留言猜测他是从室内便池口（为了躲避未婚夫等原因）进去的，那样说不通。从示意图看，便池固定在 U 型管上。哪怕他当时能变出工具，迅速把便池拆了，室内那一头也和外面一样大小，并不会比外面那头容易进入。

并且如果他把便池拆了躲好，并没有被 Z 注意到，也意味着不会有人把便池重新固定。那么以他头朝上的姿势，他若真撑不住了，随时都可以站起来，一推开便池就能出来。

2. 他没有受到暴力攻击的迹象。没有被人一棍子敲晕，或者勒脖子勒晕，也没有扭打造成四肢的淤青……以上都是基于法医的结论，如果尸检报告是伪造的或者错的，那本案也就没有讨论的依据了。

3. 他不是为了躲避某人进去的，也不是不小心摔了一跤跌进去的。

如果是为了躲避追兵的话，正常人都会脚朝下跳进去，蹲在竖管内，并把排污口盖子盖好即可。通常而言，不太可能有人为了躲避，自己头朝下倒栽下去，也没法盖盖子。

而且由于一个人的肩宽就是进入时的最大阻碍，哪怕真的是不小心在那儿绊了一跤，也不太可能脚朝天，一出溜就跌到了底。恐怕只有当菅野直之的体形如儿童时才有可能。

4. 他不是为了通过 U 型管钻进赤子家。

菅野直之作为一个技术人员，应当知道便池都是固定在地面和 U 型管上的。如果他真想通过 U 型管钻进赤子的屋内的话，他应当带上工具，但是他身上却什么都没有。而且正常人为何不选择撬门窗进入，反而要钻这么狭小恶臭的厕所，冒着被卡住的风险呢？

5. 由于 U 型管中间部分的距离只有 53 厘米，再扣除墙的厚度，排污口离赤子宿舍的墙壁很近，几乎难以施展动作。所以菅野直之当时应该是站在远离墙的这一侧爬下去的。按照一般人的习惯性动作俯身爬（而非仰爬），他进入横管时应当是脸朝下的。他可能在下面转过 180 度，最终调整为脸朝上。为什么只在他的膝盖和肘部有擦伤？当他在管道内调整姿势和移动时，都需要膝盖和肘部作为支撑。

6. 他进入 U 型管道时是活着的，被困两天后才被冻死。死亡时的姿势是他自己调整的。也可能他生前双手抱胸斜靠在竖筒上，死后尸体滑落躺平。

【没药花园】

三种理论

理论一：菅野直之因为知道竞选或者核电站事故中的丑闻而被杀人灭口。凶手把他塞入或逼他进入厕所，故意制造偷窥狂意外致死的假象。

理论二：菅野直之为了满足某些欲望，主动进入厕所，因预估错误而无法脱身，被冻死。

理论三：由于情感纠葛，菅野直之因一次恶毒的恶作剧而意外身亡。

理论一

很多村民认为菅野直之因为知道竞选或者核电站事故中的黑幕被灭口。凶手把他塞入或者逼他进入厕所后，让他被困冻死，并伪造成偷窥狂意外致死的假象。

至于到底是因为他知道了竞选还是核电站事故的黑幕才招致杀身之祸的，信息太少无从判断。所以我把这两个合并在一起，动机都是为了灭口，属于故意杀人。

【没药花园】★☆☆☆☆

鉴于日本女性的平均肩宽都达到了 36 厘米，一个正常身材的男性要进入 U 型管并不容易，几乎是一路卡着下去的。如果杀手拿刀或者枪逼他进入厕所，相信此时的他会衡量究竟是进入一个漆黑、狭小的 U 型管更危险，还是反抗更危险。到了这一步，许多人不会乖乖就范，而是会放手一搏。

哪怕他不进行激烈抵抗，只要他不配合蜷缩，要下去也不容易。但是他身上却没有防御、打斗留下的伤痕，说明了什么？

如前文所说，比较符合这种理论的推测是：菅野直之在和凶手最初见面交谈时被弄晕，失去意识。他的一只鞋子可能掉在了途中，而凶手没有留意到。

凶手把他放进他的车里，开车来到农协停车场。由于马上要弃车，所以也没有必要拔钥匙、锁车。

凶手抱着菅野直之来到宿舍区后，把他头朝下倒塞进排污口。由于处于昏迷状态，菅野直之任由对方摆布。待他清醒过来时，已被困在 U 型管中无法脱身。

菅野直之在 24 日有没有服用什么麻醉镇静药物？因为他是在服药两天后才去世的，所以当时的法医有无检验，能否检测出来，也是个问题。

1. 是核电站利益纠纷导致的他杀吗？

由于围绕核电站有许多纷争，利益分裂的都路村很容易产生这样的阴谋"想象"。但从目前的信息来看，菅野直之是支持建核电站的，他的立场与村长以及东京核电公司是一致的。作为一个核电行业有前途的员工，他的利益也与他们一致。目前没有看到任何证据表明，菅野直之真的知道了什么可招致杀身之祸的黑幕，并因此倒戈了。

无论是选举还是核电事故，都是公共事件。菅野直之如果知道什么黑幕，没有理由一个人藏着掖着，除非他想敲诈勒索。以他开朗、爱社交的性格，肯定会和同一阵营的人或朋友交流。但目前我们只知道菅野直之告诉了朋友自己在调查骚扰电话一事，却没有家人和朋友们曾听他提起自己知道了黑幕且个人立场发生 180 度转变。

2. 杀手如何确定菅野直之不能从 U 型管爬出来？

村长或者东京核电公司想要通过塞入 U 型管的方式杀害菅野直之，必须先保证一点：菅野直之被困住，绝对爬不出来。

一般人恐怕不会清楚埋在地下的 U 型管的具体尺寸。哪怕凶手清楚尺寸，也很难保证菅野直之进去后真的出不来。有些人爬不出来，但换一个体形、体力、柔韧度的人说不定就可以。

凶手要有把握，起码得自己钻入 U 型管进行过实验，或者用和菅野直之相似体形的人做过实验吧。否则，他如何那么确信，菅野直之进去后一定不能从盖子打开的 U 型管自行脱险?

明明有许多成功率有保证的谋杀方式不用,却采用这种没把握的杀人方式,不像专业黑社会的手法。

3. 凶手如何确保菅野直之一定会在赤子回宿舍前冻死?

哪怕凶手确保菅野直之一旦被塞进去就出不来,也不能保证"杀人灭口"成功,因为他如何确保菅野直之一定会在抽粪工人到来前就被冻死?

或许杀手知道每次抽粪的间隔时间,确认菅野直之肯定撑不到那个时候,那这个外来的杀手又是怎么确认这个排污口所连接的宿舍主人是谁,以及她在未来几天都不使用厕所?

小学放假时间是 24 日~26 日。如果赤子没有多请一天假,她或许 26 日晚上就回宿舍了,当时菅野可能还没死,还可以通过便池口向赤子求救。

这个杀手要确保作案成功,不仅要调查小学职工宿舍区的抽粪频率,还要调查哪个排污口连接哪个宿舍,并要有途径知道该名住客向学校请假的天数。

再者,其实那几天气温并不是特别低,大部分时间在零摄氏度以上。在这样几摄氏度到十几摄氏度的环境中,受害人在 U 型管中多久才会被冻死、渴死?恐怕一般人都无法准确预测。

一个人在那种环境中能坚持多久,不仅和天气变化有关,还和个人身体素质、健康条件、意志力等都相关。所以哪怕是医学专业人士,恐怕也没有绝对的把握确认,菅野直之会在 28 日赤子回宿舍前死亡。

4. 杀手想要确保菅野直之死亡,为什么不盖上排污口盖子?

"凶手"为了"伪造"菅野直之自己爬进管道的"假象",所以不能盖上盖子,这一点我可以理解。但不盖盖子很有可能会导致任务失败,未知数很多,风险是极大的。

菅野直之醒来后必然会大声呼喊,也自然会尝试逃脱——把脚伸出排污口。

日本农村确实人少,但这里毕竟不是荒野,而是小学教职工生活区,凶手如何确保在这几天不会有其他员工经过、听到呼救，或看到竖在排污口外的双腿？

杀手的首要目的是保证杀人灭口，其次才应考虑伪造现场。为了确保菅野直之不被救，他应该盖上排污口盖子。

5. 在确保杀人灭口的基础上，凶手为了逃脱责任，可能会考虑伪造成自杀、意外等，但为什么要伪造成进便池偷窥？

为了蒙混过关，凶手通常会把谋杀伪造成常见的、低调的死亡方式，譬如车祸、意外溺亡、服药自杀、遭遇抢劫杀人等，目的是尽可能不引起过多关注和怀疑。大家如果找下真实案例，无不如此。

凶手若智力正常，不太可能把谋杀伪造成如此罕见、离奇的死亡方式——钻进厕所偷窥被冻死。离奇意味着家属和旁观者的接受度都会极低。本案中，每个具有常识的人都会发问：谁会为了偷窥提前三天钻进厕所等着？

凶手既然做了那么多复杂的功课，查了天气预报、抽粪规律、U型管结构、女教师假期、人体被冻死知识……他为何不稍做手脚，把菅野直之的死亡伪造成一起更讲得通的"交通事故"或者"自杀"？

正因为厕所偷窥被冻死的情节太离奇，所以才会有4000多人联名给警察施压，要求重新调查，恢复死者名誉。

如果当年凶手在杀人灭口后，把菅野直之的死亡伪造成一起普通交通事故，相信很多村民会被蒙蔽。如此平常的死亡方式不会迅速传遍日本，更不会到了2020年，还有远在中国的我们在探究真相。

综上，杀人灭口追求确定死亡、迅速果断、低调隐蔽的目的。但把人放在一个盖子敞开的厕所U型管内，由他被卡住，慢慢冻死，则意味着不确定因素多、失败率高、追求轰动、注定要被质疑，这和杀人火口的目的是相悖的。

若菅野直之能多撑一两天，若刚好有其他员工经过，若赤子没多请假一天，若天气预报不准，若抽粪工人来了……菅野直之就会获救。那样凶手不仅不能掩盖黑幕，反而还暴露了谋杀罪行。

如果这起案件的作案动机是杀人灭口，实在说不通为何杀手的脑回路如此奇怪，手法如此愚蠢。他能成功纯属侥幸。

但我还是给了一颗星，就是给"侥幸"的。

还有网友提出，可能是赤子或其他人，故意把村长贿选或者核电黑幕的证据扔进厕所，引诱菅野直之下去拿，期望他被困住冻死。

这个假设和上文的区别是，菅野直之不是昏迷后被塞下去，而是为了拿什么重要东西自己钻下去的。

如我前面所说，当年的 U 型管是封闭的，东西一旦被扔进 U 型管，会一直留在那里。除非是立刻要用到的东西，否则他也犯不着立刻用手去粪水中捞。他可以打电话报警，可以找个棒子之类的打捞，可以找抽粪公司或朋友来帮忙。

而当 U 型管被吊起、切开后，警察和消防队员也未发现这样的证据。

此外，这个假设和上文的理论基本是一致的，都是指有人想通过这种方式来杀人灭口。它不合理的原因，已在前面的第 5 点中写过。

理论二

菅野直之为了满足欲望，主动进入厕所，因预估错误而无法脱身，被冻死。

【没药花园】★★★☆☆

由于菅野直之进厕所时还活着，身上也没有明显伤痕，警方认为菅野直之主动进入厕所，可能是为了偷窥。

我也不信他会为了偷窥这么做。我想他要做这样的决定，起码得先做点准备，譬如打听赤子的作息。哪怕他不知道赤子多请了一天假，也很容易根据 24 日、25 日、26 日三天小学放假来推测赤子不在宿舍，至少在 26 日晚上才回来。

智力正常的菅野直之真打算不吃不喝，躺在如此逼仄、寒冷、恶臭的地方守上两三天不回家？如果他真有这个打算，出门时就不应该告诉父亲"我出门一下"，而应该说自己要"出去旅游两三天"，否则担心的家人会报警，到处找人。

那会不会菅野直之不是为了立刻偷窥，而是为了趁赤子不在时排练一下，等她回来时再偷窥呢？我觉得他用这种方式偷窥的可能性本身就不大。

确实，在中国、日本都曾有先例，有人躲在公共厕所的隔间里蹲下来偷窥，或者躲在城市的下水道里通过污水口偷窥来往女子的裙底，但是，这些人都选择了公共场所。因为他们一旦进去，就可以看到络绎不绝的受害人。

菅野直之不可能算准赤子使用厕所的时间。他守在赤子一个人专用的厕所管道内，可能等上半天，才能看到几秒钟。

如果不是为了偷窥，他为何主动钻入赤子的厕所呢？

为了不让下面的解释太难接受，我先引用印度法医学教授安尼尔·阿加瓦尔的一句话："太阳底下没有新鲜事，没有什么是不能引起性欲倒错的，就连太阳本身也可以。"

性欲倒错障碍是指一个人的性欲会被一些非典型的物体、情境或对象唤起，并且这种障碍通常会造成个体的痛苦和功能损害。

这类违背世俗观念的癖好不可能有大量数据的支持。由于不符合世俗道德准则，一些人只能偷偷摸摸、独自满足，也因此留下了许多奇奇怪怪的意外死亡事件。譬如台湾有个男子穿了从头到脚包裹的橡胶衣后，把自己像一件大衣一样挂在墙壁衣钩上，却双脚离地，再也下不来。

除了大家听说过的恋童癖、恋足癖、异装癖等，还有几百种性欲倒错。能引起性欲的可能有尸体、吸尘器、马、谋杀……包括粪便。

是的，有一种性欲倒错叫嗜粪癖。它是指一些人因从事和粪便有关的活动而变得兴奋，并从中获得快感。这里的"嗜"是指"嗜好"，而并不是指一定会去"食粪"。早在 1955 年 6 月发表在《英国医学心理学期刊》上的一篇文章《粪便嗜好症———一个临床研究》就描述了一个嗜粪癖的案例。

关于嗜粪癖的研究不多，主要是在和 SM（Sadomasochism，性施虐受虐狂）相关的研究中顺便提到的。1999 年，芬兰研究人员在性研究期刊上发表了一篇论文《有虐恋倾向之男性的性行为与社会适应》。在调研两个 SM 俱乐部里的 164 名男性成员后，他们发现其中 18.2% 的人曾参与过与粪便相关的性活动，3% 是施虐者，6.1% 为受虐者，而 9.1% 两者皆是。同性恋和异性恋中的嗜粪癖比例差不多。

如果菅野直之真的是自己主动钻进去的，那么他可能是异性恋 + 性受虐癖 + 嗜粪癖。这种情况的可能性大于偷窥癖。一个人的目的如果是偷窥，不太可能完全不顾及环境的极度污秽、空间的狭小以及被卡住的危险。

但如果他本身是因为性受虐癖和嗜粪癖而喜欢那个空间，那么所谓的污秽、恶臭、狭小、危险、幽闭、束缚、脸对着便池口以及置身于"女神"的排泄物中的屈辱感都能让他兴奋。他当然要趁赤子不在时这么做，因为这是不被社会接受的，他不想被她或其他人发现自己的秘密。

照这种理论推测，他可能在 23 日就有这么做的打算，要趁赤子回老家时，实现自己的性幻想。他在 23 日晚对饭局上的朋友说，他第二天上午要去见某人，只是他推辞喝很多酒的借口。

他在 24 日开车来到农协停车场。因为不好携带，也怕自己弄丢车钥匙，便没带钥匙下车。他或许还把自己的外套脱在了车上。

他在性欲当头时不顾一切挤进厕所，但在性欲消退、想到要出来时，却发现自己已经出不来了。或许他曾尝试着出来，但最终只蹬掉了一只鞋子，这只鞋子后来被野狗叼到了河岸上。

我给了三颗星而不是更高的原因是：

1. 这个 U 型管一眼看上去真的非常窄小，内部结构不明，正常人很容易察觉到危险。一部分人在性欲当头时，的确为了实现性幻想、追求快感而做出一些不顾后果的危险举动，但也不是每个人都会如此没有理智。这还是取决于菅野直之的性格。

2.菅野直之若要去实现一件幻想已久的事，应该做更充分的准备。譬如，A.穿合适的衣服（至少不是白毛衣吧）；B.计划好等满身污秽地爬出来后上哪儿冲洗；C.车上应该带一套备用的衣服裤子；D.两只鞋子最好脱在地面上……但目前没看到有文章提到这种准备。

理论三

菅野直之死于一次报复的恶作剧，这是一起恶意捉弄、霸凌事件导致的意外。作恶者可能是赤子的未婚夫Z或者电话骚扰者。和理论一不同的是，行凶者的主观意图并不是杀人，而在于折磨和羞辱。

为什么我认为菅野直之的死亡更可能是一次恶意捉弄和伤害导致的意外，而非刻意的谋杀？

如我前面所说，让菅野直之头朝下钻进厕所，并不一定能致死，因为不确定因素太多了。但与普通谋杀相比，它最大的特征是具有显而易见的羞辱意味。

【没药花园】★★★★☆

推测一：吃醋的未婚夫

多篇文章提到，在这次便池怪死事件后，赤子和Z就取消了婚约。不清楚两个人的感情是因为这件事出现裂痕，还是早有问题。我未看到Z在案发后发表任何声明（可能对警察说了，没对媒体说）。而赤子受此次事件影响很大，辞职离开了村子。

关于赤子和菅野直之之间的关系有多种可能。

1.两个人以前谈过恋爱，现在只是朋友；

2.两个人旧情复燃；

3.两个人通过 Z 认识后有了私情；

4.无论何时相识，只是菅野直之单相思罢了。

菅野直之和赤子疑似有过交往，他也在帮赤子调查骚扰电话，而他的尸体刚好出现在赤子的厕所下方。这不禁让人联想，或许这不是偶然的，而是因为菅野直之的死亡原因和赤子相关。

如果 Z 是那个恶作剧的人，他这么做的动机可能是发现了菅野直之在追求自己的未婚妻，或菅野直之和赤子之间的不寻常关系。

妒火中烧的他约情敌 24 日在赤子的宿舍楼后见面。Z 本人若也如传闻所说在该所小学当教师，对环境应当很熟悉。他对当天要做什么早有打算，可能先一步到达，搬走了排污口的盖子。

菅野直之预感到 Z 为何找自己，所以在前一晚表现得很不想赴约，但又不得不见。

当菅野直之来到农协停车场后，为什么没有锁车？或许 Z 已经怒气冲冲地向他走来，他顾不上拔钥匙、锁车；或许他以为在附近谈几句话就结束。

那菅野直之怎么会进入 U 型管道呢？

面对 Z 的质问，菅野直之自知理亏，只能解释、道歉。若早有准备的 Z 把他拖曳到排污口，要他进入赤子的厕所赔罪，菅野直之起初肯定不乐意。但当 Z 以把此事捅出去作为要挟时，菅野直之无奈顺从。他有把柄在别人手上，无法反抗，同时也希望自己这么做，能平息 Z 的怒火，以此保全自己和赤子在这个村庄的名誉。

他以为 Z 只是惩罚一下自己，等 Z 离开后自己可以爬上来，但没想到自己再也没法脱困。

推测二：喜欢恶作剧的骚扰者

　　或许把菅野赶入 U 型管的不是 Z，而是赤子的电话骚扰者。既然菅野直之对朋友声称"阻止了"骚扰者，那么菅野直之和骚扰者应当互相知道对方是谁，短兵相接过。

　　那骚扰者是怎么把菅野直之弄进 U 型管的呢？

　　我认为如果两个人在菅野直之高度警惕的情况下见面，骚扰者基本不可能把菅野直之迷晕。影视剧中给受害人闻一闻，捂一下嘴，受害人就立刻昏迷的药物，在现实中是没那么有效的。

　　要让一个人进入昏迷状态，只能给他喝下掺了大量镇静催眠药物（譬如三唑仑）的东西，并且需要等待一阵子才能见效，但菅野直之会在那种场合喝骚扰者给他的饮料吗？

　　骚扰者要让菅野直之进入管道，又不能动用武力，可能有两种情况：一、他可能偶然发现了菅野直之和赤子之间的秘密（或者他的其他什么秘密），威胁要告诉 Z 和其他人，让菅野直之就范。二、见面后，他抢走了菅野直之的鞋子，把它（们）扔进了 U 型管。菅野直之以为他闹闹就结束了，想捞出鞋子后离开。当他探下身试图捞起鞋子时（他的上身长 94 厘米，竖筒深 106 厘米，理论上伸手是够得着的），骚扰者突然跑回来，一把抓住菅野直之的双腿把他往下塞。

　　没有文章透露过赤子的未婚夫 Z 的性格，但是这种行为，倒非常契合一个屡次打电话骚扰赤子的人的性格——变态、下流、亢奋，喜欢做出困扰他人的行为。且由于他自己就是个跟踪狂，他可能也幻想过到厕所下面偷窥赤子，因而能想到把菅野直之塞进去。

　　当菅野直之进入 U 型管后，行凶者扬长而去。他或许认为菅野直之自己可以出来，或迟早会被人（赤子）发现。只要想到他出来时沾了一身赤子的粪便，狼狈不堪，行凶者的报复心便得到了满足。同时，行凶者也吃准了菅野直之的心理，为了维护名誉，不会去报警。

　　那他担不担心菅野直之死在便池下呢？我想一个做出这种霸凌行为的人是

不会对此担忧和愧疚的。如果菅野直之因此死亡，并留下偷窥狂的污名，他反而会在心底狂喜。

如果是这个理论，就可以解释，凶手为什么要让菅野直之进入赤子厕所的下方，而不是其他地方，为什么没有盖上排污口的盖子，为什么不怕菅野直之爬出来或被人发现救出。

这也符合死亡方式所带有的"羞辱"和"捉弄"的特征，符合法医"没有外伤"以及"冻死"的结论。

由于信息太少，我也不了解菅野直之的社会关系，所以拿Z和骚扰者列举了两个情境。

赤子、菅野直之、Z和骚扰者之间到底发生了什么？年代久远，当事人沉默，加上这种关系本身就是隐私，很难被大众获知，所以这种推测几乎永远不可能被证实了。

赤子的角色

有人认为赤子2月24日~28日不在宿舍，可能是为了配合理论一或者理论三中的行凶者。我觉得不太可能。我相信她在发现尸体前是不知情的。

首先，赤子如果是帮凶，出于心虚，不太可能让凶手把尸体放在自己的便池下面。她若是不希望菅野直之和自己的关系被暴露，或者不希望死亡事件和自己产生联系，应当让凶手把尸体处理到其他地方，哪怕放进另一个休假的同事的便池下面也更合适。

其次，如果赤子和本案有关，她为何要在28日发现尸体？

有人说，她知道菅野直之死了，想让人把尸体弄出来。这说不通。如我前面所说，没人可以完全确定，28日的时候菅野直之已经被冻死了。万一他只是昏迷，救上来后又活了，岂不是会说出是谁把他弄下去的？所以如果赤子是帮凶，应当尽可能延长他被困在厕所的时间，至少可以等到清洁工抽粪时再由他们发现尸体。毕竟她说自己上厕所时没朝 1 米多深的黑漆漆的便池底看，也没人会质疑。

那她叫来男同事，会不会是良心发现，想要救出菅野直之呢？这也说不通。她若不希望菅野直之死，应该提早回到学校。哪怕她不得不在 28 日回校，她也应当提早回宿舍，而不是等到天黑。她的任何拖延，都在增加菅野直之不能获救的概率。

总之，目前看不到赤子有动机、有条件杀害菅野直之，她没有理由要让菅野直之陈尸在自己的厕所下方，也没理由要在 28 日由自己发现尸体。

【没药花园总结】

这个案子的大部分资料都是日本网站的网文，真实性不如正规报道可靠。尽管我经过交叉比较，进行了甄别，可能还是容纳了一些不确切的细节。这些细节可能会导致结论的偏差。

无论你相信哪一种结论，我希望我的解释能替大家驱散一些围绕这个案件的恐怖气氛。

世间的种种怪诞和离奇，排除小概率巧合，剩下的都是各种人、各种欲望惹的祸，无论是生理的欲望，还是对情感、利益的渴求。

2

韩国华城恶魔

1986 年 1 月，23 岁的李春在参军归来，回到自己的老家韩国京畿道华城郡陈安里。

二十世纪八十年代的华城郡还只是一个人口不到两万的小城，出了城便是一望无际的稻田和山野，散落着一个个村庄，其中便有李春在所在的村子陈安里。

华城郡的乡间新建了一些工厂，不少年轻人和外地来的人在工厂打工。退伍回来几个月后，李春在在当地一家生产电线的电子公司找了份工作。

他平日里独来独往。在周围邻居眼中，这个年轻人文静、沉默、有礼貌，甚至善良。

李春在回到家乡不到一个月，当地就不断出现女性被强奸的案件。1986 年 2 月至 7 月中旬，短短 6 个月，警方就接到七起性侵报案。

考虑到那个年代韩国农村民风保守，受害人可能顾及声誉而不愿报警，所以实际发生的数目应当远不止于此。

这些受害人共同指出：罪犯是身高 165～170 厘米，体形偏瘦，20 多岁的青年；他持刀逼迫受害人脱下自己的丝袜后，用丝袜捆住她们，把内裤套在她们头上；六起强奸案件发生在浓雾天，一起在雨天。有几名受害人被刀刺伤。

所有受害人都听到罪犯在作案时骂"难听的脏话"。在几起案件中，罪犯在强奸时还会向受害人打听许多关于她们家庭的问题："你有老公（서방）[1] 吗？""贱货，你老公是干什么的？""你孩子多大了？""你有几个孩子？"

韩国犯罪心理学专家吴允成在 2011 年的论文中写道："罪犯在案件初期被警察逮捕的可能性很高，但由于没有决定性的线索或证据，很可能被从嫌犯中排除……对于这个罪犯来说，他此后进行犯罪会更加大胆。"

是的，1986 年，越来越大胆的李春在已经不满足于强奸女性。

---

[1] 在韩语中，外人用"老公"（서방）一词称呼女性的配偶，带有贬义。

01. 华城连环杀人案

1986 年 9 月 15 日至 1991 年 4 月 3 日，韩国华城郡附近的村庄陆续发生了一系列连环杀人案件。凶手总是在下雨或者起雾的深夜作案。

他掌握公交车的时间，守候在附近，跟踪那些下了公交车后独自走偏僻道路回家的女性。他把她们拖曳到僻静处，捆绑，性侵或猥亵，最后勒毙，虐待尸体。

前后至少有十名女子受害，仅一人幸存。

这个系列案件被称为"华城连环杀人案"。

韩国警方号称投入了 180 万名警察和军队，调查了 2 万多个嫌疑人，鉴定了 570 组 DNA、4 万多枚指纹，却一无所获。

由于凶手一直未被抓获，韩国社会充满恐慌，各种都市传说因此流传。这一系列的案件被翻拍成《杀人回忆》《岬童夷》《信号》等影视作品。

三十多年过去了。2019 年 9 月，警方发现从第三、第四、第五、第七、第九这五起案件现场提取到的 DNA 与正在监狱里服刑的李春在的一致 [1]。

从韩国到中国，当大家都在好奇这个"李春在"是谁时，当年的办案警察或许正在反省他们当年是如何错失良机的——凶手其实一直在他们身边，他们至少三次和凶手擦肩而过。

02. 1986 年

第一起：七旬老太遇害

1986 年 9 月 19 日，汉城（首尔）亚运会开幕前一天，整个韩国沉浸在庆

---

[1] 案件资料截止至 2020 年 1 月。

典的欢乐之中，华城郡的警察也大多被调派去大城市值班。

几个孩子到草地上去抓蜻蜓，看见在比人高的草丛中躺着一个"人体模型"。他们告诉陪同的男子后，男子走近一看，惊觉这是一具已经发黑的尸体。

死者是71岁的老太太李某任，遭人扼颈致死。她的下身赤裸，袜子也被脱掉，两腿抬起交叉成X形，应当是凶手故意摆出的姿势。

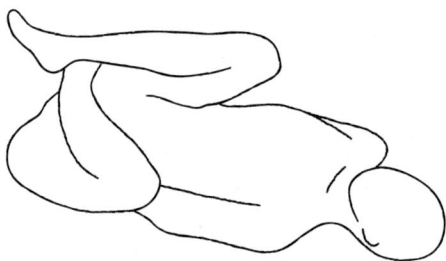

9月14日，李某任带着自己种的7斤萝卜和5斤辣椒到水原市售卖，顺便到泰安镇看望已经出嫁的女儿。她在女儿家留宿一晚后，第二天早上六点往家中赶去。

当她独自走在稻田中时，有人袭击了她，把她拖到了茂密的草丛中。她和歹徒发生了搏斗，现场一片混乱，鞋子、袜子、卖剩的辣椒散落在路上，但身上带的现金消失了。

这是目前认定的华城连环杀人案的第一起。当警方还对这起案件一筹莫展时，一个月后又发生了第二起杀人案。

第二起：凶手签名始出现

1986年10月20日，长相漂亮的25岁朴某淑在华城郡相亲结束后，于晚上九点至十点间独自搭公交车回家，之后再也没有出现。

3天后，她赤裸的尸体在水渠中被找到，这也是电影《杀人回忆》中开头的那一幕。

她的锁骨、脸、胸口有多处刺伤，疑被凶手用刀挟持走了一段距离才到凶案现场，因为一只皮鞋掉在身后 100 多米远的地方。

她身上的现金也被抢走。和第一起案件不同的是，她全身的衣物被脱掉，遭到了强奸和性虐待，阴部损坏严重。

凶手用她穿的丝袜勒死了她，随后把打了结的丝袜挂在她的脖子上。

正如许多连环杀手会故意制造一些独特的记号当作自己的"签名"，用丝袜打结也从此成为华城恶魔的"签名"。

唯一的幸存者 [1]

在第二起案件发生后不久，受害人 X 女士在被性侵后侥幸逃脱，也是目前所知唯一的幸存者。

1986 年 11 月 30 日，她去华城郡泰安邑教会附近的熟人家帮忙腌泡菜。晚上八点三十分，当她独自走在回家的路上时，一名男性突然从身后出现，把她扑倒，拖进一片黑漆漆的稻田。他脱去她的丝袜，把她的双手反绑后，粗暴地性侵和攻击了她，导致她满脸鲜血。

她和罪犯独处的时候，罪犯也好奇地问了一些关于她家庭的问题，并且也用"老公"（서방）这个词打听 X 的丈夫。

X 注意到罪犯 25 岁左右，有一双细嫩、柔软的手，这些细节也在电影中出现，一度成为警方判断是否抓对人的标准。

性侵结束后，罪犯开始在她的包里翻找财物。他扔掉了《赞美诗》，拿走了书里面夹的现金，还把几片口香糖放进自己的口袋。

由于丝袜有弹性，X 不断挣扎后，绑着她手的丝袜逐渐松开。趁着罪犯专注搜包的时候，X 看准机会，滚到旁边堆满粪便的田地里。凶手可能看到她身

---

[1]　为了和官方公布的编号一致，那些后来招供、起先没计入数字的案件没有纳入编号。

上沾满粪便，便放弃逃走了。X 一路狂奔进村子，开始大声呼救。

或许因为这次"猎物逃脱"是由于找钱造成的，所以在此后的案件中，罪犯常常不再碰受害人的钱和首饰。

第三起：红衣主妇失踪

1986 年 12 月 12 日，24 岁的主妇权某纷与丈夫一起外出吃晚饭。饭后丈夫回公司，而她则独自坐公交车回家。

她住在工厂聚集地附近的一个私宅里。晚上八点多她往家走时，附近工厂的工人都下班了。她却再也没有回到家。

131 天后，由于抛尸地有施工，人们才偶然发现了被一件红衣服盖住的高度腐烂的尸体。那个位置距离她家只有 300 米，距离李春在当时上班的工厂只有 500 米。

尸体的头上套了她自己的内裤，嘴里塞了一件她的紧身衣，是被丝袜勒死的。

第一、第二、第三起案子发生在李春在上班的工厂附近，与他所在的村庄陈安里隔了一条一号国道，是他上下班的必经之路。第三起案件中凶手留下的 DNA 和李春在的 DNA 匹配。

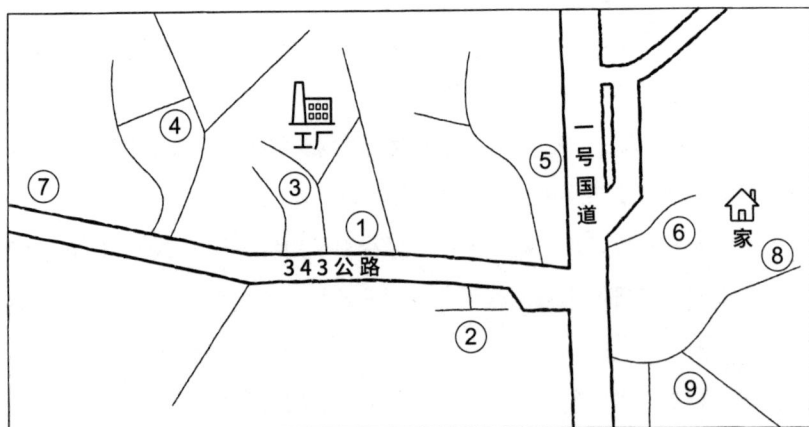

第四起：女职员遇害

仅仅过了两天，罪犯再次作案。

23 岁的女职员李某淑在李春在工作的电子公司旁边的纤维工厂工作。1986 年 12 月 14 日晚上，她在水原市和自己的未婚夫约会完后，独自搭公交车回位于华城郡的住所，晚上十一点左右在途中失踪。

7 天后，她的尸体在稻田的田埂上（也有说是水沟）被人发现。她也遭到了强奸，双手被自己的衣服反绑，头上覆盖紧身衣，两双丝袜打了四个结，死因亦是勒死。罪犯用雨伞手柄对死者的私处进行了施暴。

这起案件中凶手留下的 DNA 和李春在的 DNA 匹配。

03. 1987 年

转眼过了元旦，进入新的一年。

第五起：女高中生遇害

1987 年 1 月 10 日晚上，18 岁的女学生洪某英晚上放学后与朋友分开，独自乘坐公交车回家，之后行踪不明。

过了一天，她的尸体在稻田中被找到。警方推断案发时间为晚上八点五十分。由于洪某英没穿丝袜，凶手是用她戴的围巾来绞杀她的。她在活着时遭到性侵和性虐待，秋衣上沾了血迹，但奇怪的是，内裤却又穿在她身上。警方推测：性侵和性虐待结束后，再帮受害人把衣物穿回去，也是凶手的作案特点之一。

第五起案件中凶手留下的 DNA 也和李春在的 DNA 匹配。

也是在这次事件后，一个叫金钟植的记者注意到了这些案件之间的关联，提出了凶手是同一个人的假说。这篇报道影响很大，让当时的警方不得不更加重视办案。

由于第三、第四、第五起案件中，受害人都穿了红色衣服，所以当时有人揣测凶手可能专挑穿红色衣服的女子下手。（"白银案"也有这种说法，但却是谣言。）

和电影《杀人回忆》的情节一样，一名女警察穿上红色衣服，在下雨天从公交车上下车，走在乡间小道上，但并没有罪犯上钩。

自从认定为连环杀人案后，整个韩国都把目光聚焦在这个小城上。各地资深刑警都前往华城郡，试图抓住这个恶魔。

据华城连环杀人案的搜查组长，即电影《杀人回忆》中的主角原型河胜均回忆，那段时间一到晚上，在一号国道左侧，每隔一两百米就部署了两人一组的警力。

正因为警方的高度警惕，1987年春天，华城恶魔将近四个月没有作案。但还不到四个月，又一具尸体被发现，只不过这次是在一号国道右侧。

嫌疑人李春在住在一号国道右侧的陈安里，每天穿过一号国道，到左侧的工厂聚集区上班。华城连环杀人案的第一到第五起案件都发生在一号国道左侧。

嫌疑人李春在起初这么做，可能是自然而然地想在犯罪与自己家和村子之间画一条保护线。由于左侧工厂较多，人员相对复杂，他可以相对安全地隐藏起来。

但当警方把注意力都放在一号国道左侧，使他没有机会下手时，他终于越过了那条象征心理防线的一号国道，在自己的村子附近杀人。这也说明他的胆量越来越大。

第六起：家后山上作案

1987年5月2日晚上下起了瓢泼大雨，30岁的朴某珠打了伞，又从家里拿了一把雨伞，出门去给丈夫送伞，但她的丈夫却没有等到她。

警方判断她在晚上十一点左右遇害。尸体在陈安里的深山中被人找到，上身赤裸，是被衬衣和胸罩缠绕脖子勒死的。可能受暴雨影响，死者的牛仔裤未被脱掉。

小时候李春在的家就在陈安里的最后面，他上小学时都是直接从村子后面翻过山去学校。而朴某珠的尸体正是在他上小学经常走的捷径上被人发现的。

第六起案件的受害人朴某珠是在陈安里遇害的，而当时是晚上十一点，公交车已经停运。陈安里前不着村、后不着店，且下着大雨，外来人员一般不太会在这个时间点出现在这里，所以警方判断，凶手很可能是本地人。

在第六起案件发生后过了一个多月（7月）的时候，有居民举报李春在疑似是1986年系列强奸案的嫌疑人（应当是有个别强奸案受害人认出了他）。警方第一次对李春在进行调查。

可惜警察虽然怀疑他，但在走访了李春在的学校和工作场所后，并没有找到什么证据。

河胜均说，村民们在发现第六起案件的尸体后把现场搞得乱七八糟，但警察还是把现场的垃圾，不管是纸巾还是烟头都收集起来了。当时朴某珠身上穿了她丈夫的夹克衫，在夹克衫上检测到了疑似精液成分。可是当实验室通过疑似精液样本检验血型时，得到的却是A血型，这与李春在的O血型不符。

其次，河胜均在现场测出来的嫌疑人鞋子的尺码为245毫米。考虑当时雨下得很大，地上又很泥泞，他推测脚印比实际尺寸小，便根据255毫米来调查，但这又与李春在的鞋印不符。

由于血型、脚印不符合，也没有其他证据，他们便解除了对李春在的怀疑。这是李春在第一次侥幸逃脱。

即便如此高度防范，谋杀案还是在警察的眼皮底下再次发生了，这让整个韩国社会都为之震惊。第六起案子件引发了更大规模的报道和更紧锣密鼓的调查，当地居民也变得更警觉了，凶手更难找机会下手了。

所有人都以为，正是因为这样的关注和压力，导致凶手有一年多的时间没有作案。但令人出乎意料的是，2019年，李春在在招供时说，其实他从未长时间收手，只是转移了作案地点——在被调查后过了四个多月，他就蹿到水原市犯下另一起谋杀案。

水原市高中女生案

1988 年 12 月 24 日，水原市八达区华西站附近发生一起凶案。18 岁女高中生金某的尸体在华西站附近的农田中被人发现，双手被她自己的衣服反绑在身后。

华城连环杀人案的搜查组组长河胜均当时就觉得金某一案像是华城连环杀人案的翻版。由于水原市距离华城郡有十几二十公里，他当时对自己说："华城的那个家伙都跑到这里来了啊。"

水原市警方也考虑过这起案件与华城连环杀人案的关联性，但由于当时水原市和华城郡警方各自为政，合作调查最终并没有推进。水原市警方反而将当地的一个青少年明某当成嫌疑人拘禁。后来，16 岁的明某被警察殴打致死，调查部被解散，金某一案也就不了了之。

金某被杀的华西站距离李春在当年就读的高中只有五公里。2019 年 10 月，李春在供认，金某也是被他杀害的。

在这以后，李春在有九个月未作案。而他每次蛰伏一段时间后重新作案，手段的残忍度就会升级，仿佛是积压已久的欲望得到报复性释放。

04. 1988 年

第七起：主妇桃块命案

1988 年 9 月 7 日，54 岁的家庭主妇安某顺在长子经营的食堂帮完忙后，返回自己家中，随身带了丈夫喜欢吃的桃子。

她在归途中遇害。警方推测遇害时间为晚上九点三十分。

她被人发现陈尸在农田水渠附近的草丛里。她身上的雪纺衫被脱掉后，把双手反绑在身后，嘴巴里塞了袜子，脸被毛巾围住。死因亦是勒毙。

而死者的阴道中竟被凶手放入了六七块桃子。

在如此严密的警力部署下，凶手丝毫没有退却，依然留下特征明显的"签名"，且对受害人的性侮辱越来越升级，从中可以看出凶手骄傲的心态。

在安某顺死亡当晚，一辆公交车行驶在乡间小路上，这是当晚开往水原市的末班车。

据司机姜某回忆，一个男子从黑暗的路边突然冲出来，拦停了车。他的嘴里骂着脏话，鞋子和裤子上沾满泥泞，下半身都弄湿了。因为奇怪，他和售票员便格外留意了一下。

当第七起案件暴露后，他回忆了嫌疑人的长相：

"年龄24~27岁，身高165~170厘米，体形偏瘦，单眼皮，眼神锐利，有一点驼背……眉毛浓重，脸有点长，鼻子有点大……"

警方根据他们的记忆，绘制了一幅画像。如果不看发型，这幅画像和李春在本人的长相很接近，但不知道为何，这条线索当时并未推进案件侦破。

第八起：入室杀人冤案

1988年9月16日，李春在生活的村子陈安里发生了一起入室强奸杀人案。13岁女孩朴某熙的父母在清晨发现女儿迟迟不起床，便进她的卧室查看，发现躺在被窝中的她已经死亡。

尸体上验出了精液，朴某熙死前遭到性侵，性器官受损严重，死因是掐脖子导致的窒息。凶手在强奸杀人后并未急着离开，而是不慌不忙地替死者穿上内衣内裤，并盖好被子，制造出她在睡觉的假象。出门后，他还把手从破损的门洞伸进来，重新把内部插销插上，伪装成一个密室。

在多起案件中，死者在被性侵后，身上的衣物全部或部分被穿了回去。

警方在房间内找到了8根阴毛，此后搜集了附近村庄所有成年男性的阴毛进行比对。李春在的家距离案发地只隔两个房子，自然也被搜查了。这是自1987 年 7 月后，警方第二次调查他。

但到了 1989 年 7 月，警方再次解除了对李春在的怀疑。因为他们通过阴毛比对认定，第八起案件是 22 岁腿有残疾的尹某模仿作案。警察宣告，尹某被带回警局后不到 5 个小时就招供了。尹某后来被判无期徒刑。

令人意外的是，2019 年李春在供认，朴某熙也是被他杀害的。（对于这个争论，我在下文会更详细讨论。）

如果李春在说的是实话，那么当时警方至少制造了两起冤案：1988 年金某一案把明某当成嫌犯并殴打致死，1988 年朴某熙一案又把尹某送进了监狱。

小学生失踪案

2019 年，李春在还供认了另外一起悬案。

1989 年 7 月 7 日，中午十二点三十分左右，正在华城泰安邑小学就读二年级的 8 岁女孩金某在放学回家途中失踪，至今都没有找到。

李春在称这次谋杀是偶然发生的。他不想活了，打算去野山上自杀，便没有目的地拿着跳绳到野山上闲逛。他偶遇了金某，和她闲聊了几句后，用带去的跳绳绑住了孩子的双手，把她强奸杀害了。随后，李春在把尸体留在原地离开了。可金某的尸体去哪儿了？

据一家电视台报道，在金某失踪那年的 12 月，有人在荒山上发现了一条半身裙和一个书包。遗物发现的地点距离后来发生的第九起案件的地点只有 30 米。几天后，有人发现了尸体。由于暴露在户外五个月，尸体已经白骨化。刑事科科长 A 和民间防范队队长 B 到达现场，B 记得他和 A 一起目睹了"一双被跳绳捆绑的手骨"。之后 B 听到 A 用对讲机嘱咐下属拿一把铁锹过来。

据金某父亲回忆，差不多也在这个时期，有警察上门向他打听，孩子当天出门是否带了一条跳绳，但没说明为何这么问。

种种迹象表明，当年的刑侦科科长 A 很可能看到了失踪小学生的尸骨，但却没有上报，也没有通知死者家属，而是掩埋了尸体，假装找不到人。目前 A 因隐匿尸体和销毁证据的嫌疑被立案调查。

那么，当年警察为什么要隐瞒金某的死亡？

从第五起案件开始，政客和媒体都纷纷聚焦这个小城市，督促警方破案，但警方的工作却没有实际进展，第六、第七、第八起案件依然在眼皮底下发生。全社会对案件的重视以及对警察无能的愤怒，都给了警方很大压力。金某一案发生在 1989 年 7 月，而就在同一时间，警方刚好因为第八起入室杀人案逮捕了尹某。

如果在那时被媒体爆出在华城郡又发生了一起强奸杀人案，且死者只是一个 8 岁的孩子，想必会引起公愤，警方会遭到铺天盖地的舆论指责，而民众也会质疑尹某是被冤枉的。或许是基于以上的考虑，当年办案的警察在金某失踪后不仅没有展开调查，反而在发现尸体后篡改证据、掩盖真相。

2019 年，金某的父亲得知消息后很生气。他和家人一直以为女儿是失踪，三十年来都不敢搬家，怕她回来找他们。

而在这起案件发生后不久，李春在又因为一起未遂的"入室抢劫案"入狱，有一年两个月没有作案。

05. 1989 年至 1991 年

入室抢劫？

1989 年 9 月 26 日，半夜零点五十五分左右，李春在携带一把水果刀和一副棉手套，闯入水原市权先九的一户人家的大门，被那户人家的男主人发现。

几个月后，法院一审判决李春在入室抢劫罪名成立，有期徒刑一年六个月，定于 1991 年 4 月释放。如果他真的按照判决服刑的话，第九起最惨烈的案子中的那个初中女生就不会遇害了吧？

但李春在上诉了，他声称自己是被不认识的青年殴打、追赶，才不得已进入受害人家中，并不是为了抢劫钱财而闯入。

1990 年 4 月，二审认为一审对李春在的判决太重，便撤销一审判决，改判有期徒刑一年六个月缓期执行两年，李春在当即被释放。

我个人对这个罪名心存疑惑。如果第八起入室强奸杀人案是他所为，那么他带着刀和手套闯入水原的这户人家，很可能也意图强奸杀人。目前来看，他一直有稳定的收入，从没有进行过单纯以金钱为目的的财产犯罪。

1990 年初，华城郡警方对正在水原坐牢的李春在进行第三次调查，但他们还是因为脚印尺寸、血型不符等原因排除了他的嫌疑。我相信当年警方所谓的"调查"是非常潦草的，他们多半都没有尝试过联系李春在本人，没有掌握他在水原市因入室抢劫被逮捕的信息。如果他们得知他在深夜闯入民宅，会不会增加对他的怀疑呢？

第九起：初中生遭残暴杀害

1990 年 4 月，李春在出狱。由于入狱七个月，以前的公司也回不去了，在部队里有操作战车经验的他选择开挖掘机。从初夏开始，他在一家建筑公司跟着挖掘机司机当学徒，虽然还没有拿到执照，但常常前往工地干活。

可能因为入狱很久没作案，欲望积压了太久，所以李春在被释放七个月后犯下的第九起案子，也是最残忍的一起。

13 岁的金某净在当年李春在就读的初中读书，算是他的晚辈校友。

1990 年 11 月 15 日，傍晚五点多，她与同学分开后，独自步行回家。由于进入冬天，当时天色已经黑了。她没有发现一直有人偷偷尾随、监视她，当她走在一座荒山上时，危险来临了。

第二天，人们在一棵野山松树下，发现了金某净的尸体。现场很干净，她就像睡着了一样。但揭开盖在她身上的校服，人们才发现她的手脚被丝袜反绑在身后，整个人被束缚成奇怪的姿势。

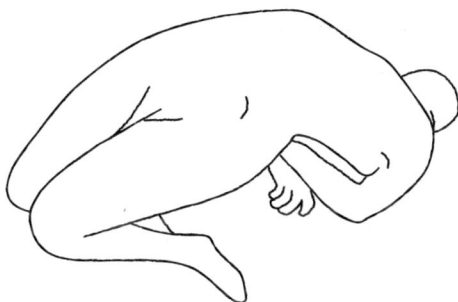

在电影《杀人回忆》中，警官认识受害女生。他看到尸体后大受打击，这也是整部电影最悲戚的一幕。在这个案子后，那个警察也从冷静、理性逐渐走向心理崩溃的边缘。

在第九起案件的现场，警方在捆绑受害人颈部和手腕的尼龙丝袜上再次发现了精液，验出 B 型血，并在此后的调查中认定罪犯的血型为 B 型。由于李春在的血型是 O 型，所以再次被排除嫌疑。

清州工地命案

1990 年底，学会了开挖掘机的李春在在忠清北道清原郡（现清州市）的一家公司找到了工作，经常往返于华城和清州的施工现场。

2019 年他还供述了一起在清州的杀人案。

1991 年 1 月 27 日，在清州市兴德区佳景洞宅地改造工程现场，17 岁的工厂职员朴某被人强奸杀害。她遇害时嘴里塞了内衣，双手被反绑在身后。

警察把 19 岁的男性朴某当作嫌疑人逮捕，但当年开庭后法院因证据不足等原因判朴某无罪。

当李春在把谋杀的版图扩展到清州之际，他在工作中遇到了在建筑公司担任会计的李某，后来李某成为他的妻子。

第十起：华城最后一起奸杀案

这段时间李春在还是常常回到华城。1991年4月3日，他实施了在华城的最后一起奸杀案。

那天晚上九点，69岁的妇人权某相从公交车上下来，在走路回家的途中遇害。她的尸体在距离自家150米以外的松林被发现。她的阴道内被放入袜子，死因是被丝袜勒死。

此后，杀人狂魔似乎从华城消失了。

06. 离开华城后

1992年4月（也有说是1991年7月），李春在和他的同事李某结婚。和许多连环杀手一样，婚姻生活并没有阻止他继续犯罪。婚后两个多月，李春在又作案了。

1992年6月24日，在清州兴德区福台洞的公寓内，28岁的家庭主妇李某被凶手用电话线勒死，死前遭到性侵，她的双手也被反绑，此案一直未侦破。2019年，李春在供认此案也是他所为。

1992年，李春在的儿子出生。似乎正是在那以后，他收手了，没有再强奸杀害陌生女性。

1993年，30岁的李春在和妻子正式搬到了妻子家人所在的清州市生活。

在外人面前表现得人畜无害的李春在在亲近的家人面前暴露了自己的真面目。法院文件曾这么描述他的家庭关系："李春在性格内向，但一生起气来连父母都拦不住。他曾把自己的孩子关在房间里暴打致伤；只因为妻子无视自己的话，就向她扔烟灰缸，对妻子的头部和小腹拳打脚踢，使得妻子便血。"

因为不堪忍受殴打和性虐待，12月李春在的妻子带着孩子从家中逃离。或许在当时的时代环境下，她对自己遭受的一切难以启齿，所以没有把婚姻内情告诉自己的家人。她的隐瞒导致李春在依然常常前往岳父家做客，并把妻子漂亮乖巧的妹妹叫到家中帮忙做家务。

1993年12月底，李春在和离家出走的妻子通话时，威胁会给她文身，让她无法嫁给其他男性，并称自己有一个可怕的复仇计划。妻子请求他不要伤害她的家人。

李春在的计划比文身可怕得多。1994年1月13日，他将19岁的妻妹骗到自己家中，在饮料中下了大量安眠药，之后强奸了她。接着他用钝器击打她的头部，并掐死了她。

李春在用书包带、袜子、撕烂的内衣等捆绑尸体。哪怕在对熟人作案中，他也没忘留下自己的"签名"——用丝袜在脖子上绕了几圈，打了12个结。之后，他用儿子的童车把尸体装到800米外的一家五金店的院子中，把尸体藏到了一块帐篷布下。

当岳父一家人发现小女儿不见了后，李春在还陪岳父一起去警局报了失踪案。

两天后，尸体被在院子里扫雪的五金店老板娘发现。

警方在李春在家中找到了他妻妹的血迹。1994年1月18日，李春在被捕，面对确凿证据，他不得不认罪，但坚持自己没有预谋，只是激情杀人。当年5月，李春在被判处死刑。9月，法院维持原判。但大韩民国大法院在1995年时重审案件，认为本案不存在预谋，改判无期徒刑。

李春在入狱后，这一系列横跨三地的连环杀人案也终于停止了。

目前他供认共杀害十四名陌生女性，加上杀害妻妹一案，总共十五起命案，并犯下强奸罪三十多起。警方认为他实际犯下的可能更多，譬如 1989 年 7 月 3 日水原市 17 岁女高中生郑某遇害一案，以及 1992 年 4 月 23 日清州鹤天桥 18 岁李某遇害一案，和他的其他案件有相似之处。

由于时间线上事件较多，我整理了一个表格，让大家能更清楚地看到他的作案规律、人生重要事件，以及警方办案是如何交叉影响的。

事件	日期	推定时间	名字	特点	地点
	1986 年				
第一起	9 月 15 日		71 岁李某任	手扼颈，未性侵	华城
第二起	10 月 20 日	晚上九点至十点之间	25 岁朴某淑	衣物勒死，有刀伤，性侵，虐待	华城
未遂	11 月 30 日	晚上八点三十分	X 女士	性侵，唯一幸存者	华城
第三起	12 月 12 日		24 岁权某纷	头套内裤，丝袜勒颈，DNA 匹配	华城
第四起	12 月 14 日	晚上十一点	23 岁李某淑	头套紧身衣，勒死，衣物反绑手，DNA 匹配	华城
	1987 年				
第五起	1 月 10 日	晚上八点五十分	18 岁洪某英	围巾勒颈，性侵、虐待，DNA 匹配	华城
第六起	5 月 2 日	晚上十一点左右	30 岁朴某珠	瓢泼大雨的户外，衬衣、胸罩勒死	华城
第一次调查	7 月			走访学校、公司，没证据，排除嫌疑	华城
	1988 年				
第七起	9 月 7 日	晚上九点三十分	54 岁安某顺	雪纺衫反绑手，勒死，阴道塞桃子碎片，DNA 匹配	华城
第八起	9 月 16 日		13 岁朴某熙	入室杀害，尹某被判刑	华城
自己供认	1988 年 12 月 24 日		18 岁金某	双手反绑，弃尸农田	水原

事件	日期	推定时间	名字	特点	地点
第二次调查	1988 年底~ 1989 年 7 月			因阴毛、血型不符被排除嫌疑	华城
	1989 年				
自己供认	7 月 7 日	中午十二点三十分左右	8 岁金某	跳绳绑手，尸体未找到	华城
入室	9 月 26 日	零点五十五分左右		因入室抢劫罪名被捕，审判	水原
	1990 年				
	4 月			判缓刑，释放	
第三次调查				鞋印大小不符、血型不符而被排除嫌疑	
第九起	11 月 15 日	傍晚五点多	13 岁金某净	反绑，胸口被划网格，嘴里塞异物，因血型不符被排除嫌疑	华城
	1991 年				
自己供认	1 月 27 日		17 岁朴某	工地上发现，内衣堵嘴，双手反绑	清州
第十起	4 月 3 日	晚上九点	69 岁权某相	阴道内放入袜子，丝袜勒死	华城
	1992 年				
结婚	4 月			妻子李某为同事	
自己供认	6 月 24 日		28 岁李某	双手反绑，电话线勒死，性侵	清州
	1993 年				
搬家				正式和妻子搬到清州	清州
	12 月			妻子离家出走	清州
	1994 年				
最后一案	1 月 13 日		19 岁妻妹	下约，强奸，杀害，丝袜捆绑尸体	清州

07. 第八起模仿作案是李春在做的吗？

自从李春在的 DNA 比对成功后，警方对其进行了九次审问，但他否认自己是华城连环杀人案的凶手。57 岁的他当时还抱有希望，可以在 60 岁前获得保释。

得知 DNA 比对结果和获得保释的希望彻底破灭后，10 月 1 日，在第十次审问中李春在终于认罪。他承认犯下华城连环杀人案的九起（除了第八起），以及另外四起，共十三起，并承认自己犯下三十多起强奸案。

等到了第十一次审问时，李春在突然表示，被定性为模仿犯罪的第八起案件也是他所为。

在第八起案件发生后，警方在受害人体内和现场找到了 8 根阴毛，成为当时断案的主要依据。国立科学调查研究所通过使用放射性同位素鉴别法精密鉴别认为，嫌疑人的血型是 B 型，阴毛含大量稀有金属钛。

警方以此判断，凶手可能从事焊接一类工作，经常接触钛。他们在这类工人群体中收集了 460 名血型为 B 型的男子的阴毛，委托研究所鉴定。但其实，李春在是在加工铝合金零件的工厂上班，工作环境中也有钛。

由于朴某熙是在家中遇害，警方认为凶手可能认识她，所以也采集了同村所有成年男性的阴毛。一个 70 多岁的男性回忆道："当时警察们为了抓犯人，把村里男人的阴毛都拔了。"

李春在当时的家与朴某熙家就相隔两个房子，加上此前被怀疑过，自然成了重点怀疑对象。但是警方比对李春在的阴毛后，认为第一"形态"不符合，第二李春在是 O 型血，便排除了他的嫌疑。

不久，国立科学调查研究所认定阴毛是尹某的。

22 岁的尹某是华城的一家农具修理工业公司的技术工人，主要做焊接、修理工作。他因患过小儿麻痹症，是个瘸腿。他家虽然也在受害人家附近，但他每天晚上睡在公司，和老板的弟弟住一间房。案发当晚，老板的弟弟并没有发现尹某外出过。

"破案"立功的警察崔某当年在接受媒体采访时称，尹某因为身体残疾，内心十分自卑，那天晚上十一点出去散步。他看到受害人家的灯光，觉得自己反正也娶不到老婆，破罐破摔，潜入实施强奸。虽然他的腿瘸，但他的双臂有力，所以能够翻墙。他强奸杀人并处理完现场后，于凌晨四点回到公司。

尹某一直喊冤。他出狱后对媒体称，连续三天两夜，警察限制他的吃、喝、睡眠，对他进行体罚，并拳打脚踹。警察还欺骗他，认罪的话只在牢里呆七年就可以出来，不认罪的话证据确凿，他会被判死刑。农具公司老板曾在尹某被带走的第二天去警局签字，发现仅仅过了一夜，尹某整个人变得十分呆滞，竟连他也认不出来了。

对于最重要的证据阴毛怎么解释呢？尹某认为这是栽赃，因为警察曾先后六次拔他的阴毛化验，可能把他的阴毛故意或者不小心混在现场的阴毛中。也有专业人士认为，当年通过阴毛、精液来鉴别血型的方法不一定可靠，因为在几起案件中就验出了 A、O、B 三种不同的血型。而且这 8 根阴毛形态不一，无法证明它们属于同一个人。考虑种种因素，当年的物证很可能出错。可惜由于这些阴毛已经全部损坏，不可能重验。

1989 年，尹某在庭审中翻供称："我虽然没有犯案，但仍被警察拘捕，遭到严刑拷打。在没法睡觉的情况下，我虚假地陈述了'犯罪行为'。"但是法院并没有接受他的说法，依旧判他无期徒刑。尹某继续上诉，在二审和三审中被驳回。

2009 年，尹某在狱中待满二十年后，获假释出狱。曾看守他的狱警做证，尹某在狱中一直喊冤。

当年抓到他的警察因此案升职，他们直到今天也不认为自己办错案。但令他们难堪的是，李春在在供认第八起案件时，详细说明了案发的情景，并画出了案发现场的房间布局等。更重要的是，他说出了警方此前从未公开过的信息：死者的衣服又被穿回身上。

【没药花园】

那第八起案件到底是不是李春在所为？有些罪犯确实喜欢吹嘘，冒领知名案件。不排除一种可能性：李春在或许意识到反正也不能活着出去了，不如索性把事情搞大，给当年办案的警察添乱。从他此前顶风作案来看，他喜欢挑战，追求媒体轰动效应。

但我认为第八起案件也是他做的。

第一，他当时就住在受害人家附近。他供认的其他强奸案和谋杀案，大多发生在他居住、读书、工作地周围。因此，他并不避讳在"家门口"杀人，反而会在自己熟悉的环境中作案。

第二，在杀了七个人后，风声越来越紧，室外监控的警察增加，独自走夜路的女子减少，他可能一时找不到猎物和机会下手，才改变策略转向室内。

第三，专家现在回看当年的照片，注意到第八起案件中死者的脖子上有一些皮肤撕裂的伤口，怀疑凶手在紧紧按住死者脖子时戴了一副粗糙的棉手套。但当年尹某被抓后做出的供述（他自称是听写警察的话）中，只字未提到手套。

与之对照的是李春在在第二年入室抢劫被发现时，随身带了工作用的棉手套。这也印证了我此前的推测：李春在一年后闯入那户人家并非想去抢劫，而是想去强奸杀害屋中的女性，正如他在第八起案件中做的那样。

50多岁的尹某一直希望能够重审案件，还他清白。2020年1月，水原地方法院的金姓法官表示："过去尹某受到了冤屈，对他长期被拘禁感到很抱歉。检察机关已经提出了无罪的意见，只要尹某的律师同意就可以宣判无罪。"尹某的律师计划在法庭上通过详细的证词和证据来完美地证明尹某是无罪的。

京畿道南部地方警察厅目前也承认李春在在第八起案件中有强奸杀人的嫌疑，当时参与调查的警官和检察官等八人有滥用监禁、渎职、行刑逼供等嫌疑，但由于公诉时效已过，已无法追究刑事责任。

08. 性格和家庭

【没药花园】

李春在到底是什么样的人？

目前看来，他似乎是一个在他人印象中充满矛盾的人。

李春在家世世代代主要种水稻和红薯，家里地比较多，属于不富有但也不会饿肚子的那种。二十世纪七十年代，当地村民靠卖地才能筹足学费送孩子上大学，但有些村民为了留住土地，没有送孩子上大学，包括李春在家。

李春在初中、高中时学习成绩都很好。我不清楚他对于家里没让他上大学的决定有没有意见，会不会因此对人生失望。

1994年起，李春在在监狱服刑，他的家乡却大变样了。

2000年后，随着华城市土地开发，当地的土地价格暴涨数千倍。像李春在家这样没送孩子上学的，因为留住了更多的土地，反而身价暴涨。有韩国媒体估计，李春在家的资产如今可能达到10亿至100亿韩元（约合600万至6000万人民币）。这很可能也是李春在急于想被保释，出狱去享受人生的原因。

当地村民对李春在的印象大多不错。在韩国电视节目采访邻居时，一些人评价李春在善良、话少、学习成绩好，比任何人都更文静、有礼貌。

和我此前总结过的中国的连环杀手一样，罪犯本人可能在日常生活中并不是大家想象中的面目狰狞凶狠之人，和犯罪时完全两样。因此，2019年，当警方发现李春在可能是韩国最可怕的连环杀手时，狱友、牧师、村民大多不愿意相信。

李春在后来考上了水原市的一所工业高中。他到大城市读书后，却和在老家有了不一样的境遇。有个高中同学称，当时班上很多同学嘲笑李春在是从乡下来的，身上有牛粪的味道，孤立、无视他，不和他一起玩。本来性格内向的李春在在受到排挤后，更加自闭。A 同学说他不喜欢亲近人，自己从没听到过他说一句话，但有次看他的眼睛被吓到。B 同学评价他好像是另一个世界的人，像透明人一样让人害怕。C 同学则说他是像幽灵一样的存在。

1981 年，李春在毕业后去服兵役，操纵 50 吨左右的战车。李春在的战友说，李春在在部队里没有表现出不正常的地方，和大家相处融洽。

和我写过的国内连环杀人案类似的是，这些罪犯无论是交往女友还是结婚，都不会停止作案。在白银案中，高承勇承认，自己是在儿子考上大学后（替他完成了他本人最大的心愿）才停止作案的。而在本案中，是儿子的出生让李春在收手。但李春在的妻子很快因为不堪忍受家暴和性变态，带着儿子离家出走，这激起了李春在强烈的报复心，引发他再次用华城案的手法杀害妻妹。

李春在因妻妹遇害被警察审问，警察对他的印象是"狡猾"，擅长说谎。他最开始并不认罪，但看到血迹等确凿证据后，才辩称是自己是临时起意。但警方在他妻妹体内发现了很高含量的安眠药成分，表明这是有预谋的，他才改口说，强奸是有预谋的，杀人是临时起意，发生在自己的床上。但警方发现，他杀人的地点实际是在方便收拾清理的卫生间。

李春在虽然承认了杀人，但只要那个办案警察不在场，他就会说自己是被逼的。他常常表现出毫无信用的一面。根据 1994 年和他关在一起的狱友所言，李春在多次向他谈起妻妹，夸她漂亮，并提到自己强奸抛尸。但一转身，他又会声称自己是无辜的，要不断上诉直到法院还他清白。有一次，李春在见完律师后很生气地抱怨："我明明没有罪，为什么一定要我承认？"并用脏话大骂律师。

或许是一心想要在 60 岁前获得保释，李春在于釜山监狱服刑的二十多年，没有受过一次惩罚或调查。狱友称他性格温顺、安静，会照顾人，休息的时候喜欢踢足球，喜欢参与其他与他人相处的游戏。最终，他被评为"一级模范囚犯"，离提前保释又近了一步。但在监控严密的监狱里，李春在在自己的个人物品箱里偷偷收藏了十多张女性的淫秽照片。一次，狱友和他开玩笑，把他手里的照片抢走，一向温顺的他突然暴怒，吓到了他们。

他在狱中的这些良好表现，和改过自新无关，只能说明这个人很能忍。他若设定一个目标，可以暂时伪装或者忍辱负重，这也是他能持续八年作案的原因之一。

他在第十次审问时才承认了罪行。据说他在供认前一直盯着女心理咨询师的手，突然说："你的手很漂亮，我可以摸一下吗？"他的这个故作轻松的问题预示了他终于想要卸下伪装，向他人露出自己真实的面目。此后，他供认了自己的罪行。

美国知名的罪犯侧写师布朗几年前说过，李春在的第一次犯罪应当是一时冲动，发生在他的生活场所附近。

李春在第一次实施强奸确实是在陈安里。而之后的犯罪则是有计划进行的，会故意挑不同地点，声东击西。

而李春在的第一次杀人也和后面的不同。其他杀人案大多发生在夜间，但第一个受害者是在早上遇害。当时天都亮了，会有路人经过，他不可能故意挑选这个时间埋伏杀人。现场一片狼藉，死者的裤子被脱下，但没有被性侵，也说明事发突然。

可能李春在当时只是上班途中经过那里，偶遇老太太，突然想性攻击老太太以发泄心头的攻击欲，却没想到受害人的反抗格外激烈，导致李春在掐死了受害人。由于时间仓促，他放弃性侵，逃离现场。他在这次偶发的杀人中感受到了巨大的快意，此后便走上了有计划的杀人之路。

由于不是每起杀人案都伴随强奸，很多只是用物体猥亵、破坏，可见他的满足感并不是来自性交本身，更多似乎是来自捉弄、羞辱受害人，操纵受害人的恐惧并施加痛苦。

与母亲的关系

李春在和他母亲感情较深。他曾对狱友说过，想争取在母亲去世前出狱。有村民对记者说，李春在的爷爷、奶奶以及爸爸都是"活菩萨"，非常善良，却没有提到李春在的母亲。从李母后来接受的采访看，她应当是这个家庭中最为强势之人，同时也十分偏袒自己的儿子。

此前记者采访她关于儿子是不是华城案凶手时，她表示不相信，并大大夸奖儿子乖巧、孝顺，常拿钱给自己花。对于杀害妻妹一案，她把责任全都推到了儿媳身上，称之为"一个没有教养的女人"。警方调查认为儿媳因不堪忍受家暴而离家，她却声称儿媳跟其他男人跑了，儿子太生气了才会杀妻妹。她把有预谋的强奸杀人辩解为"每个人都有冲动的时候"。

李春在的母亲态度强硬，又一味护短，混淆是非。她对既是家暴受害人，又失去了妹妹的儿媳没有表现出任何同情和愧疚之心，反而加以诋毁。这也就不奇怪，为什么和母亲感情很好的李春在，会如此缺乏共情能力以及反省之心了。

那么李春在的残暴是来自哪儿的呢？他为什么在每起案件中都会羞辱受害人？李春在对警方供述，小学时曾被村里的邻居姐姐侵犯，遭到性暴力。虽然无法验证，但我个人认为他在少年时遭到过猥亵、性暴力的可能性是存在的。

这段经历导致他的性欲总是被恨意以及羞辱感压制着，最终演变成性欲倒错：只有当他对女性施暴，剥夺女性的尊严时，才能唤起他的性欲。在他的潜意识里，只有让对方害怕和厌恶，自己才能夺回性的控制权，才能让自己重新找回男性的尊严。

邻居姐姐带给他的自卑感和一味护短的母亲带给他的自负同时存在。他平日的行为举止越内敛，他作案时就越狂妄。哪怕在风声最紧、布控最严的时候，他也没有停手，而是在家背后的山上犯下了第六起案件。他并不担心警察知道这些案件是同一个人所为（甚至故意想让他们知道），所以无论在家门口作案，还是跑到外地，每次都用"丝袜打结"等手段作为"签名"，显示这些案件之间的联系。他通过把警察玩得团团转，恐吓社会，来获得藐视众人的感觉，获得谋杀之外的另一种快感。

李春在的外表和平时的表现固然有一定的欺骗性，但令人惋惜的是，当年警方如果细致地调查他，应当是可以找到他的破绽的。首先，多个早期强奸案受害人和一个谋杀案幸存者都描述了罪犯的年龄、身高、长相，公交车司机提供了画像，陈安里周边符合条件的男性居民不会很多。1987年，就有村民举报李春在是系列强奸案的嫌犯，但不知为何，警方从未安排那些证人当面指认过。

其次，警方过度依赖由可能被污染的毛发和精液得到的血型，却没有好好调查他的不在场证明以及当面审问他。我相信那么多起案件，他很难每次都能找到不在场证明。

再次，此案虽然如此轰动，但华城、水原、清州的警方缺乏合作和信息共享。李春在每次被调查或者被捕期间，就没有案件发生；他搬去清州，案件也在清州发生……这些联系却从未有人留意。李春在后来在水原因入室盗窃的罪名被捕，警方也未建立起他的案底和第八起入室强奸杀人案之间的联系。

李春在能够一再得手，在八年中杀害至少15人，一大部分原因是二十世纪八九十年代调查这个系列案件的警察们敷衍塞责。他们为了邀功升官，蒙蔽媒体和民众，不仅制造了多起冤假错案，甚至涉嫌隐匿尸体，掩盖谋杀案。

最后，感谢DNA技术。最近看到世界各地包括中国的好多起二十年甚至三十年以上的悬案都因为DNA技术和DNA数据库得以结案。希望其他悬案也会等到那一天。

3

寻找章莹颖

2017 年 6 月 12 日，晚上八点半，两个伊利诺伊州的警察敲响了位于斯普林菲尔德西大街 2503 号的 B2 公寓门。他们当时正在调查一起来自中国的访学女生的失踪案。

这个失踪女生就是章莹颖。自从 6 月 9 日她出发去一个公寓签租约，就再也没有人见过她。警方经过调取沿途监控视频发现，她在当天下午两点零六分，上了一辆黑色后掀盖的土星牌轿车。

住在这间公寓的克里斯滕森，是香槟地区仅有的五个土星车主之一。

这两个警察首先拜访克里斯滕森，只因为他的住址离他们最近。他们查过这个年轻人，是伊利诺伊大学的硕士生，没有犯罪记录，似乎并不像他们要找的人。

为他们开门的是贝恩特·克里斯滕森和他的妻子米歇尔。警察询问克里斯滕森是否曾见过照片上的女孩。克里斯滕森答，听说过这起受人关注的失踪案，但从没见过章莹颖。当警察问他 6 月 9 日那天干了什么，他表示已经过去三天，自己不记得了。

一个警察让他去看看短信和邮件，回忆一下。于是克里斯滕森掏出了手机。警察发现他在翻阅短信时，手指一直在颤抖。

看了一会儿手机，克里斯滕森说他想起来了，当天其实一直在家打游戏和睡觉。

两个警察表示，想看一眼公寓内部和他的土星牌汽车，克里斯滕森和米歇尔同意了。

他们在他的公寓内搜查了大约十分钟，并没有发现异样。

一个警察搜查土星车，另一个警察则和克里斯滕森站在一旁闲谈。由于两个人都是从威斯康星州来的，他们很正常地聊起了威斯康星州的一些事。

当车内的警察搜索到手套仓时，谈话的警察注意到，克里斯滕森立刻把目光聚集到那里，再也无法把心思放在对话上了。

克里斯滕森可疑的表现引起了两个警察的警觉。

01. 一次偶遇

章莹颖出生于 1990 年 12 月,是福建南平市人。2017 年 4 月起,她在美国伊利诺伊大学厄巴纳香槟分校交流学习,原计划待一年。

她的学术道路十分顺畅。2013 年本科毕业于中山大学环境学院,2016 年硕士毕业于北京大学,2016 年至 2017 年在中国科学院客座学习。

案发前,她正在考虑申请美国伊利诺伊大学厄巴纳香槟分校的博士项目,并计划在当年 10 月与相恋多年的男友结婚。

2017 年 6 月 9 日,章莹颖到美国不满两个月。

吃过午饭,她乘坐香槟市区的公交车前往校外公寓一北,计划去签租约,但由于对交通不熟,她迟到了。

下午一点三十九分,她给公寓经理发短信,提到她会在两点十分左右抵达公寓。

下午一点五十二分,章莹颖打算转乘另一趟公交车,但这个被男友称为"路痴"的女孩等错了方向。

约四分钟后,一辆公交车从反方向驶来。她伸手试图拦下,但公交车径直从她身边驶过。

后来公交车司机出庭做证,他的做法符合公司的制度,即他不能给马路对面的乘客停车,以免乘客横穿马路时发生意外。

错过这趟公交车后,章莹颖走到数个街区外的另一个公交站。这个站台的公交路线能直接带她到一北公寓楼,但是只在秋季和春季学期才会运营。

美国的大学通常在六月进入暑假,学生离开,城市中人口骤减,一些公交线路也会停运。所以,章莹颖依然无法等到她要坐的车。

下午两点，一辆黑色后掀盖的土星牌轿车从章莹颖身边经过。之后车子掉头，于两点零五分左右停在她身旁。

章莹颖和司机简单交谈半分钟后，坐上了副驾，之后再也没有人见过她。

一北公寓经理在下午两点三十八分发消息给她，然而并没有收到回复。

章莹颖的朋友和同事一直联系不上她，越来越着急。晚上九点二十四分，一位中国籍助理教授报警。

2019 年 7 月 18 日，案发两年多后，承认杀害章莹颖的凶手贝恩特·克里斯滕森被判终身监禁，不得保释或减刑。

克里斯滕森的作案动机和谋杀手段也随着庭审被公开，引起更多的讨论。

02. 童年至 2013 年

1989 年 6 月 30 日，克里斯滕森出生于美国中西部的小镇斯蒂文斯波恩特。这是威斯康星州北部的一个小城市，冬季漫长、寒冷，人口只有 2 万多。

克里斯滕森有一个哥哥和一个妹妹。他的父亲早期是个建筑工人，母亲后来曾做过保险理赔员，家庭经济不宽裕。

此前的报道中只零星提到他的家庭生活。譬如，在克里斯滕森小时候，他的父亲会带他和哥哥去学武术。

不同于好莱坞电影中开放的大城市，中西部这类小镇是相对传统、保守的地方。虽然他父母曾是邻居眼中"对外人友好"的"正常"夫妇，但家庭内部的矛盾不可协调。他父母在他案发前几年离婚，卖掉房子，还清债务，双双告别了过去的社交圈——父亲搬去密歇根州，母亲去了密尔沃基。

在 2019 年的庭审中，克里斯滕森的辩护律师反复强调，克里斯滕森有精神病，尽管他们主动放弃了精神鉴定。

接着家人纷纷出庭做证，克里斯滕森童年的遭遇为他的精神病埋下伏笔。

克里斯滕森的母亲出庭做证，从克里斯滕森读小学开始，她就抑郁、酗酒，整日感到悲伤、孤独。她一天可以喝掉四分之一瓶伏特加。她曾醉酒驾驶，撞坏自家车库门；还曾酒驾一辆水陆两用车，最终翻车，当时两个儿子都在车上。

她哭着提到，自己家族的其他成员也有心理疾病，她的两个爷爷都是自杀的。

克里斯滕森听到母亲的这番说辞，在被告席上低下头抹眼泪。

克里斯滕森 24 岁的妹妹则出庭说，他们的母亲懒惰、酗酒，这是导致父母离婚的原因。而克里斯滕森是个很温柔的人，一直很照顾自己。

克里斯滕森的父亲也来了。他后来自学编程，但每年只赚一万到两万美元。由于无力支付一个月的酒店费用，他在庭审期间搭了个帐篷，住在露营地。

他说，克里斯滕森从小就受各种精神问题的困扰，譬如曾在 15 岁时从阳台上跳下来，还故意撞向一辆行驶中的汽车想要自杀。他提到克里斯滕森童年有夜间惊惧症，会突然醒来，发现自己四肢不能动弹（应该就是中国人说的"鬼压床"）。

这些证词显然不能为克里斯滕森杀害章莹颖的罪行开脱。而他的家人说这些，主要想证明，克里斯滕森也是原生家庭的"受害人"，希望博取陪审团的同情，不判他死刑。

没有"自杀"成功的克里斯滕森顺利读了高中。有高中同学评价他："不是很受欢迎的那类男生，但他总是很努力地想让自己受欢迎。"他的内心希望受到认可，很介意别人的评价。

他在高中时朋友不多，主要有一个小圈子，大家都喜欢重金属音乐。

克里斯滕森也是在高中时认识了他后来的妻子米歇尔。他们是校友，一起在超市打工，由此相识。2008 年，两个人在还不到 20 岁时开始约会。

克里斯滕森在高中时成绩优秀，申请到了威斯康星大学麦迪逊分校，学费是他通过学生贷款支付的。克里斯滕森在该校就读本科期间，我正在同一个校区读博士。

这是一所研究性公立大学，一些专业在全美排名靠前。学校以喝酒文化闻名。从周四到周六晚上，校园周围的酒吧里进进出出的都是大学生。克里斯滕森在大学期间喝酒也很凶。

克里斯滕森在大学期间成绩优秀，也加入了举重队和田径队。

2013 年，24 岁的克里斯滕森经历了人生中的两件大事。

第一，他和米歇尔结婚了。两个人在酒店办了场简单的婚礼，米歇尔只穿了绿毛衣和牛仔裤，在场的只有双方父母和四个朋友。

第二，克里斯滕森本科毕业了，获得了数学和物理的双学位，并申请到了伊利诺伊大学厄巴纳香槟分校的物理学博士项目。

那时候的克里斯滕森人生美满，前景光明。但三年后，一切急转直下。

03. 2014—2017：人生的转折点

克里斯滕森和米歇尔搬到了香槟市，开始了他们的新生活。

米歇尔从一个社区大学毕业后，在当地一家银行做贷款专员。克里斯滕森在博士项目期间虽然有助教的工资，但主要是依靠米歇尔的收入养家。两个人的生活较为拮据。

婚后两个人的关系很平等。克里斯滕森做所有打扫卫生的工作，米歇尔负责做饭。

后来克里斯滕森认识了情人 TEB（保护证人，只公布了代号），并进入一段 BDSM[1] 的关系。TEB 作为女奴的一部分职责，就是替他完成他最讨厌的家务：打扫厨房和卫生间。

---

[1] BDSM：一些彼此相关的人类性行为模式。

克里斯滕森在校期间曾不止一次被评为优秀助教。案发后，他教的那些本科学生对他的评价是：安静，不太和人多说话，不会和你做朋友，但也不古怪。

从 2013 年秋季入学到 2015 年，克里斯滕森的生活似乎依然在正常轨道上运行。但显然，克里斯滕森的学习出了点问题。尽管他很努力，但在高手如云的同学中间，他的成绩并不如他所愿。

或许为了逃避压力，也或许受他母亲早年的影响，他开始酗酒。

克里斯滕森以前在威斯康星大学也经常喝酒，只要开学了就很自觉地停止。但在伊利诺伊大学期间，他的酗酒问题越来越严重。他可以在八小时内喝完一大瓶朗姆酒。而他选择朗姆酒的唯一原因是：这是最便宜的一种烈酒。

同时，他也出现了抑郁和睡眠问题。

到了第三年的秋季学期，他的成绩更是一落千丈，几乎所有课的成绩都是 F——最差的那一种。通常美国博士项目的设置是：中途必须通过一个博士资格考试并且所有课的学分和成绩符合要求，才能继续读下去，否则只能拿硕士文凭离开。

这时候的克里斯滕森不得不接受一个现实：他无法继续博士项目，只能离开。

米歇尔对此失望且生气。

米歇尔的一个男同事正处于开放式婚姻中，他建议米歇尔和她的丈夫也可以尝试下。米歇尔心动了，她回家后向克里斯滕森提出了建议，当时克里斯滕森没有表达什么情绪。在考虑几天后，他同意了。

米歇尔很快有了自己的男友。几周后，克里斯滕森也开始和其他女性约会，在此后有多个性伴侣。

差不多在同一时期，克里斯滕森开始对连环杀手感兴趣。他开始阅读一些关于连环杀手心理的文章。他的电脑记录显示，他在 2016 年 12 月下载了不少女性被捆绑的照片。

但据两人的证词，克里斯滕森和米歇尔在一起的这么多年中，从没有进行过性虐或其他另类的性行为。

2017年3月，米歇尔感觉个人的婚姻进入了"死胡同"，正式提出离婚。克里斯滕森变得情绪激动，他痛哭着挽留。最终，米歇尔心软了，被他说服留了下来。

当月，克里斯滕森从网上购买了一个约56厘米高，接近183厘米长的巨型行李袋。

4月，克里斯滕森注册了一个新的谷歌账号，用它来进行搜索，说明他当时已经有计划要隐藏自己的浏览历史。

克里斯滕森也去过学校的心理咨询室进行心理咨询。他向咨询师提到，他认为自己是个失败的人，想要自残，伤害自己。

他甚至坦言自己想杀人。他说他曾在几个月前把这些念头告诉妻子，米歇尔很生气，让他尽快戒酒。

当时的心理咨询师给他推荐了一些机构寻求帮助，推荐他用一款手机App来练习呼吸放松。

在做了几次心理咨询后，克里斯滕森把那个旅行袋退掉了，可见他当时的思想反复不定，一直在心理斗争中。

同样在4月，克里斯滕森和女友TEB在一个叫OkCupid（美国在线约会网站）的约会软件上相遇了。他在Tinder（美国手机交友软件）和OKcupid软件上的自我介绍是：冷静，很好相处，已婚，处于开放式婚姻，寻找女网友发生一夜情、炮友、长期女友、情人等任何形式的关系。

克里斯滕森和TEB认识几天后，开始正式交往，成为男女朋友。

TEB当时与几个室友合租了一个大房子，会交换性关系。TEB声称，是她最先提议，和克里斯滕森也开始一段BDSM关系的"性试验"，也是TEB把一个相关网站介绍给了克里斯滕森。

他们设定的角色是，克里斯滕森是主人，TEB 是女奴。

2017 年 5 月，克里斯滕森拿到了伊利诺伊大学的物理学硕士文凭。

在美国拿到硕士学位一般需要两年时间，而克里斯滕森整整花了四年只拿到一个非实用专业的硕士，这是他人生规划中的一次很大的挫折。

所以，不像本科毕业时在社交平台上留下了许多毕业照，这次毕业他没有参加毕业典礼，没有在任何社交平台提起。

2017 年 6 月 6 日，克里斯滕森再一次网购了那个此前被他退掉的超大旅行袋。

这期间他也在找工作。6 月 8 日，也是案发前一天上午，他还接了一个工作面试电话。

04. 案发当天

6 月 9 日是章莹颖案的发生之日。天蒙蒙亮时，克里斯滕森的妻子米歇尔就和新男友出发去旅游了。她的新男友叫莱恩，两个人早就商量好，要开车去威斯康星州的一个热门度假小镇玩两天，而那个地方恰恰是克里斯滕森和米歇尔当年度蜜月的地方。

米歇尔说，她开始告诉克里斯滕森这件事时，克里斯滕森好像也不反对，但是在越来越接近 6 月 9 日时，克里斯滕森对妻子即将到来的行程表现得很不高兴。

显然米歇尔离开后，克里斯滕森也难以入眠。当天早上七点四十分，留着络腮胡子的克里斯滕森走进当地一家超市，花二十美元买了一大瓶朗姆酒。随后他回到家刮了胡子，一边喝酒，一边开着车在街上晃悠。

他在伊利诺伊大学校园周围遇见一个叫艾米丽的女学生。他停车，打开副驾车窗，对她说自己是负责这片区域的便衣警察，想让她回答几个问题。

艾米丽说可以。等克里斯滕森进一步要求艾米丽上车回答后，艾米丽拒绝了。克里斯滕森似乎很吃惊，连忙说："你如果看到什么可疑的，给我们打电话。"便开车离开。

艾米丽认为这不是真警察，遂打电话报了警。

同一天，女友 TEB 告诉克里斯滕森，她昨晚和另一个男人发生了关系。克里斯滕森回了句"别担心"，还带了个亲吻的表情。

她似乎有些不安，解释道："我通常不会发生这么随意的性关系。"

克里斯滕森接着回了一句奇怪的话："You don't do the anything casual thing. From breathing, to fine dining, to...murder."（你做的任何事都不是完全随意的，从呼吸，到正式用餐……到谋杀。）

TEB 出庭时说，她不知道该怎么理解这句话，当时也不知道该怎么回复。

克里斯滕森随后还夸 TEB 在某种奇怪的情境中是"特别的"，并说"正是这点让你成了我的猫咪"。

当天下午两点，依然在街头漫无目的兜转的克里斯滕森发现了在站台等公交车的章莹颖。

据他后来在监狱中对一个亲密狱友所说，他的车上有一个无线电台，他是以便衣警察的身份骗章莹颖上车的。但他依然骗狱友称，自己在几个街口后把章莹颖放下了。

05. 作案经过

由于克里斯滕森没有认罪口供，所以，所有的作案细节都来自他自己对 TEB 的陈述和警方根据物理证据做出的推断。

根据监控，在章莹颖上车后，他开始确实是向一北公寓的方向驶去。而他自己的公寓在另一个方向，距离上车点只有十分钟的车程。

照克里斯滕森对 TEB 的说法,他在车上捆住了章莹颖的双手,把她带回公寓。在房间的床上,克里斯滕森强奸、殴打了她,掐住她的脖子十分钟,但章莹颖顽强地活着。

克里斯滕森又把她带去卫生间,残忍地杀害了她。

2017 年 6 月 9 日整个下午,米歇尔都在给克里斯滕森发消息。直到下午三点五十一分,克里斯滕森才回了一条消息。当时距离章莹颖被绑架不到两个小时,他应当还在处理尸体。

但克里斯滕森和米歇尔发的消息内容没有在法庭上公开。

下午四点五十三分,他忙完一切后终于发消息给 TEB,问:"你今天过的如何?我累坏了。"

当天晚上,他独自在家,在电脑上浏览了大量色情图片。

6 月 10 日、11 日,是周六和周日。克里斯滕森购买了清洁用品打扫了房间,并深度清洁了汽车的副驾座位。

6 月 12 日,周一,早上七点零三分,米歇尔突然换掉了社交平台上的头像,把从 2015 年开始已经使用了两年的夫妇合影,换成了她一个人在威斯康星大学湖边的照片。

从她的好友对她此举的评论可知,她平时很少使用社交平台,换头像很可能有特殊的原因,譬如她回家后察觉到了克里斯滕森的异样,或者在旅行中和莱恩的感情升温。

当天,米歇尔看到克里斯滕森扛着他此前网购的那个大旅行袋出门了。等他回来时,旅行袋没再带回来。米歇尔看他背起旅行袋的样子并不吃力,认为里面没装很重的东西。

一直到审判结束,克里斯滕森的律师才透露,当天克里斯滕森把章莹颖的衣服、背包、手机和其他清洁用品,都装入了这个大旅行袋,随后开车绕着香槟市转悠,把它们丢进不同的垃圾箱,最后把旅行袋也放入了垃圾箱。

6月12日，克里斯滕森还去超市买了食品，并补充了一些此前被他用完的13加仑的大垃圾袋。

当天晚些时候，两个警察找到了他的公寓，询问他是否见过章莹颖，他否认。

6月13日，克里斯滕森给公寓的维修人员发送了一个请求，提到卫生间瓷砖之间的填缝浆掉下来发霉了，需要重新弄。维修工人去了后发现填缝浆并没有缺损，但还是补了一下。

6月14日，警方发现，监控中接走章莹颖的土星车的车轮盖有破损，这和克里斯滕森的车完全吻合，于是确定章莹颖上的就是克里斯滕森的车。

06. 审问和证据

2017年6月14日晚上十点，警察取得了一份对土星车的搜查令，并在凌晨把克里斯滕森带回警局审问。审问他的是一个美国联邦调查局探员和一个警察。

开始克里斯滕森依然坚持原先的说法。但在警方的不断施压下，他才改口说，是他把周五（6月9日）和周六（6月10日）搞混了。

他承认自己周五曾载过章莹颖，但又称：章莹颖在车上一直用她自己的手机导航，当发现他开错一个路口后，章莹颖吓坏了，用手不停抓门把手，于是他把她放下了。

警方问他章莹颖长什么样。他说，他分不清楚亚洲人的长相。

他的回答还是很谨慎的。因为如果他能够描述章莹颖的长相，就无法解释为什么他在6月12日那天承认看过章莹颖失踪的报道后，依然坚持自己没见过她。

克里斯滕森在被询问时的表现暴露出他内心承受的巨大压力。他说话时不敢直视警察，而是直直地盯着桌面。当警察坚持认为他在说谎后，他开始颤抖，眼神飘忽不定，本来苍白的皮肤突然爆发荨麻疹，整个脸上都是红色的疹斑。

由此可见，克里斯滕森的心理素质不高，抗压能力弱。

6月15日，晚上十一点四十四分，美国联邦调查局获得公寓的搜查令，七人小组采取突击行动。他们在门口打电话给克里斯滕森，克里斯滕森开了门。

米歇尔说自己从床上惊醒，没穿衣服起身查看，只见一群人冲进公寓，带走了克里斯滕森。接着一个女警，让半裸的米歇尔坐在椅子上，签了一份协议，同意警方搜索房间以及克里斯滕森的个人电脑、手机和相机等。

美国联邦调查局搜了五六个小时。

他们在克里斯滕森的电脑上发现，他在案发前曾登录过费特生活。

一些人把章莹颖案和暗网联系起来，可能是指他上过这个网站。但这个网站不是暗网，是普通浏览器就可以登录的，只不过要注册后才能进入浏览。

该网站在2017年有600万注册用户。它推介自己："费特生活是BDSM、恋物癖以及变态者群体的社交网站。它就像Facebook一样，但主要是由像你我一样的性怪癖者组成的。我们认为这样的网站更有趣，不是吗？"

克里斯滕森在费特生活上的自我介绍中把自己呈现为一个支配者、主人，一个掌控他人情绪的人，一个制造恐惧的人。

他的网名叫Akuma689，Akuma是日本的火魔鬼。

他参与这个网站上"Abduction 101"论坛中关于绑架强奸的讨论。他和另一个用户讨论如何实施绑架。克里斯滕森说他会闯入房子，把受害人绑起来，塞入一个旅行袋，放进他的车上，然后开到附近一个汽车旅馆，或者去偏僻小路或者公园里。这两个人说为了避免警察找麻烦，最好让被绑架者写一份自愿同意书。

警察在他的电脑上发现早期的搜索记录包括：人体分解、连环杀手心理、捆绑的色情图等等。

案发后，他搜索过清洁剂的成分，iphone如何记录一个人的行踪，章莹颖的案件进展，募捐页面，等等。

从 12 日第一次上门到 15 日晚间突袭，克里斯滕森有足够的时间清除掉电脑和手机上的很多东西。

虽然克里斯滕森很快被释放，但从 6 月 18 日起，警方开始对他进行二十四小时监视，在他的车上装了 GPS 跟踪器。

或许是对自己在上一次审问中的表现不满意，两天后，克里斯滕森主动找到美国联邦调查局，自作聪明地说要再提供一次口供。这次口供他坚持自己此前的说法。

当被问到他扔掉的超大旅行袋里有什么时，他说里面装了一个猫爬架，本来是他从沃尔玛买来送给女朋友的，因为折断了所以扔在路边。但警方后来调查了所有从当地沃尔玛买猫爬架的顾客，没有发现克里斯滕森。

在他始终拒绝承认曾绑架章莹颖后，警察施蒂弗森问他，"你一点都不被她吸引吗？"

"确实有一些。"克里斯滕森回答。

"那个（和她发生关系的）念头有没有从你的脑海中闪过？"

"是的，那个念头闪过我的脑海。"克里斯滕森回答，但立刻否认和章莹颖有过任何性接触。

"你把她带到哪儿去了，克里斯滕森？"美国联邦调查局探员曼加纳罗问，"我们需要找到章莹颖。"

"是时候我该停止回答问题了。我知道通常的建议是在回答问题时找个律师，我（没这么做）只是想尽可能帮到你们。"

自那以后，克里斯滕森就不再开口。

2017 年 6 月 20 日，克里斯滕森前往当地有名的布鲁诺律师事务所咨询。后来，这家律所的律师担任了克里斯滕森的代理人，中途因为克里斯滕森拖欠律师费中止了服务。此后克里斯滕森用的一直是法庭指派的律师。

07. 卧底女友

美国联邦调查局找到了克里斯滕森的情人 TEB。TEB 非常配合，她交出了两个人的短信内容，答应佩戴监听器。随后，她录下了九段对话，两段是在电话上的，七段是当面录的。

其中最重要的一段录音，也是给克里斯滕森定罪的最有力的证据，是录于 6 月 29 日，克里斯滕森被捕前一天。

2017 年 6 月 29 日，伊利诺伊大学以"寻找章莹颖"为主题，举办了一个校园游行活动和音乐会。克里斯滕森带着一个红发女子现身其中，那就是 TEB。

距离突击搜查公寓已经过了半个月，克里斯滕森或许以为美国联邦调查局没有足够的证据，也不能把自己怎么样，所以放松了警惕。而他不知道的是，当时有多个便衣警察在现场盯着他。

克里斯滕森和 TEB 见面后，本想像往常一样给她戴上代表 M 的项圈，但 TEB 说这种场合不妥，他也没坚持。当时克里斯滕森的双肩包中带着的红色水壶里装了 1/5 的酒。

他突然有几分得意地对 TEB 说："这些人都是为了我来的。"随后，在她的手心里写下 13 这个数字。

此前克里斯滕森从未承认过绑架章莹颖，TEB 有些紧张地意识到，今天他可能会说真话了。她借口去洗手间，给美国联邦调查局的探员发了个消息，然后删除。

出来后，克里斯滕森查看了她手机上的短信和通话记录，随后打开她手上的笔记本，写下一些话：

"是我干的。

她是第 13 个。

她消失了。永远。"

看着现场悲伤的人群，他对 TEB 说，他在物色下一个受害者，并描述了他理想的受害者具有哪些特征。

在另一个录音中，他承认杀死了章莹颖，并说他把章莹颖带回自己的公寓后，违背她的意志把她强留下来，遭到了她激烈的反抗。他还提到如何分尸。他说自己不会这么对待 TEB，因为她"太胖了"。

在 TEB 假装十分崇拜的引导下，克里斯滕森越说越多，甚至开始吹嘘。

TEB 问："你觉得你会成为下一个成功的连环杀手吗？"克里斯滕森说："我已经是了。"

"我是最近三十年来做这件事（连环杀人）最成功的人。

"没人知道发生了什么……除了我。

"章莹颖是唯一产生证据指向我的人。13 个。我从 19 岁就开始做这件事（杀人）了……

"很显然我很擅长做这个（杀人），她的家人将空手而归。"

这期间，TEB 因为太紧张，心跳剧烈，在克里斯滕森面前晕厥一次。

当天晚上，TEB 把录音交给了美国联邦调查局。

第二天，2017 年 6 月 30 日，也是克里斯滕森的生日。美国联邦调查局正式逮捕了克里斯滕森，同时第一次向媒体宣布，他们"相信"章莹颖已死亡。

08. 和两个女子的关系

克里斯滕森去看心理咨询师时，承认道，如果他的妻子愿意花更多时间和他在一起，会对他的心理状况有帮助。

TEB 刚在约会软件上认识克里斯滕森时，希望能确认他确实和妻子处于开放式婚姻。于是三个人曾坐下来聊过，两个女子相处融洽。

6 月 29 日，在那次以"寻找章莹颖"的名义发起的活动和音乐会结束后，克里斯滕森发消息让米歇尔开车接他和 TEB 回家。

米歇尔接上他们后,克里斯滕森突然开口叫了声"甜心",然后又自言自语:"没人知道我到底是在叫谁。"

米歇尔说:"我假设你是在叫我。"

6 月 30 日,克里斯滕森被捕后,米歇尔试图联系 TEB,却联系不到。当时他们并不知道是 TEB 把录音交给了美国联邦调查局。克里斯滕森对米歇尔说:"我知道她不会抛弃我的,我知道她不会做任何背叛我的事。"

显然,他并不了解 TEB。

TEB 出庭时自称对克里斯滕森很有感情,但在道德上是站在章莹颖的家人一边的,因此一度很矛盾。

克里斯滕森的辩护律师提出 TEB 收取美国联邦调查局的几千美元,在录音时故意套话。TEB 否认,说那是美国联邦调查局给自己的不能工作以及心理治疗的补偿。

但克里斯滕森在法庭上对待这两个女子的态度却大相径庭。

他平时在庭上要么看着证人,要么看着陪审团。但当 TEB 坐在台上侃侃而谈时,他却一直都低着头,盯着自己放在膝盖上的手,全程没有抬头看她。

米歇尔和克里斯滕森在等待开庭期间已经离婚。当米歇尔走进法庭时,克里斯滕森立刻扭头,目光追随着她进入房间。当米歇尔在台上做证时,克里斯滕森的目光一直没有挪开。

律师问起婚后克里斯滕森有没有做过饭,米歇尔说他只在威斯康星煎过一次牛排,克里斯滕森还在台下露出了一个傻笑。

后来当检方提到米歇尔时,克里斯滕森又把头埋在双手中,抹去流下的眼泪。

这些迹象似乎表明,尽管米歇尔交往新男友并伤害过他,但米歇尔依然是他心中最重要的人,他的心路历程也和米歇尔与他的感情息息相关。

TEB 背叛了他,他用拒绝目光接触来表达自己内心的恨意和蔑视。

09. 案发经过的真相

听到克里斯滕森说自己杀过 13 个人，美国联邦调查局很重视。由于克里斯滕森此前只在威斯康星州生活过，因此他们联系威斯康星州警察局协助调查。

从克里斯滕森 19 岁那年开始，威斯康星州共有 19 人失踪或遇害尚未得到解决（其中有几个是婴儿）。

他们把克里斯滕森的 DNA 样本交给了威斯康星州警方，但目前没有任何证据证明，他和任何一起失踪或者谋杀案有关。

由于没有找到尸体，无法验尸，也没有克里斯滕森的口供，所以警方所推断的章莹颖一案的经过主要来自克里斯滕森在 6 月 29 日那天的自述。

毫无疑问，克里斯滕森绑架、杀害了章莹颖，并处理了尸体。但关键问题是，真实的案发经过是什么样的？ 如果他在那天对 TEB 说的杀害 13 人是虚构的，那么他对 TEB 说的话有多少是真实的？

车上发生了什么？

首先，克里斯滕森自称在车上捆住了章莹颖的双手，把她带回自己的公寓。他的公寓距离章莹颖上车点大约有十分钟车程，与一北公寓的方向不同。

章莹颖在下午两点零六分上车。几分钟后，监控画面所拍到的土星车上，似乎已经看不到副驾驶位上有乘客坐着。

下午两点二十八分，在章莹颖上车二十二分钟左右，她的电话失去信号，最有可能是关机了。

据此推断，章莹颖可能在上车后，意识到危险要求下车，而克里斯滕森此时控制住了她，把她的座位放倒，抢走她的手机后关机。

克里斯滕森住在一个三层楼的公寓。他如果仅仅捆住章莹颖的双手，把她从露天停车场带回公寓，其实是一件很冒险的事。他无法预知是否会遇见邻居，或章莹颖会不会突然挣扎、呼救。

克里斯滕森在警察搜索车之前主动说道，他的手前几天曾在车上流血，如果警方发现血迹，可能是他自己的。但警方并未发现血迹，而是发现克里斯滕森曾深度清洁章莹颖坐过的副驾及那一侧的车门。

不排除一种情况是，在车上，克里斯滕森通过掐脖子、电击等方式控制了章莹颖，这个过程可能已经导致章莹颖昏迷，也导致章莹颖在车上留下了血迹、尿液等痕迹。

随后，他慌忙开车回公寓，把章莹颖架回家。

公寓内发生了什么？

克里斯滕森自称在洗手间内杀死章莹颖，并在浴缸内分尸，但浴缸内未发现章莹颖的 DNA。这也可能是由于他深度清洁过。

在寻尸犬的指引下，美国联邦调查局的探员在房间的床垫上、地毯下、护墙板背后，以及一根棒球棒上，都发现了章莹颖的 DNA。

警方不仅在寻找血迹和 DNA，也在寻找清洗过的痕迹。

洗手间有清洗过的痕迹，浴缸有特意通过下水道，副驾驶位清洗过……这证明这些地方都发生过什么。

克里斯滕森在 TEB 面前有偶像包袱，不愿向 TEB 承认自己的失败和失误。在喝了点酒、飘飘然的状态下，他讲述的是一个他心目中虐杀受害人的"成功"版本。

我们并不知道他是否对自己的"能力"进行了"美化"，也不知道他是否虚构了某些细节，以便让自己在 TEB 的心中显得更"厉害"。

由于未找到尸体，依然留下一连串的疑问：他是否和受害人发生了性关系？受害人是在哪儿死亡的？在车上，在房间内，还是在卫生间内？现实是否真的如他所说，在掐脖子十分钟，用棒球棒打爆头，并用刀刺破她的喉咙后，受害人依然能够反抗?

要理解克里斯滕森的作案动机以及他的心理,我们必须先了解他到底是一个什么样的人。

10. 克里斯滕森是什么样的人?

克里斯滕森聪明吗?一度被关在克里斯滕森隔壁房间的狱友评价,克里斯滕森是个聪明人,但不是那种街头智慧,而是有点书呆子。

克里斯滕森所自述的残忍的强奸谋杀手段,他和 TEB 的关系,以及登录的 Fetlife,很容易让人认为他是典型的施虐狂。但从后来披露的信息以及周围人对他的描述来看,他并不是施虐狂,而是一个努力想成为施虐狂的人。

克里斯滕森的狱友评论他时用了一个词:soft,可以翻译成性子软。牢里有几个人刁难他,最后还是要靠那个狱友替他解围。

克里斯滕森喝醉后从没发生过暴力、愤怒的行为,而会一反平时沉默的常态,变得话多、健谈。

他在和米歇尔多年的婚姻中,从没有提议过 BDSM 的关系。在 TEB 的提议下,他才和 TEB 进入一段这样的关系中。他们在玩 DS[1] 时设置了一些"安全词",绿色代表可以,黄色代表快承受不住,红色代表停止。TEB 声称她只用过一次红色,克里斯滕森立刻停止了。平时克里斯滕森也没有玩出界的行为。

"性"在这个案件中并不是关键点,权力才是。

自卑和自负

克里斯滕森的家庭经历可能让他比较怯懦和自卑。但他成长在美国小镇,

---

[1] DS:支配者与臣服者的关系。

考上本州最好大学的物理系，理科成绩优秀，又得到了不少世俗的褒奖和肯定。这种矛盾让他在成长的道路上变得自负、敏感、自尊心强。

当他的内心越自卑，越没有安全感时，他就越关注自己的智力、外表等条件，就越在意自己的这些方面能否胜人一筹。

他表现出了对自己外形的迷恋。他说唯一能让他喝酒收敛的，是当他担心酒精会影响他练肌肉的时候。

在美国一个叫网络侦探的推理网站上，一个网友几乎每天在健身房见到克里斯滕森。他发现克里斯滕森从不和任何人（包括和他一起来的妻子）交谈或者眼神接触，也不看电视，他总是一边举重，一边面无表情地盯着镜子里的自己。

克里斯滕森在社交平台上的头像，几乎全是他坐在办公室座椅上的大头自拍……

2015 年他和妻子同时上传了他穿毕业服和妻子的合影。他妻子上传的那张照片中，两个人都注视着镜头。而他自己上传的那张照片中，他的妻子只有一个侧颜，正凝视着他。

高智商，也是他暂且压制自卑，表现出高人一等的自信心的心理根基。

但他进入博士项目后却意识到自身的局限性。身边有许多比他聪明的人，他永远不可能成为一个伟大的物理学家。

他对心理咨询师说："随着时间流逝，我意识到我虽然很聪明，但我不是天才。"

他建立自信心的根基被现实否定了。缺少这样一个标签的他，很可能只是一个平凡至极的人，一辈子从事一份普普通通的工作。

他对 TEB 说，他不愿意找工作，因为他不想停止喝酒，不想过上朝八晚五的生活。其实，他是抗拒平凡，抗拒梦想和现实的落差。他对自己极度失望，压力很大，曾焦虑症发作，入院治疗。

他曾给 TEB 发了这样一段话:"默默无闻地活一辈子是多数人的默认选项。如果你想知道什么最让我害怕,就是这个。我不会默默消逝。我拒绝。我不在乎人们怎么记住我……我宁愿摧毁人性也要让这发生(被人记住)。"

只要被人记住,"好的,坏的,受人尊敬的,臭名昭著的……我都不在乎。"

失去情感寄托

从周围人和克里斯滕森自己的叙述可见,他的性格内向,社交尴尬,虽然高中时很努力想获得社交成功,但并没有那么受欢迎。自尊心很强的他后来便以"不屑于社交"的姿态封闭起自己,不做尝试。到了伊利诺伊州后他几乎没有朋友,也告诉心理咨询师:他没有交朋友的欲望。

他对他人情感冷漠,他内心的情感主要寄托在他妻子一个人身上。从高中开始交往的近十年中,他在心理上和情感上十分依赖她。

他们交往的前几年,从 2008 到 2013 年,米歇尔应当很崇拜学业优秀、前途无量的克里斯滕森。但到了香槟市后,他们的关系发生了变化。米歇尔开始工作养家,而克里斯滕森却连自己的学业也保不住,酗酒,生活一团糟。

两个人之间的权力关系变了,是米歇尔提议开放性婚姻,是她要求离婚。克里斯滕森虽然通过苦苦哀求挽留住了米歇尔,但他也知道,她的心不在了,也不再欣赏他了。这对他的自我价值认同也是一个毁灭性的打击。

软弱与施虐狂

有学者认为,BDSM 中的施虐狂可能是出于对过度自卑感的补偿心理。克里斯滕森希望自己成为施虐狂,是一种更为表层的补偿心理,是明着追求和他本人真实状态相反的自己,是一种角色扮演、自欺欺人。

现实中的他是如何的呢?失业在家,靠打游戏和酗酒打发时间;妻子有情人,他只能接受;妻子要离婚,他靠痛哭流涕来挽留;被美国联邦调查局的探员询问时，他连眼睛都不敢抬，双手颤抖，爆了一脸荨麻疹……

他厌恶自己，希望摆脱那个拘束、沉默、社交笨拙、懦弱、窝囊、没用、心理素质差的自己，他不喜欢自己控制不了生活中的方方面面。

与之相反，他在费特生活上把自己描述为"一个支配者、主人，一个掌控他人情绪的人，一个制造恐惧的人"。

这不是他自己，而是他向往的那个自己。

在遇到 TEB 以后，TEB 渴望他能成为她的"主人"调教她，他在这个过程中感觉良好。他向往成为一个主人、掌控者，其实超出了性方面的需求，而是因为，那样更具有男性气概，更有力量，更有掌控感。

谋杀与力量

从 2016 年底到 2017 年 6 月，克里斯滕森所经历的是一个向下的螺旋。他想要逃脱困境，这个困境既是指现实处境，也指他的自我性格与自我能力。从他对心理咨询师的所述来看，他似乎只想到逃脱困境的两种最极端的办法：自杀或者杀人。

自杀是逃避。他从没有对 TEB 提起他有过自杀的念头，因为这会暴露他的软弱。

杀人是出击。在他以及许许多多（不是全部）连环杀手看来，这是拥有权力、挑战自己能力极限的一种（错误）方式。

他对心理咨询师说："我一向都对坏人有兴趣……所有那些压抑的情感和欲望都在侵蚀我的意志。"

他说，他知道如何杀人，一直想要杀人，但又认识到不值得那么去做。他对心理咨询师和 TEB 都表达过，他对美国连环杀手泰德·邦迪的崇拜。他的理由是："他是我听说过的真正意义上最糟糕的人。"

虽然从没有"谁最糟糕"这种排名，但有的连还杀手手段更恶劣，杀人更多。为什么克里斯滕森独独钟情泰德·邦迪？

我认为不是因为泰德·邦迪最糟糕，而是因为泰德·邦迪身上有他自己向往的东西：高智商、有魅力、世俗成功、冷酷无情、心理素质强……在他眼里，十恶不赦的泰德·邦迪是个"强者"。

泰德·邦迪外表英俊，有魅力，因此吸引了许多受害人上当，同时他毕业于华盛顿大学心理学系，后就读于法学院，所处的社会阶层较高，有体面的工作。

泰德·邦迪和克里斯滕森喜欢的书《美国精神病人》中的男主角很像。后者是华尔街精英，穿着考究，出入上流社会的派对，夜晚却变成邪恶的连环杀手。

这说明克里斯滕森的内心其实非常在意世人眼中的权力和成功，认为这是定义自我价值的一部分。

他希望能像泰德·邦迪或者《美国精神病人》中的男主角一样，一方面可以获得世俗名利的成功，可以爬到社会上层，另一方面又可以从心底藐视那些崇拜、认可、喜欢他们的芸芸众生，可以冷酷无情地生杀予夺。

至于其他那些穷困落魄、丑陋邋遢的连环杀手，克里斯滕森是不屑于拿他们自比的，因为他们是世俗意义上的弱者、失败者。哪怕他们更糟糕，克里斯滕森也不屑与他们为伍。

若这次侥幸逃脱，克里斯滕森会成为连环杀手吗？很可能会。

从他在 6 月 29 日对 TEB 的吹嘘来看，他沾沾自喜，从这次的经历中获得了掌控局面、玩转所有人的快感。这是他在一败涂地的日常生活中所体验不到的。一旦上瘾，他会不断去追求那种刺激和快感。

在北京的一个活动上有人问我，许多人都有现实和梦想的落差，为什么大部分人不会犯罪？

我的回答是：当身处困境时，不同经历、背景、人格的人会寻求不同的出口。有些人能调节好心情，接受自己，适应现实；有些人自怨自艾一辈子；有些人一次次挣扎……

基因的原因，童年的遭遇，成长过程中所受到的一些文化和经历的诱导（譬如漫画、电影、游戏……）都可能导致一些人错误地把自杀或者谋杀当作出口。这是一个由复杂的合力导致的结果。

11. 章莹颖在哪儿？

美国联邦调查局接受案件后，从波士顿、芝加哥等地都抽调了人手。为了找到章莹颖，他们连续六周，每天工作二十个小时，搜索了周围的垃圾箱，以及北部的树林、废弃的矿场、西南的垃圾场……

一直到审判结束，章莹颖的家属才获知，克里斯滕森早就告诉了自己的律师章莹颖遗骸的下落。他自称在杀人后，把尸体分成三部分，装在三个大的垃圾袋中，放入公寓外面的一个大的垃圾箱。

2017 年 6 月 7 日，米歇尔曾给车加满油，12 日她回来，发现少了半箱油，也就是说在案发那个周末，克里斯滕森曾行驶大约 320 公里。

美国联邦调查局此前也发现，他的手机信号到过印第安纳州和伊利诺伊州边境。如果他真的是在家门口的垃圾箱丢弃尸体，他又曾在那两天开车去过哪儿？他是否曾跟着垃圾车前往垃圾填埋地，以观察尸体是否被妥善处理？他是否曾尝试或者实际将尸体抛到其他地方？

垃圾被送到垃圾转运站后，会被压缩至少两次。在压缩过程中，垃圾捣碎机会把垃圾弄碎、撕开，然后压实，反复做几次，直到占据很少的空间。

随后，支离破碎的垃圾会被填埋在一个私人垃圾填埋场。据新闻报道，由于时间已经过去了两年多，章莹颖的尸体上方可能已经覆盖了至少九米深的垃圾，而空间范围有半个足球场大。

　　哪怕知道女儿在这里，却无法带走她，这是对章莹颖家人的又一次伤害。

　　分析罪犯的心路历程，不代表替他们的罪行解释和开脱，只是为了能更了解究竟在哪儿出了错。希望此类悲剧不会重演。

4

阳台外悬挂的女尸

上篇：谋杀？自杀？巫术？

2011 年，美国加州海滨的一栋豪宅内，三天内两个人蹊跷发生意外，先后丧命。

在一个 6 岁男孩从楼上摔下后没几天，负责照看他的女子丽贝卡又被人发现全身赤裸、双手反绑吊在阳台外。

美国警方在 2011 年的调查结论令许多人大跌眼镜。他们认定丽贝卡是自杀，并没有犯罪事件发生。

七年后的民事诉讼又有了不同的结论，陪审团裁定，当时唯一在房子里的男性应该对丽贝卡的死负责。

2018 年，加州警方重新开启对这个案件的调查。他们最新的调查结果是什么呢？

我结合了新闻报道、警方公开资料、法医报告、电视节目、死者家属办的网站等资料，重新讲述这个案子。

01. 斯普莱克斯豪宅

如果一栋房子有了自己的名字，证明它不仅贵，还必然出自著名建筑师之手，具备历史文化价值。比如，本案的发生地。无论这个房子怎么易主，大家都还是称呼它自己的名字：斯普莱克斯豪宅。

斯普莱克斯豪宅是建筑师哈里森·奥尔布赖特在 1908 年为圣地亚哥的经济巨头约翰·斯普莱克斯所建。

它位于圣地亚哥科罗拉多岛最好的位置，与海滩只有一街之隔，在屋内就可以眺望太平洋。在它的大门口，络绎不绝的游客拖着沙滩椅经过，走向海滩。

1910 年，斯普莱克斯把这栋房子作为结婚礼物送给了自己的儿子。儿子去世后，儿媳一直住在里面，直到 1967 年。

几经改造后，目前斯普莱克斯豪宅的主楼约有 1000 平方米，总共有 27 个房间，其中有 10 间卧室、11 个卫生间、4 个车库。

2007 年，梅迪西斯药业的老板兼 CEO 约拿·夏克奈花 1300 万美元买下这栋房子。约拿是亚利桑那州收入第九位的 CEO，2010 年的年收入是 640 万美元。他平时住在亚利桑那州，把这个房子当作夏天避暑之地。

约拿此前结过两次婚，和第一任妻子育有一男一女两个孩子，于 1998 年离婚，案件发生时两个孩子都十几岁了。

约拿和第二任妻子迪娜于 2002 年结婚，2008 年离婚。他们的儿子麦克斯于 2005 年 6 月 7 日出生，案发时 6 岁，是本案的第一名死者。

2011 年案发时，约拿的女友是一个缅甸裔女子丽贝卡·扎哈尔，她是本案的第二名死者。

02. 丽贝卡·扎哈尔

了解丽贝卡这个人，或许对我们判断她是否会自杀有帮助。她于 1979 年 3 月 15 日出身在缅甸的贵族家庭，有多个姐妹，从小信奉基督教。

后因政治原因，她的家族被迫离开缅甸，在尼泊尔和德国都生活过。当未满 20 岁的丽贝卡在奥地利一所宗教大学读书时，她遇到了比自己大将近十岁，从纽约来的美国人尼尔。2001年，两个人订婚，丽贝卡跟着未婚夫移居美国。而她的其他家人差不多在同一时期也来到美国。

2002年，丽贝卡和尼尔在美国结婚后，在不同的州居住过。尼尔属于工薪阶层，做过木匠等工作。而丽贝卡到美国后成为一名有执照的眼科医生，主要工作是为病人在近视眼手术前做检查，她很热爱这份工作。我查了一下，这个岗位在她居住的凤凰城的年薪大约为3万6千美元，也就是说夫妻两个人的薪水都不高。

朋友描述的丽贝卡热情、开朗，会说六国语言，在任何聚会上都容易成为人群中的焦点。

2007年，丽贝卡和尼尔搬到了亚利桑那州的凤凰城。36岁的尼尔决定重新去一个护士学院读书，毕业后当护士。

2009年8月，丽贝卡在凤凰城的梅西百货因偷窃被抓。她当时把价值1000多美元的珠宝装在不同的袋子里，没有付钱就带出了大门。她在法庭上认罪，但辩解自己当时接了个电话忘记身上还有没付钱的商品。

两个月后，30岁的丽贝卡在工作场合中遇见了比她年长二十二岁的富豪约拿。当时已经和迪娜离婚的约拿对她一见倾心。

丽贝卡尚未离婚，便开始和约拿约会。约拿后来向媒体表示，两个人的关系不仅仅是性吸引，还在日常各方面都很合拍，从喜欢户外运动到吃健康的食物。

直到2011年3月，丽贝卡才正式和她的护士丈夫离婚，而此时她和约拿已经相恋一年多，感情稳固。

丽贝卡在2010年底辞职，平日里主要替约拿照顾前两段婚姻中留下的三个孩子。

她和两个大孩子，特别是约拿的大女儿甘比之间的矛盾很深。甘比憎恶丽贝卡，更不服她的管教。

但丽贝卡和约拿 6 岁的小儿子麦克斯相处愉快，两个人经常在一起打闹。

据丽贝卡自己所说，约拿的两任前妻也经常挑剔、指责她，让她承受很大压力。特别是麦克斯的生母迪娜，总是刁难丽贝卡。两个女人之间的关系很紧张。

03. 楼梯下的男孩

2011 年 5 月 30 日，约拿和丽贝卡带着三个放暑假的孩子一起从亚利桑那州搬到了斯普莱克斯豪宅避暑。

2011 年 7 月 10 日，丽贝卡 13 岁的妹妹齐娜飞过来加入他们，计划在这里和姐姐度假两周。

2011 年 7 月 11 日，在斯普莱克斯豪宅内，一起至今无解的悲剧发生了。

一大清早，约拿和麦克斯一起，开车把麦克斯的哥哥姐姐送上飞机，让他们去凤凰城找他们的生母住一阵。

随后，约拿去附近的健身房锻炼，豪宅中只剩三个人：丽贝卡，刚到一天的齐娜和 6 岁的麦克斯。

丽贝卡自称在使用卫生间时，突然听到了一声巨响。她急忙跑出来查找声音的来源，却看到了吓人的一幕：麦克斯躺在一楼的地毯上，滑板车在他的右小腿边，枝形水晶吊灯摔了一地。

她声称麦克斯在她的怀中说了句"海洋"，便晕了过去。海洋是丽贝卡那只小狗的名字，它当时也在旁边。

丽贝卡立刻呼唤正在二楼洗澡的妹妹齐娜，并给麦克斯做了心肺复苏。

齐娜声称她在上午十点左右走出淋浴房，听到丽贝卡在尖声叫自己。她急忙穿好衣服跑下楼，看到麦克斯的头搁在丽贝卡的腿上。

13 岁的齐娜花了一点时间才找到丽贝卡的手机，随后拨打了 911。她在电话里说道："一个男孩从栏杆上摔下来了，他没呼吸了。"

上午十点十二分，救护人员赶到时，麦克斯已经陷入深度昏迷。

据最早到达的警察和齐娜事后回忆，当时丽贝卡显得非常害怕和抓狂，不停地说："完了，完了，迪娜一定会杀了我！迪娜一定会杀了我！"

上午十点二十四分，正在健身房的约拿接到丽贝卡的电话，却听不见她说话，只有嘈杂的人声。约拿感觉不对劲，匆忙跑回家，刚好看到救护车把麦克斯带走。

他跟着上了车，一起去了岛外的一个儿童医院。

在约拿走后，丽贝卡给一家宠物店打电话，告诉他们自己的"儿子"住院了，让他们第二天来接走自己的小狗海洋。

在医院里，医生做完检查后初步认为，麦克斯可能突发心脏病，从楼梯上摔下来。这是他基于常识的判断：麦克斯看起来没什么外伤，楼梯不高，一楼还铺了地毯，怎么会一摔就昏迷呢？可能有其他内在疾病吧。

约拿在此时相信，多亏丽贝卡及时发现心脏病突发的麦克斯并做了心肺复苏，麦克斯才得以幸存。

他在医院里给同在科罗拉多岛的迪娜打了电话，告知此事时说道："你应该跪下来，谢谢丽贝卡救了麦克斯一命。"

迪娜赶到医院后，医生对迪娜和约拿做了一系列检查，想看看他们是否有家族遗传的心脏病。迪娜这才获知，麦克斯掉下来时约拿并不在场。她的心里开始起疑。

下午，迪娜的姐姐妮娜带着十几岁的儿子从旧金山赶来。丽贝卡去机场接她，给了她一个紧紧的拥抱，说道："我很高兴你能来。"

但妮娜却认为丽贝卡的热情很反常。在车上，她看着开车的丽贝卡说道："他是个6岁的男孩，他很健康，他玩足球，参加体育活动。我不明白他怎么会突发心脏病？"

丽贝卡一边开车，一边回答："我不知道。"

由于麦克斯摔下来的地方是一个转角楼梯，妮娜又问："好，那他是从哪儿摔下来的？从下面的台阶，从中间的平台，从往上的台阶，还是从二楼房间的门口？"

丽贝卡接连说了两遍："他从房间摔下来，他从房间摔下来。"

妮娜又问："你怎么知道的？你不是没看到他摔下来吗？"

丽贝卡没有再回答，而是把手机递给她，请她帮忙看导航。

显然，妮娜是特意赶来给妹妹撑腰的。她到了医院后，本想告诉迪娜，丽贝卡的表现很反常，但看迪娜当时所有心思都在儿子身上，也就没有开口。

但第二天晚上，一起更不可思议的案件发生了。

04. 阳台女尸

麦克斯摔下楼梯的第二天下午，丽贝卡开车去机场做了两件事。

她先送临时拜访的妹妹齐娜坐飞机回了密苏里，随后接了刚从田纳西州飞来的约拿的弟弟亚当，也是本案最关键的人物。

亚当那年 42 岁，是个拖船船长，业余写作，有固定女友。亚当是得知麦克斯的不幸遭遇后特意飞来支持哥哥的。

晚上亚当、约拿和丽贝卡三个人在餐厅吃了饭。丽贝卡除了阐述麦克斯怎么会摔下来的理论外，整顿饭都很沉默，也没怎么吃东西。

亚当和丽贝卡此前见过几次，在约拿看来，这两个人之间关系很友好。

三个人在晚上八点吃完饭，约拿赶回医院，迪娜已经在那了。按计划，他俩会轮流陪床，约拿会在半夜找个酒店住下，第二天清早来医院接替迪娜。

丽贝卡和亚当一起开车回到了斯普莱克斯豪宅，业当像往常一样住在客屋。客屋是一栋独立的建筑，和主楼朝向同一个后花园。当晚，丽贝卡独自一人住在有 27 个房间的主楼。

在亚当的叙述中，他和女友打了一个电话，吃了一粒安眠药，便上床睡觉了。一夜睡得很安稳，没听到什么动静。

7月13日，也就是第二天的清晨，亚当在早上六点半醒来，洗了澡，正准备前往主楼喝咖啡时，看到了对面阳台上惊悚的一幕。

32岁的丽贝卡全身赤裸，被一根红绳拴住脖子，吊在自己二楼卧室的阳台外。

她的脚踝被红色绳索绑住，双手也被红色绳索束缚在身后。

一件蓝色长袖T恤缠绕在她的脖子上。

早上六点四十八分，亚当给他哥哥发了一条让他速回电话的消息，并拨打了911。

在电话中他喘着粗气说道："我发现一个女孩上吊了。"

911接线员问："她还活着吗？"

亚当回答："我不知道。"他似乎做了一些事，并对着尸体喊："你还活着吗？"随后才回答："不。"

他在和911接线员保持通话的同时，还跑回厨房拿了一把刀，搬了一张瘸腿的桌子，切断了红绳，把尸体放在了草地上。

他发现蓝色T恤的两只袖子打了结，塞在丽贝卡的嘴里。他拿出袖子后，尝试进行心肺复苏。

挂断电话后，亚当给约拿打了一个电话，告诉他："丽贝卡自杀了。"

约拿自称他当时惊讶得说不出话来。接完电话，他回到病房后，向迪娜转述了这个噩耗。

迪娜很吃惊地问："为什么？"

她看到约拿做了一个刺腹部的动作并说："亚洲荣誉。"

他的意思可能是，丽贝卡像日本人那样以死谢罪。

根据丽贝卡手机上的活动记录，她的死亡应当发生在晚上九点五十三分

（可能更晚）至清晨六点三十分之间。

法医判断，丽贝卡的死亡时间应当在半夜一点至三点之间。

由于当时房子里只有亚当，警察在当天下午就把亚当带回警局做测谎，但测试结果让专家无法下结论。专家表示，至少亚当看上去很诚实。

7月16日，在丽贝卡死亡三天后，医院传来另一个噩耗——麦克斯脑死亡。他的父母沉浸在悲痛中，决定捐献他的器官。

约拿承受了失去儿子和女友的双重打击。他后来在电视节目中眼眶泛泪地说起这段经历，表示他对这两起命案感到非常困惑和恐惧，他的情感表现得很真挚。

05. 前夜发生了什么

案发当天回到家后，丽贝卡在晚上八点零六分，给自己的姐姐玛丽打了一通二十七分钟长的电话。据玛丽所言，丽贝卡在电话中没有流露出任何轻生的迹象，而是提到想在感恩节假期回去看望父母。

晚上八点三十三分，挂掉电话后不久，玛丽又给丽贝卡回了一个三分钟长的电话。

接着丽贝卡给约拿发了两条短信，约拿回了一条。

晚上九点二十五分，丽贝卡又给玛丽打了一分钟电话。接着，丽贝卡和玛丽之间互相发短信，持续到晚上九点五十三分。丽贝卡最后说她要早点上床休息了，等明天麦克斯脑部扫描结果出来后，会告知玛丽进展。

丽贝卡发给玛丽的最后一条短信是："我不得不为约拿而坚强。"

晚上十点四十一分，妮娜给丽贝卡发了条消息，问自己能否这时候去一趟豪宅，想聊聊麦克斯身上到底发生了什么。

鉴于妮娜在白天已经就此事质问过丽贝卡，她深夜还想来聊这件事，显然有兴师问罪的意味。

或许因为这个原因，丽贝卡没有回复她的消息。

事后有一个目击证人声称，看见有个女子深夜在豪宅的门廊前徘徊。媒体报道其描述的体形、发色和麦克斯的生母迪娜接近。

晚上十一点三十分，有隔了两个门牌号的邻居声称，在豪宅或者附近传来一个女子先尖叫"啊啊啊"，并喊救命的声音。

另有人告诉电视台，他们听到当晚从斯普莱克斯豪宅的方向传来巨大的音乐声，仿佛在开派对，但警方并未发现有聚会。

当天晚上，一个叫彼特森的儿科医生找到了尚守在病房的约拿和迪娜，他开门见山地告诉他们，麦克斯的情况不乐观，随时可能去世，哪怕活下来，也可能一辈子瘫痪。他指出麦克斯没有心脏病，他的脑部情况有点像"溺水"，可能在摔下楼梯前已经窒息。

在受到医生这番话的打击后，约拿于 7 月 13 日半夜零点三十分给丽贝卡打了一个电话，但无人接听，他留下一条语音留言。

二十分钟后，有人在丽贝卡的手机上收听了这条语音留言，并删除。这个人可能是丽贝卡自己，也可能是其他人。

由于留言被删除，没人知道约拿对丽贝卡说了什么。据约拿自己所言，他只是转达给丽贝卡医生刚刚告诉他和迪娜的坏消息。

半夜一点，约拿离开了医院，去附近的一个酒店住下，直到第二天清晨才回到医院。

06. 两起案件的关键证据

接下来，我会介绍下两起案件的关键证据，以供大家判断。

一、警方对麦克斯死亡的调查结论是：意外。

圣地亚哥警局的法医在麦克斯的尸检报告中提到，麦克斯的右脸着地后，头在和地面的冲撞下向后仰，导致脖子过伸，最终导致大脑缺氧，窒息死亡。而后背的伤痕是和脊柱棘突对应的。

2011 年 7 月 26 日，根据圣地亚哥法医的结论，警方将麦克斯的死定性为意外。

那么，麦克斯是怎么摔下去的呢?

栏杆高 82 厘米，麦克斯身高 114.3 厘米，栏杆到他的胸口上方，人身体的重心在下面，麦克斯几乎不可能意外翻出栏杆。

警方推断，麦克斯在二楼玩单脚滑板车，这种滑板车需要孩子手扶着把手，一只脚在地上蹬，另一只脚踩在滑板车上。但麦克斯在高速行驶时，突然失控撞上栏杆，从栏杆相对较矮的扶手处翻落。他飞下去后，还试图抓住枝形水晶吊灯，所以导致吊灯一同摔在一楼。

警方模拟的摔落示意图

二、丽贝卡的离奇死亡。

如果丽贝卡真的是自杀，那无疑是我见过的最诡异的自杀方式之一。

1. 她全身赤裸，脖子被红绳捆住，悬挂在自己卧室的阳台外。

2. 她的脚踝被绑住，双手也被反绑在身后。她的左小腿和右大腿上有残留的胶带。

3. 她身上的绳子的另一头绑在她自己卧室床的床脚上，一直穿过房间，延伸到阳台。

4. 最为诡异的是，在她卧室的房门上不知是谁用黑色颜料写了一句令人费解的话：

"她救了他，你（们）能救她吗？"

房间地上找到一个黑色颜料管子，但盖子上只有丽贝卡的一枚指纹。

也就是说，丽贝卡要实现自杀，必须把绳索活结的一头套在自己脖子上，另一头绑在床脚，再绑住自己的脚。

然后，她要把一件衣服缠绕住自己的头部，把两只袖子塞进自己的嘴里。

最难的部分是，她要把自己的双手绑在自己身后。

完成这些后，她可以一蹦一蹦地来到阳台上。

栏杆很高，她需要把头伸出阳台，拼命往外探，直到自己失去重心，翻出阳台。

尸检结果认定丽贝卡是窒息死亡。也就是在她倒栽下阳台后，脖子上的红绳收紧，头部固定，身体垂落。

有人认为她从阳台翻落后大约要往下掉很长一段，如同自由落体一般，突然被脖子上的绳子牵住，会承受一个很大的力。在被人发现前，她的脖子经过长时间悬挂，颈部的骨头都应该断了。

但实际上尸体颈部的伤并不严重，这让一些人怀疑是有凶手用绳子勒死她后，抓着绳子把她的尸体慢慢放下阳台。

尸检还发现她的头部右侧有四处伤口，一处位于头盖骨下（5cm×2.54cm），两处位于前额（1.9cm×1.27cm）（1.27cm×0.63cm），还有一处位于太阳穴。

这似乎指向她的头部曾遭到钝器击打。

相信大部分人读到这里，都会倾向于认为这是一次谋杀。

但警方对丽贝卡之死的调查结论是自杀。丽贝卡自己把红绳剪成三段，分别绑在自己的脚踝、脖子和手上。

警方为何认定是自杀呢？

1. 警方在用来割断绳子的刀上，以及阳台的门上只发现丽贝卡一个人的指纹。

2. 警方在绳子上，以及绑绳子的床脚上都发现了丽贝卡的 DNA，但现场没有找到除了她以外其他人的 DNA，房间里也没有亚当的 DNA。

3. 阳台上的脚印都是属于丽贝卡的。本来发现了一个男性的靴子脚印，后来被证实是一个粗心的警察留下的。

4. 警方在房间内找到一本与巫术相关的书——《巴克兰巫术全集》。

书上某一页指示读者用一根 2.74 米的红绳来绑住自己。而现场发现的绳子确实是红色的，长度也接近。

另一页上用插画讲解一个裸体、双眼被蒙住的女性如何在身后绑住自己的手，虽然捆绑手法和丽贝卡尸体上的绳索不一样。

基于种种，警方相信丽贝卡对麦克斯的意外身亡感到非常自责，在接到男友约拿的语音留言后，她更加内疚，选择自杀。

那如何解释她反绑的手呢？警方认为有些自杀者怕自己临时退缩，会故意把自己束缚住。

网上有一个视频，一个女警演示丽贝卡当时如何做到将自己的双手绑在身后。这证明一个人可以自己做到反绑双手，只是很难，这么做的人应当此前就操练过。

那么，又如何解释她头部的伤呢？警方说，丽贝卡翻下阳台后，像钟摆一样摆动，右侧头部屡次撞在阳台的底部。

警方也调查了迪娜和约拿的手机通信记录，看他们当晚曾和谁联系过，并追查案发当晚的信号塔位置，结论是：这两个人当晚并没有回过这栋房子。

丽贝卡的家人完全无法接受"自杀"的结论。

她的姐姐玛丽坚称："我了解丽贝卡，她不可能自杀。"

07. 反转的民事起诉

2018 年，丽贝卡的家人起诉当天唯一在豪宅的亚当，要他对丽贝卡的死负责。

原告请了很多专家，甚至拿一具和丽贝卡体形相似的人体模特当庭做了很多实验。他们试图说服陪审团，一个人以这种方式自杀是多么荒谬。

有个笔迹专家指出，比起丽贝卡，亚当的笔迹更符合写在门上的那句话的笔迹，那行字写的位置也符合亚当的身高。

原告律师认为，现场发现的一把刀的刀柄曾插入丽贝卡的阴道（刀柄四周都沾了经血），但是警方坚持，从丽贝卡的尸检结果来看，她没有遭到任何性侵犯。

约拿出庭做证，说自己的弟弟和丽贝卡关系融洽，他不相信弟弟会杀害丽贝卡。

亚当自己出庭做证，说丽贝卡确实是个性感女子，但她是哥哥的女朋友，自己并未被她吸引。

民事诉讼定罪的门槛更低。对于原告来说，只要让陪审团觉得"确实啊，怎么会有人这么自杀呢？这不可能吧？"，他们就赢了一半。这时陪审团出于同情，自然会想找一个人对丽贝卡的死亡负责。既然现场只有亚当，那就由他负责吧。

尽管并没有亚当谋杀丽贝卡的物理证据，但陪审团最终还是以 9 比 3 裁定亚当要对丽贝卡的死负责，要求他赔偿 500 万美元。

丽贝卡的家人随后表示钱不是他们的目的，他们只是想用民事诉讼的结果来逼迫警方重启调查。

亚当始终坚持自己是无辜的并上诉。

最后双方和解，亚当的保险公司替他向丽贝卡的家人支付了 60 万美元的赔偿。

警方在几个月后重启调查。虽然换了一拨完全不同的警察，但调查结果维持不变：丽贝卡是自杀身亡。

08. 六种理论

这两起案件的结论令各方都不满意。

2011 年 9 月，约拿曾写信给检察官要求他重新审查警方对这两起案件的结论，但被拒绝。

麦克斯的母亲迪娜不满意结论，自己雇用了调查团队和法医，重新调查儿子的死因。

丽贝卡的家人也不满意结论，雇用了调查员和律师，调查丽贝卡的死因。

目前有几种不同的理论：

1. 麦克斯的死是意外，丽贝卡出于内疚或其他原因，第二天晚上自杀。这也是警方观点。

2. 麦克斯的死是由丽贝卡的过失造成的，丽贝卡出于内疚或其他原因，第二天晚上自杀。

3. 不论麦克斯的死是什么原因，本来就与丽贝卡交恶的迪娜认为这是丽贝卡故意所为，为了替儿子报仇，她自己或指使他人杀害丽贝卡。对此，约拿不知情。

4.不论麦克斯的死是什么原因，约拿认为丽贝卡要对儿子的死负责，所以第二天亚当赶来帮哥哥惩罚丽贝卡。当天晚上约拿得知儿子会死后，他给丽贝卡留言警告，并对亚当下了杀人的命令。

5.麦克斯的死是意外或过失，亚当在和丽贝卡独处的当晚因克制不住自己的欲望而侵犯、杀害她。两起案件没有直接关联，这是民事诉讼中的假设。

6.约拿的一个仇家作案，于11日杀害了麦克斯，又于一天后杀害了丽贝卡。

下篇：丽贝卡的人生困境

我的结论也一直在摇摆中，但最终衡量所有信息，做出了选择。

我的选择是一个冷僻的选项。我不期待在这里说服所有人，毕竟这没有标准答案。但我会写一下我所了解到的故事，谈一下自己的想法。

麦克斯和丽贝卡的死有一些共同点：

两个人的死因都是窒息；

两个人都是翻过栏杆，从高处掉落；

两起死亡（可能）都没有目击证人；

两个人的右侧脸都有伤（麦克斯是右脸，丽贝卡则是右侧头部）。

01. 麦克斯的死是意外吗？

丽贝卡去世三天后，麦克斯也去世了。尸检排除他患有心脏病或其他疾病的情况。

警方根据法医的结论推测，麦克斯在二楼走廊玩滑板车，不知何故从上面摔了下来。他试图抓住吊灯，把吊灯扯了下来，一起摔到一楼。

不同法医对麦克斯的伤有不同的解读。

圣地亚哥警局的法医认为麦克斯脊柱的伤是由于他的脸和地面冲撞导致，而迪娜自己请的美国知名法医朱迪·梅利内克则认为，他背上的伤可能是此前撞在栏杆上形成的。

但这两个法医在死因上其实并没有分歧。他们都同意一点：麦克斯是摔下楼梯，脸部重重撞击地面，导致脖子过伸而死。

迪娜始终不相信儿子是意外摔下楼梯的，她雇用了一个调查公司。

调查公司的结论是：

第一，地毯很厚实柔软，滑板车的速度不会快到让他甩出去。

第二，栏杆很高，麦克斯的重心低，不太可能翻下来。

第三，滑板车不会和他一起摔下来。

第四，他如果曾在下落时把吊灯也扯下来，他的手上应该有伤口，但是并没有。

我对这四点都很赞同。我倾向于认为丽贝卡对麦克斯的死亡负有一定的责任，主要原因有两点：

第一，掉在一楼的单脚滑板车车轮上蹭上了白色的漆，而一楼栏杆顶部的白漆掉了。也就是说，这个轮子上的漆应当是从栏杆上部蹭到的。

相信玩过这种单脚滑板车的人会理解，你只有一只脚在地上不断摩擦，才能让它一直往前。它在厚地毯上的速度确实不会太快。

哪怕麦克斯从扶手的低处翻落，滑板车也绝不会跟着飞起来。

理论上，麦克斯从侧面扶手翻下去后，滑板车会顺着铺了地毯的台阶滚落，停在楼梯转角的平台，就不会再往下掉。

在这个过程中，轮子不可能飞起来，蹭掉栏杆顶部的白漆。

所以，应当是有人把滑板车从二楼扔了下来，掉落的过程中砸到了一楼的栏杆顶部。

谁会把滑板车扔下来呢？只可能是丽贝卡、齐娜和麦克斯三者之一。

比较可能是负责管教麦克斯的丽贝卡扔的。

她为什么要把麦克斯的滑板车扔下来？

或许，麦克斯在二楼骑滑板车跑来跑去吵到了丽贝卡，丽贝卡叫他停下，他不听。丽贝卡把他提起来吓唬他，两个人有追逐的过程，而麦克斯真的从楼梯上翻下去了，并且抓了吊灯，摔在一楼，立刻陷入昏迷。

丽贝卡很恐慌。直觉告诉她，楼梯的扶手很高，没有人相信麦克斯会无缘无故摔出去。她想到的办法是：让人觉得麦克斯是在玩滑板车时连人带车摔了下来。于是她回到二楼，把滑板车一起扔下了楼。

记得有读者说过，熊孩子有一百万种死法。的确，谁能保证不是麦克斯自己淘气，先把滑板车扔了下来，随后又跳上吊灯想荡秋千呢？

6岁的孩子对行为的后果具有一定判断力，会不会如此冒险，取决于孩子的性格。如果本身是经常闯祸的熊孩子，那是非常可能的。

麦克斯的姨妈妮娜说："我和麦克斯在一起的时间比那些人多多了。我知道麦克斯不是那种鲁莽大胆的孩子。他不是那种想在吊灯上荡着玩的孩子。"

所以无论是麦克斯自己贪玩，还是丽贝卡为了伪造现场，或者是齐娜受丽贝卡指使，都可能扔下滑板车。但我怀疑丽贝卡的第二个原因是，她编造了麦克斯临死前的状态。

警方在调查麦克斯的摔落时，丽贝卡曾表示，不记得最初发现麦克斯时，他究竟是脸朝上，还是朝下。但她声称麦克斯在昏迷前，说了一个词：海洋。

两个法医达成共识，麦克斯的死因是脸碰撞地面。朱迪·梅利内克说，人发声需要用到颈髓神经元，而麦克斯摔下来后撞击地面，立刻冲击了颈部和脊椎，这让他瞬间失去发声能力。

而丽贝卡却说，她在卫生间里听到撞击声，跑出来在偌大的豪宅里找到麦克斯后，还能听到他说出"海洋"这个词，在医学上来说是不可能的。

丽贝卡为何编出这样一个细节，甚至把责任推到"海洋"——她自己的小狗身上？

一种较合理的解释是，丽贝卡害怕人们知道麦克斯摔落的真正原因，于是增添了从滑板车到小狗的细节，只为了让麦克斯自己翻出栏杆的版本更加可信。

如果以上推测成立，丽贝卡在麦克斯昏迷的这段时间内，内心一定非常焦灼，害怕被医生和警察看出破绽。

或许有人会问，把麦克斯和滑板车扔下楼的会不会是一个想报复约拿的外人呢？这个人杀害约拿的小儿子，可惜被丽贝卡救了，于是他又杀害了丽贝卡。

这几乎不可能。如果真有这样一个仇家存在，不会以那种方式杀害麦克斯。

麦克斯去世很大程度是因为运气不好，刚好侧脸着地。二楼并不高，地上还铺了地毯，如果当时麦克斯是其他任何一个部位着地，可能都不会立刻昏迷。

仇家想杀害年仅6岁的麦克斯，可以掐死他，或用其他更安静、致命的办法。把他从二楼摔下来是下下策。一是因为房子里还有两个人，动静太大；二是成功率很低。

鉴于麦克斯的死亡方式，我认为没有人想刻意杀害麦克斯。因为如果想害他，完全可以采取更彻底的方式，让他没有被抢救的机会。所以，我认为可以排除是仇家杀害了麦克斯，又杀害了丽贝卡这个言论。

我倾向于认为这是一次意外，但有人为过失存在，现场也被伪造过。

02.丽贝卡之死是自杀吗？

丽贝卡的姐姐玛丽一直坚持丽贝卡不会自杀，主要理由如下：

1.丽贝卡从小成长于基督教家庭，后来读的也是教会大学。虔诚的教徒不可能自杀，也不会练巫术。

2.丽贝卡以前没有表示出任何轻生的念头，自杀与她的性格不符。

3.丽贝卡不会以这种令家族蒙羞的方式自杀。她只在睡觉时裸睡，肯定是凶手趁她裸睡时偷袭了她。

这是丽贝卡姐姐的个人看法，尽管以往的经验告诉我们，家人或许是最了解你的明面，但却最不了解你的暗面的人。

这是迪娜指使的凶杀吗？

丽贝卡的家人最初起诉的有三个人：迪娜、妮娜和亚当。

迪娜和妮娜是双胞胎姐妹，从照片上看她们长相不同，应当不是单卵孪生。

迪娜学的是儿童教育，是个心理学家。离婚后的迪娜和约拿一样，平时住在亚利桑那州，夏天住在科罗拉多岛。案发后，迪娜曾向媒体称赞丽贝卡身材好、和善、礼貌，但是丽贝卡的姐妹以及约拿都证明，迪娜和丽贝卡关系不和。

有个目击证人声称，在 7 月 12 日的夜晚，看到一个女性站在豪宅的门廊前。这个女性有很长的深色头发，体重大约 180 斤。此后就有说法流传，此女子体形、外貌接近迪娜。事实上，迪娜的头发不长，体重 125 斤，而妮娜是金发。

丽贝卡家人起初相信，迪娜是主谋，主要作案动机是复仇——迪娜嫉妒丽贝卡和前夫以及麦克斯的关系，再加上这次儿子受重伤责怪丽贝卡，新仇旧怨在一起，就想杀了丽贝卡。她可能找自己的姐姐妮娜和亚当一起动手，并用这种杀人的方式羞辱尸体。

但是……

1. 医院公布的监控录像显示，7 月 12 日晚上至第二天凌晨，迪娜都在医院陪儿子，而妮娜则住在一家较远的酒店，两个人都没有去过豪宅。

所以，那个邻居看到的并不是迪娜。毕竟是旅游旺季，各式各样的游客都有可能经过豪宅门口。

当丽贝卡家人的律师得到了迪娜和妮娜的不在场证明后，把这两个人从起诉名单中移除，并召开了新闻发布会向迪娜和妮娜道歉。

2. 警方调查了当晚约拿和迪娜的手机通信记录。我相信，他们并未找到妮娜、迪娜和亚当串谋的记录。

3. 丽贝卡死的时机。麦克斯出事才一天，妮娜和迪娜虽然有疑心，但当时并没来得及去调查清楚。麦克斯尚昏迷不醒，迪娜通宵达旦在病床前守候，正担心他突然醒来或者去世。正常的父母此刻内心被焦虑和恐惧占据，通常而言，报复这种事不会在大脑中成为优先项，更别提这个时候去策划这么复杂的杀人手法。

4. 如果是迪娜为了替儿子复仇，采用这种羞辱的方式杀害丽贝卡，说明她内心坚信丽贝卡害了麦克斯，对丽贝卡极度怨恨。

那么，我认为她不会指使亚当在门上写下这样的话："她救了他，你（们）能救她吗？"门上这句话其实是认同丽贝卡救了麦克斯。相反，她应该以丽贝卡的第一人称写"我没能救他"或者"我杀了他"，以此伪造成丽贝卡畏罪自杀。

5. 如果迪娜已经在内心确认丽贝卡害死了麦克斯并用自己的方式复仇了，似乎没必要在接下来的几年中对此事不愿放手，重金雇用调查团队和法医，去寻找麦克斯死亡的真相。

而迪娜本人在 2018 年接受媒体采访时谈到，她现在认为杀害麦克斯的不是丽贝卡，而可能是某个外人闯进家里干的。

综上，我认为迪娜指使人杀害丽贝卡的可能性不大。

丽贝卡的前夫尼尔作案？

那会不会是那个被丽贝卡抛弃的前夫尼尔作案呢？

警方发现，2011 年 3 月离婚后，尼尔已经很久没有联系过丽贝卡了。

7 月 13 日清晨，有人见到尼尔出现在亚利桑那州的一家健身房。如果他在半夜一点到三点杀害丽贝卡后搭飞机回去，会留下记录。而如果他从科罗拉多岛杀完人开车回去，大约要七个小时，在时间上不可能做到。

所以尼尔杀死前妻的唯一可能是找在场的亚当帮忙杀人。但没有证据显示尼尔和亚当相识，亚当也不可能帮丽贝卡的前夫杀害她。

尼尔后来在接受一家媒体采访时说，他认为自杀不符合丽贝卡的性格。

2018 年，法庭想要尼尔出庭做证，尼尔没有出现，又很快搬家，没有留下新地址，以至圣地亚哥法院联系不上他。这么多年过去了，他不愿意牵扯进这么轰动的案件中，也可以理解。

约拿指使亚当杀害丽贝卡？

许多人相信，可能是约拿指使自己的弟弟亚当杀害了丽贝卡。

案发时约拿 54 岁。他的个人经历丰富，从法学院毕业，从过政，写过小说，更是一个成功的商人。他创办并担任 CEO 的医药公司市值几十亿美元，主要生产 Botox（肉毒杆菌）。

7 月 13 日半夜一点，他离开医院，入住岛外的一家酒店，被监控视频拍到，可以证明他没有作案时间。

但的确，约拿并不需要自己动手。他可以找亚当动手，甚至雇用杀手。

那么，他有作案动机吗？

在约拿和丽贝卡的感情中，丽贝卡其实一直非常卑微，委曲求全，而约拿则是这段感情中享受的那一方。这两个人的权力完全不是一个级别的。这点我后面会写到。

如果约拿想伤害丽贝卡，只要甩掉她，在情感上虐待她，就足以构成巨大伤害，有必要杀了她吗？从丽贝卡说"我不得不为约拿而坚强"，也可以看出直到 7 月 12 日晚上，她对他还有感情。

约拿会不会因为丽贝卡没有照看好麦克斯而动了杀机？

从迪娜所述来看，约拿曾要迪娜"跪下来感谢丽贝卡"，可见约拿在 7 月 11 日还完全不认为发生这件事是丽贝卡的责任。

那会不会在一天后，约拿在内心越来越怀疑丽贝卡？特别是当他知道麦克斯可能挺不过去时，怨恨丽贝卡？

这是可能的。

约拿有大量时间是和迪娜单独陪在病房，迪娜和姐姐妮娜都怀疑丽贝卡，迪娜很可能会趁机讲述自己的怀疑。而这家儿童医院的医生也在 7 月 12 日晚告诉他们，麦克斯没有心脏病，甚至可能在摔下来前就窒息了。

所以约拿在给丽贝卡语音留言时，心中可能已经有了疑虑和不快。

但我认为即便真的如此，作为一个精明理性的商人，约拿同样没有必要，也没有理由在麦克斯尚躺在病床上，真相还没搞清楚的时候，就在自己家中，让自己的弟弟杀害丽贝卡。

从情感上讲，爱孩子的父母在儿子生死未卜时，正感到彷徨无助。哪怕他真的恨丽贝卡，也应当是在麦克斯去世后，在他确认丽贝卡的责任后。

从理性上讲，约拿若真要复仇，完全可以等待更合适的时机，这笔账可以慢慢算。

选这样一个时间点——自己正为儿子焦头烂额之时，让自己的女友死在自己的房子里，弟弟也被卷入案件，不合情也不合理。

约拿若真要复仇，更没有必要用这么诡异、耸人听闻的方式，让媒体的曝光量这么大。

丽贝卡的死为约拿带来不小的经济损失。因为轰动的死亡方式，这栋房子跟着多次上了媒体头条。后来约拿不得不花 273 万美元把房子从头到脚都翻新了一遍，换了新屋顶，粉刷外墙，重新铺地板，把房间升级，只有丽贝卡上吊的那个阳台保持原样。

这栋房子是他在 2007 年花了 1300 万美元购入的，2012 年放在市场上要价 1690 万美元。但由于发生过可怕的凶杀案，一直没有卖掉，最终只以 900 万美元的价格成交，也就是说算上重新装修的费用，他亏了近 700 万美元。而他 2010 年的收入是 640 万美元，可见这对他来说，损失的也不是个小数目。

在丽贝卡出事后，约拿请了两个带枪的保镖日夜保护自己。他对其他人解释，他是为了阻挡媒体，但大家都不信。麦克斯和丽贝卡的家人因此怀疑，约拿知道是谁想害他。但更可能，约拿自己也一头雾水，不知道究竟发生了什么，隐隐担心是冲着他来的，所以要保护自己。如果他是那个主谋，他没必要害怕。

约拿曾给检察官写信，要求重新调查丽贝卡和麦克斯的死因，但被拒绝。

综上，我认为可以排除约拿指使亚当杀害丽贝卡。

亚当因性欲临时起意杀人？

在把迪娜和妮娜从起诉书中移除后，丽贝卡家人的起诉书中只剩下亚当一人。确实，身在同一个院子，亚当却对谋杀事件毫无察觉，似乎怎么都说不过去。

起诉书也把作案动机改为性侵犯。他们认为亚当想性侵丽贝卡，丽贝卡尖叫，亚当用表面光滑的钝器击打了丽贝卡的右侧头部，随后猥亵了她，并伪造成自杀。

最终民事诉讼的陪审团接受了这个版本，认为亚当应该对丽贝卡的死负责。

警方在 2018 年重启调查后，却维持结论不变：这是一起自杀案件，和亚当无关。

有许多问题我想知道，为此，我也特意去寻找这些问题的答案。

1.这本巫术书是谁的？

丽贝卡脖子上的绳子的另一头拴在床脚，而那个床所在的房间并不是丽贝卡的正式卧室。她的卧室应当和约拿是同一间。警方认为这是一间丽贝卡独自当书房使用的卧室。

为什么认为这个房间是丽贝卡在使用？因为在一张书桌上和地上，都发现了一些丽贝卡的个人文件。

而那本巫术书，是一个女警察在这个房间的书架最上层找到的。如果不是女警察拿起来翻阅，还不一定会被发现并被列为证物。

我不认为这本书是案发当晚由一个外人临时带来的，外人如果处心积虑带本这么厚的书来伪造自杀，应当会把书放在桌上等更显眼的地方，以误导警方。

如果外人带来只是为了照着书中的捆绑方式，依葫芦画瓢捆绑丽贝卡，那他事后应该带走书，而不是放在书架上。事实上，书中也没有和尸体上一样的捆绑方法。

所以我相信这本书本来就在豪宅内，一直都在书架上。

那么，这本书一定是丽贝卡的吗？确实不一定。

豪宅是在约拿和迪娜的婚姻期间买的。最早迪娜也住在这里。此后，约拿第一段婚姻中的两个孩子，三年中曾雇过的保姆等也住在这里。

这本书也可能是约拿的大女儿甘比或者以前住过的迪娜留下的，但案发时她们都不在岛上。

另一种情况是，这本书就是丽贝卡自己的。她在亚利桑那州就开始练巫术，这次搬家把书一起带来，放在这个平时只有她使用的小房间内。她不敢让姐妹和约拿知道，只是自己偷偷地练。

在美国的一个论坛上，有网友说，书上只发现了丽贝卡的指纹，而且丽贝卡一直在练习怎么绑住自己。

我没有找到此证据的出处，也不确定警方有没有检查指纹，但警方相信这本书是丽贝卡本人的。

2. 书里仪式的目的是什么？

这本书叫《巴克兰巫术全集》，作者和我是同一个专业。

巴克兰出生于英国伦敦，有着吉卜赛血统，他长期处于英格兰教会中，对吉卜赛魔法和其他超自然现象研究了半个多世纪，被公认为是将现代巫术引入美国的权威人士。

1962 年，他获得了人类学博士学位。他曾追随威卡教的先驱杰拉尔德·加德纳。1964 年加德纳去世后，巴克兰在美国建立了自己新创办的威卡教。迄今为止，巴克兰已有三十多部神秘学的作品出版，包括这本 1986 年首次出版的经典著作《巴克兰巫术全集》。

从 1994 年开始，美国承认威卡教是一种宗教，并允许进行灵气治疗。这本书并不冷僻，亚马逊上有 700 多条评论，绝大部分是女性。

书中没有提到自杀，也看不出那些仪式和施法救孩子、灵魂上天堂、诅咒死者有什么关系。如果这种死法含有这个用意，也是凶手或者丽贝卡自己这么认为的，不是书里所写的。

3. 性侵和猥亵存在吗？

丽贝卡的家人认为性侵存在的证据是一把牛排刀的刀柄四周沾有经血液体。

现场总共发现两把刀。一把小的是牛排刀，并没有发现指纹，但是沾有经血。丽贝卡的律师说，这么多血不像是蹭上去的，而是曾经插入了阴道。警方说，经血可能是丽贝卡自己弄上去的。

在另一把更大的刀的刀刃上发现了丽贝卡的指纹。

如果是猥亵的话，意味着凶手要一只手抓住刀刃。凶手要杀死丽贝卡，为什么不用刀刃插入，而让自己冒着手被割伤的风险，用刀柄？

凶手如此猥亵丽贝卡大概率不会很温柔，应当会造成某些法医可以发现的痕迹，但警方说两次尸检都未发现攻击的痕迹。

我个人认为，丽贝卡自己弄上经血的可能性更高。她不想弄疼自己，只是动作轻缓地将刀柄放入私处，所以没有对身体造成任何伤害，也没有留下痕迹。

4. 胸口的颜料。

那管颜料上没有指纹，只在盖子上发现了丽贝卡的指纹。在她的左乳晕和右乳头上发现了黑色的颜料，也让人怀疑有人曾用沾颜料的手指捏她的乳头。

她的身上还有其他地方也有干了的黑颜料。

那会不会是她自己弄的呢？并没有发现她的手指上有颜料，所以如果是她自己弄的，可能是用颜料刷或者颜料管直接涂上去的。

5. 门上的留言。

"她救了他，你（们）能救得了她吗？"

这句话是最让人困惑的。谁的立场会说这句话？

无论是约拿还是迪娜，如果他们派人作案，是绝对不会认同她救了麦克斯。我认为他们宁可什么都不写，也不会写这样的话。

如果某人杀害丽贝卡，想伪装成自杀现场，那么"留遗言"是个说服警察的好机会。他（她）应该抓住这个机会，以第一人称写道："我没能救他。"这就可以印证约拿猜测的以死谢罪的自杀动机了。

可这条留言，竟然是以第三人称写的。

表面来看，写字的人承认丽贝卡救了麦克斯，是在对约拿或其他人喊话："丽贝卡救了麦克斯，看你（们）这次能救得了丽贝卡吗？"所以，这是一个杀害了麦克斯和丽贝卡的凶手写下的。

但我已经说过，我不认为有人故意杀害麦克斯。

第二个愿意写下"丽贝卡救了麦克斯"的人恐怕就是丽贝卡本人了。如果丽贝卡自杀，却想伪造成谋杀现场，那么她用第三人称写这段话就说得通了。

我认为从这句话来看，她怨恨的情绪大过内疚。她不像以死谢罪，更像是要以"被谋杀"来明志。

6. 谁在搜索 A 片？

一个叫安的作者出版的《致使朋友和夺命敌人》中写道，7 月 13 日，一个叫皮尔斯的警察在出事的房间内找到了一台惠普笔记本电脑，电脑唯一活跃的账号是丽贝卡自己的，以及一台苹果电脑，唯一的账号是约拿的。

警察在丽贝卡那台电脑最后二十四个小时（也就是 7 月 12 日上午至 7 月 13 日上午）的浏览历史中发现，有大量搜索和浏览 A 片的记录，所用关键词有性感、亚洲女孩、强奸、捆绑动画等。

其中一个色情动画中，有个女孩双手被反绑在身后。

警察没有找到自杀、上吊、绳子等关键词的搜索记录。

一些搜索是在 7 月 12 日白天发生的，但那时亚当还没到这栋房子里。

在测谎时，亚当曾说，7 月 13 日早上，他用自己的手机看了 A 片并自慰，然后起床洗澡，准备去喝咖啡，后发现尸体。至于他看的是哪一个类型，并没有交代清楚。

也就是说，在 7 月 12 日至 13 日，丽贝卡自己电脑上的搜集记录可能是她自己搜索的，而亚当在 7 月 13 日早上起床前，在他自己的手机上看了 A 片。

7. 其他证人听到的声音。

一个住在隔壁的隔壁的邻居，声称在晚上十一点三十分，听到一个女子在喊"啊啊啊"，并喊救命。但是警方和她谈过后，认为没什么可信度。

海边的那一条街上都是占地很大的豪宅，不仅仅是隔音的问题，还有距离，要听到两个门牌号以外的声音不容易。如果隔了两个院子都能听到，那理论上亚当也会听到，也会有其他人听到。

8.身上的胶带残留和红绳。

丽贝卡的腿上有少许胶带的残留。胶带残留似乎指向，有人先用胶带捆住她的双脚以控制住她，因为这比较方便，然后再换绳子。但也不能排除，她在看 A 片时自己用胶带捆绑，然后在布置自杀现场时，为了行动方便而撕去。

至于这根红绳，则是原本放在车库里的拖曳缆。约拿和丽贝卡曾带孩子去海上玩，他们在前面开船，用红绳拖着孩子坐在汽车轮胎上。

这说明绳子不是外人带进来的，而是一个熟悉这栋房子的人把它拿到了小房间，用于捆绑。

03. 丽贝卡：人生的僵局

回到最重要的问题，丽贝卡到底是个什么样的人？她在案发前状态如何？她和约拿的感情如何？

丽贝卡健美、性感、注重外貌，尸检发现她隆过胸。她的身边一直都有很多追求者，不乏一些为她失去理智的男性。

朋友眼中的丽贝卡从不吃快餐和垃圾食品，不喝酒，不抽烟，热爱各种运动，体力好，参加马拉松。

丽贝卡不到 20 岁时认识了前夫尼尔，并跟着他来到美国。

我在一个论坛看到尼尔接受采访时声称，丽贝卡在婚后不久就常以和姐妹聚会为由，去酒吧结识其他有钱人，婚后也多次交往其他男性。我没有找到采访的原文。

但丽贝卡在婚内确实结交过另一个富豪，且在警局留下了记录。

2004 年，在加州工作的丽贝卡认识了另一位比她年长二十一岁的富翁，两个人约会八个月。

丽贝卡告诉这个新男友，她和尼尔的婚姻由父母包办，她在婚姻中很不开心，一直考虑离婚。

到了2005年3月，她声称自己终于离婚了，并和那个富翁搬到一起同居。

在同居一个月后，2005年4月25日早上八点，丽贝卡出门工作，一切如常。

但当天丽贝卡没有回家。男友打电话到她的公司，才得知她当天并没有去上班，而是在早上打电话给主管，说自己在另一个州。

男友到处找她。到了第二天，也就是4月26日下午一点，丽贝卡给他打了个电话，语气平静、公事公办地说："你不要再给我打电话了。"便挂断了电话。

几分钟后，她又给他回了电话，让他复述自己刚才说了什么。丽贝卡还神神秘秘地说，有人在监听她的电话，她显得很害怕。

鉴于丽贝卡的种种表现，男友认为她可能被"前夫"控制，失去人身自由，便向警方报告丽贝卡失踪。

2005年4月28日中午十一点十五分，丽贝卡走进警局，告诉警察她没事，让他们把自己的名字从失踪人口中撤除。她说自己只是和丈夫分居，并未离婚。那天她去上班时遇见了她丈夫，并且决定和好。

而她的丈夫尼尔在警方询问时说，当他告诉丽贝卡自己也开始和其他人约会后，丽贝卡变得不开心，立刻跑回亚利桑那州，回到他身边。

这说明丽贝卡很贪心，既不愿意放弃富豪情人给予的优质生活，又不愿意放弃和贫穷丈夫的感情，直到最后事情败露，才不得不做出选择。

但丽贝卡的姐姐玛丽对这些事并不知情，由此可见，她并非完全了解丽贝卡。

2007年，丽贝卡和尼尔搬到了亚利桑那州的凤凰城。

2009 年 10 月 19 日，约拿走进了丽贝卡所在的诊所做眼科检查。约拿在认识丽贝卡的当天，就邀请丽贝卡一起吃晚饭。两个人在晚饭时相处了三到四个小时，相谈甚欢。

当时约拿已经和迪娜离婚几个月。两个人在婚姻后期，几次就家暴报警，互相控诉对方殴打自己。

约拿后来告诉朋友，他在约会一个"亚洲公主"，并说，这是他目前为止最和平的一段关系，他和丽贝卡只争吵过一次。

到了 2009 年底，两个人已是正式的男女朋友。

但是，到了 2010 年 3 月，两个人之间出现了一些问题。

丽贝卡趁着约拿和三个孩子前往外地旅游，没有通知一声，就把自己的个人物品全都搬进了约拿位于亚利桑那州的家中，等约拿和孩子回家后才发现。约拿的大女儿甘比对丽贝卡的举动非常不满，大发脾气，要求丽贝卡离开。

丽贝卡只能带着自己的东西灰溜溜地搬走了。

又过了一个月后，丽贝卡终于说服了约拿，正式搬入约拿的家中。但甘比和她的关系一直没有缓和，永远充满火药味。

尽管丽贝卡努力争取一步步走进约拿的生活，但在前面两年中，丽贝卡依然没有和尼尔离婚，而是拖拖拉拉地延续着婚姻，直到 2011 年 3 月。

从这件事以及她处理上一次婚外情，都可以看出丽贝卡优柔寡断的性格。她在上一次婚外情中和丈夫和好了，却没有勇气告诉男友，想让他继续做备胎。当不得不面对麻烦时，只能说谎。

这说明她总是制造麻烦，又躲避麻烦。她有勇气争取，却没有勇气放弃。她面对问题，采取的方式是说谎和逃避。

她的这种对待问题的态度和行事风格，对理解她最后的选择很重要。

不平等关系

2010年，丽贝卡告诉约拿，自己公司的上司骚扰她，她不得不辞职。但丽贝卡的前上司说，丽贝卡自称为了有更多时间陪伴约拿和他的家人，所以辞职。

丽贝卡辞职后，提出替约拿照顾三个孩子。她说自己没有收入和存款赡养父母，约拿便每月给她500美元，并让她使用他的信用卡消费。

2011年1月，一个朋友遇见丽贝卡，发现她消瘦了许多，压力大，失眠，也不再去健身房运动了。他们为此聊了聊。丽贝卡似乎很受这段关系困扰，她不知道约拿爱她有没有她爱他那么多，不知道这段关系的未来在哪儿。

2011年5月底，丽贝卡和约拿搬到了科罗拉多岛，准备度过夏天。

玛丽说，当丽贝卡的朋友都以为她成为巨富的女友，过着奢华、受宠的生活时，现实却完全不是那样。丽贝卡的角色更像一个"给足面子的保姆"。

丽贝卡和约拿在一起时，她的姐姐玛丽感觉不到两个人之间有爱意，他们从不在外人面前表现出一般情侣的亲密和轻松。

家里没有保姆、司机，丽贝卡一人身兼多职，每天大部分的时间都花在接送三个孩子，参加各种活动，跑腿打杂，以及打扫那么大的房子上。

2011年6月，丽贝卡和约拿刚搬去加州时，玛丽和家人曾去找丽贝卡玩。最后，玛丽一家子大部分假期都在帮丽贝卡清洁这栋有27个房间的豪宅，包括长满霉斑的淋浴房。

当时玛丽问丽贝卡为什么要继续这段关系时，丽贝卡才开始吐露自己和两个青春期孩子的关系。那两个孩子很憎恨她，特别是约拿13岁的大女儿甘比。而约拿的两任前妻也经常指责丽贝卡做得不好。特别是当丽贝卡和麦克斯越亲近，迪娜就越恨丽贝卡。

约拿一家人对待丽贝卡的态度其实也取决于约拿对她的态度。约拿如果表现出对这段关系的不重视，她的卑微也会被势利的家人看在眼里。

丽贝卡觉得很沮丧，再也撑不下去了。

警方在丽贝卡的手机上发现了一些笔记，写于去世前几个月，内容消极、悲观。

她写道："多少钱都无法弥补我所经受的。"

"我太懦弱了，以至不敢面对一个真相，那就是快活几年就能让我满足。什么是永远不会发生的？我是不是在假装，哪怕永远不会有自己的孩子，我也会满足？"

从她的描述可以看出，她感到很孤独。

"这是我自己的错。我允许自己完全和自己的生活切割了，我的生活不复存在。"（说的应该是辞职。）

她也写道："我每次躺下，脑海中就有无数的念头，难以入睡，不知道如何从现状中解脱。"

"我如果不是正在思考，就是正在哭泣。"

种种零碎的细节可以拼凑出丽贝卡的人生困境。

在过去十多年中，丽贝卡在情感上应当很依恋尼尔，但他只是一个低收入的大龄护士，无法满足她的物质需求和虚荣心。长相颇受西方人欢迎的丽贝卡，意识到自己唯一能获得物质满足的途径是婚姻。

遇见巨富约拿，对她来说，好像中了头奖彩票。当她离婚、辞职后，她切断了所有退路，把人生希望全都寄托在约拿对她的感情上。但她或许很快意识到残酷的现实：约拿对她没什么很深的感情。

就约拿的财富而言，让丽贝卡独自照顾三个孩子，身兼女友、司机、保姆、清洁工多个身份，是赤裸裸的压榨。我看不出他对她有怜惜和尊重。他难道请不起一个清洁工帮忙打扫豪宅吗？

丽贝卡也对姐姐说，她感觉约拿并不感激自己的付出。

我想丽贝卡内心能意识到，这段关系是靠她的卑微和低要求才得以维系的。当约拿得意地告诉朋友，他们只有过一次争吵时，他也应该知道这种和平背后是丽贝卡的忍让和牺牲。

她可能在和尼尔的婚姻中被宠得像公主，但在她姐姐看来，她在约拿这里只是个"保姆"。倘若她想追求平等的权利，她很可能会出局。

两个大孩子对丽贝卡的无礼和憎恨，两个前妻对她的苛责和挑剔，都在加重她的心理不平。

虽然玛丽说丽贝卡考虑过分手，但我认为她其实是放不下的。尽管她的内心深处也意识到她被怠慢，不被尊重，没有未来，但她依然无法放手。

放手意味着她会丢失那张头奖彩票，会失去对光鲜物质的使用权，会被打回原形，跌回她本来的阶层。

一边是她作为女性对爱和尊重的渴求，另一边是对物质生活的上瘾，她正是被困在自己欲望的牢笼中无法解脱。

麦克斯摔下来后，我想迪娜和妮娜对她的疑心已经把她逼到崩溃的边缘。医生在检查中发现蹊跷，或麦克斯去世，都可能导致她和约拿的关系破裂。

警方说她接受问询时显得很抓狂，但第二天去取狗的宠物店的人说，丽贝卡特别平静和安静，仿佛房子里有人在睡觉似的，他们蹑手蹑脚的。而吃晚饭时，她几乎不开口说话。

我认为她在 7 月 12 日当天的心情非常沉重、低落、沮丧、担忧……如同一个闯祸后等待惩罚到来的孩子。

妮娜在晚上十点四十一分给丽贝卡发了条消息，想当面和她聊聊麦克斯身上到底发生了什么，这加深了她的恐惧和焦虑。

约拿在晚上零点三十分发给她的语音留言，是压倒她的最后一根稻草。

那个晚上，医生告诉约拿和迪娜，麦克斯活不了了，并表达了对麦克斯受伤的怀疑。迪娜应当也提出了不少疑问。

约拿很可能在语音留言中表达了自己对即将失去麦克斯的痛苦，以及对丽贝卡的质疑和责问。

晚上零点五十分，丽贝卡在手机上收听留言后恐惧到了极点，她删除留言，没有回复。

一方面，丽贝卡不敢面对接下来会被揭露的真相，以及自己可能承担的责任。

假设她没有去世，我想在麦克斯死后，警察、迪娜的家人、约拿、记者等许多人会拿滑板车车轮的白漆、"海洋"等等细节来质问她。

从她对待2005年那段三角恋的态度来看，遇到麻烦时，她总是采取逃避的处理方式。可这次她逃无可逃。

另一方面，丽贝卡也预感到，她和约拿的关系走到了尽头，不可能再有什么未来。她无法承受在自己离婚、辞职后，又失去约拿，一无所有。

巫术是一种解决问题的幻想，也是一种逃避。不少西方女孩对巫术感兴趣，是希望用爱情咒语之类的方法拴住爱人的心，其中不乏信基督教的女孩。

自杀也是一种逃避。

为什么以这种方式自杀？

警方发现在丽贝卡的书房里，绳子、刀、颜料等物品上，只有她一个人的指纹，现场也没有精液。

根据警方的判断，她头上的伤可能是坠落后，连续摇摆、撞击阳台底部造成的，因为法医鉴定她头上的伤都是很表皮的，没有伤及脑部。

她后背和腿上的伤可能是她赤裸悬挂时，以及被亚当放在草地上后，被周围那些植物刮伤的。

她很可能是巫术书的主人，为了拴住约拿的心或实现某些愿望，已经练了很久的巫术，所以当晚能够熟练地绑住自己。

她的颈部没有折断或者受到很严重的伤，可能是因为她翻下楼时，身后的两只手上抓着那截长绳，在自己翻下去后才一点点松开。

或许有人会说，可以理解丽贝卡想自杀。她实际也可能通过这么复杂的操作来实现，但问题是，她为什么要用这么复杂、困难、诡异的方式自杀？

对于这个矛盾而古怪的死亡方式，有两种猜测：

1.有人杀害丽贝卡后，想伪造成她是自杀的。

2.丽贝卡死于自杀，想伪造成自己被谋杀。

我衡量所有细节后，选择后者。

如果伪造自杀，又为何伪造的完全不像自杀？凶手何必这么多此一举，束缚手脚，堵嘴，把双手绑在身后，留下这样一个第三人称的"遗言"？

但如果是她伪造的谋杀，就解释得通了，而且她的完成度也确实很高。

她故意留下第三人称信息，擦去一些关键物证上的指纹，譬如刀柄、颜料管，故意把刀柄沾上经血，故意反绑双手……可惜她没法将别人的指纹、精液、DNA和脚印留在现场。

我尝试着去理解她的心理，解释为什么她要把自杀伪装成他杀。

丽贝卡一直以来所承受的压力，所受到的怠慢，让她本来就长期情绪低落。因失误致使麦克斯坠落后，迪娜和妮娜的穷追不舍，医生的怀疑，让她的内心惶恐到了极点。而约拿当晚的语音留言，让她对爱情的希望彻底破灭。

她去死，我认为不是出于愧疚，而是出于对接下来会发生什么的恐惧，出于对责任和惩罚的逃避，也怀着一种深深的怨念。

她希望以一种被约拿惦念、内疚的方式去死。

"她救了他，你（们）能救她吗？"

门上的那句留言透露的一个关键点是：写这句话的人把丽贝卡和麦克斯放到了平等的位置。

照那句话所传递的信息，丽贝卡和麦克斯可能是被"同一个凶手"，也就是写这句话的人所害。

看完这一诡异的死亡场景，迪娜等人很容易觉得：我们错怪丽贝卡了，她其实救了麦克斯，真正害麦克斯摔下楼梯的是另一个人，现在那个人把丽贝卡也杀了。这也是迪娜在2018年接受采访时表达的意思。

这正是丽贝卡所希望的：自己能和麦克斯一样，成为约拿牵肠挂肚、心怀愧疚的人，成为大家关怀紧张的对象，而不是那个永远忍让、为别人服务、没人关心她的感受、一遇到问题就成为被指责对象的丽贝卡。

"她救了他，你（们）能救她吗？"

当然，你们救不了，你们应该感到愧疚。

但约拿对她的死有多少愧疚，又是如何记住她的，恐怕只有他自己知道了。他在第二年就以27亿美元的价格卖了自己的公司，后来又和其他人结婚，有了全新的生活……

丽贝卡的故事是一个悲剧，她有着和自己能力不匹配的欲望，把梦想寄托在男性对她的情感上。

所以，我的结论和警方一样，丽贝卡是自杀。

或许我写的这些内容，可以改变一部分人的看法，但我相信还是会有许多人坚持认为是他杀。

争议可以让案件一直受人关注，或许某天会发现更多的证据，找到真相。

5

美国诺拉弑母疑案

孟菲斯市是美国田纳西州的一个中型城市，是摇滚的发源地。很多著名的音乐家都曾在孟菲斯生活过，譬如猫王。

　　2005年6月5日，周六的凌晨五点多，911接线员接到一个求救电话。一个女孩歇斯底里地哭喊着："我需要一辆救护车，我立刻需要一辆救护车！有人闯进我家了！我妈妈在流血。快过来帮我！现在！"

　　"她还在呼吸吗？"

　　"不，她不在呼吸了，她不在呼吸了……老天啊，老天啊，请帮帮我，请派人过来！"喊叫中伴随着尖厉的哭声和沉重的喘息声。

　　打电话的是一个18岁女孩，名叫诺拉·杰克逊。

　　孟菲斯当天正好有个盛大的意大利节。根据诺拉的证词，她和朋友们参加了这个活动，又去了两个朋友家开派对，直到凌晨五点才回家。

　　进入家门后，她就发现车库和厨房之间那扇门的第二块玻璃被打碎了。但这一幕并没有立刻引起她的警觉，因为她母亲詹妮弗以前也曾忘带钥匙，打碎玻璃后才把门打开。

　　诺拉走向自己的卧室时，突然发现卫生间的灯亮着，而她母亲卧室的门敞开着。这很不寻常，因为詹妮弗平时睡觉都会关门。

　　诺拉走进詹妮弗的卧室，发现她全裸地倒在床脚的地板上，全身覆盖鲜血，头上罩着一个柳条篮。

　　她取下柳条篮，上前摸了母亲的头和胳膊，试图摇醒她，发现她已经没有任何反应。

　　诺拉冲到马路对面，猛拍一户邻居家的大门。邻居夫妇被吵醒后，男邻居拿了一把手枪和诺拉以及自己的妻子一起跑回诺拉家。

　　接着，诺拉就打了开头的那通报警电话。

　　詹妮弗是一个事业成功的证券交易员，她同时也是虔诚的基督教徒，热心教会事务，对周围人都很暖心。她身边的一个朋友说，詹妮弗是她现实中见过的无论外表还是内心都是"最美"的人之一。

而独生女诺拉是这个 39 岁单亲妈妈的人生之光。

周围人得知消息后，都无比震惊和同情诺拉，因为她从此成了孤儿。就在 2004 年，她的亲生父亲纳兹米刚刚在自己的办公室被人爆头。那个案子至今没有侦破，想不到十六个月后，她的母亲在家中被人杀害。

法医发现詹妮弗被刺了 51 刀，伤口遍布全身。她的手和胳膊上有防御伤，显然她曾和凶手搏斗过。

她可能遭到两种刀的攻击，一种是锯齿状的刀，另一种是非锯齿状的刀。

她的头部有挫伤，似被钝器重击。

她没有遭到性侵，死前也没有发生过性行为。

上篇：案情篇

01. 破案

警方在勘查现场后的第一反应是，有劫匪入室盗窃。詹妮弗家中一片狼藉，仿佛刚刚被人洗劫过，因此警方判断有劫匪在室内翻找东西时吵醒了睡觉的詹妮弗，在一片混乱中杀人灭口。

但随着调查的深入，他们很快推翻了这个想法。家里的贵重物品并没有丢失，而且房子这么乱其实是常态。这一切只因为詹妮弗的私人物品实在太多了。

詹妮弗赚很多钱，但她不仅有购物强迫症，还有点囤积癖，所以这栋三居室的每个房间里都堆满了琳琅满目的盒子、包裹。

既然不是入室盗窃，那会不会是熟人作案？警方立刻锁定了一个嫌疑人——詹妮弗的男友马克，一个卫理公会的牧师。詹妮弗死亡的当天，也刚好是马克的生日。

詹妮弗和马克的关系并不稳定，时常争吵，分分合合。诺拉说马克是她这辈子见过的最会操控人心、控制欲最强的人，他让她很害怕。而詹妮弗的其他朋友也认为马克的控制欲很强。

按照马克的说法，当时两个人已经分手了，他只能算是前男友。由于6月5日是他的生日，6月4日詹妮弗主动打电话给马克，提议第二天一起替他庆生，却被马克拒绝。马克称詹妮弗对此很生气。

警方调查发现，马克曾在6月4日深夜给詹妮弗打了个电话，但没接通，他也没再打第二个电话。他为何这么晚找詹妮弗呢？为什么没接通也没再打一次呢？

马克说，他想和詹妮弗聊聊早先的争吵，但是没等到詹妮弗接电话就挂了，因为当时他意识到时间太晚了。马克声称案发当晚他独自在开车需要九十多分钟才能到案发地的自己家里，打完电话就去睡觉了，一直到早上七点才醒来。

虽然没有证人可以为他的不在场证明做证，但警方应当是通过电话记录、手机信号定位之类的方式确认了他的证词。而且他一直很配合调查，愿意提供DNA比对。

在警方调查了三个月后，没想到案情突然反转，2005年9月29日，警方突然逮捕了诺拉。随后，检方以一级谋杀罪名起诉诺拉杀害自己的母亲。

诺拉始终坚持自己是无辜的。这个案子的特别之处在于，没有任何物理证据可以证明诺拉弑母。房间里和詹妮弗身上的物证都拿去实验室检测，全都没有发现诺拉的DNA。

许多人相信诺拉，也因为她无论在911报警电话里还是在采访镜头前的悲恸，都表现得太真诚了。

案子在2009年2月开庭。最终，由八名女性、四名男性组成的陪审团基于周边证据，认定诺拉的二级谋杀罪名成立。诺拉被判入狱二十年九个月，不得保释。

诺拉多年来一直为自己喊冤，不断上诉。2014年，她的定罪被田纳西州最高法院推翻，计划重审。但在重审之前，诺拉和检方达成认罪协议，提前出狱。

这个案子吸引我的地方也在于，它尽管有了法律上的判决，但依然十分具有争议。相信诺拉是凶手的人，或者相信诺拉是无辜的人，都非常坚定自己的观点。

那么，诺拉到底是不是弑母凶手呢？有哪些周边证据给她定罪呢？

02. 漂亮的单亲妈妈

先介绍一下受害人詹妮弗·杰克逊和她的女儿诺拉·杰克逊。

詹妮弗·杰克逊出生于1965年11月10日，有两个姐妹。她的父母在她很小的时候就经历了一场撕破脸的离婚程序。詹妮弗随父亲一起生活。在父亲去世后，她搬去和再婚的母亲一起住，当时她母亲已经生了一个同母异父的弟弟艾瑞克。

1980年，詹妮弗和她的两个姐妹搬到孟菲斯和她们的姑妈一起生活。詹妮弗从小就聪明、独立，她只花三年时间就读完了高中，17岁就开始赚钱养活自己。当她就读于孟菲斯州立大学时，她靠在一家酒店打工挣出了学费和生活费。

也就是在这家酒店里，詹妮弗遇见了来自黎巴嫩的移民纳兹米。

纳兹米经营一个加油站。他很快注意到了年轻漂亮的詹妮弗，而詹妮弗也被自信的纳兹米所吸引。

他们在一起不久后，詹妮弗发现自己怀孕了，于是两个人于1986年12月结婚。

婚后三个月，1987年3月17日，他们的孩子诺拉就出生了。纳兹米很高兴，用女儿的名字给他的加油站、便利店命名。

但孩子出生后，这对夫妻间的矛盾加深，关系走向破裂。在诺拉只有六个月时，詹妮弗就向法院提交了离婚申请。

后来纳兹米搬回来和母女同住过，但依然矛盾不断，直到有一天纳兹米对詹妮弗动手，把詹妮弗推倒在地。那次冲突后，詹妮弗向法院申请限制令，不让纳兹米接近她和女儿。

两个人为抚养权争夺了很长一段时间，詹妮弗终于获得了诺拉的全部抚养权。此后她把女儿的姓氏改成了自己的姓氏。在后来的几年中，两个人为了抚养费又产生了诸多纷争，吵到最后纳兹米几乎见不到女儿诺拉了。

詹妮弗离婚时只有22岁。作为一个年轻的单身妈妈，她为了养活自己和诺拉，只能拼命地工作。这期间她带着诺拉多次搬家，同时也和其他男性约会。

在27岁时，詹妮弗认识了一个生活在阿肯色州的农场主杰米，并坠入爱河。

1992年12月，詹妮弗和杰米结婚。

婚后，詹妮弗带着5岁的诺拉搬到了阿肯色州和杰米一起生活。可是在一起没多久，詹妮弗就发现杰米不仅沉迷赌博，并总在外偷腥。杰米在赌博中陆续输了十几万美元，这对于二十世纪九十年代初的中产阶级而言可是一笔巨款。

尽管詹妮弗不想第二次离婚，尽量委曲求全，但两个人的矛盾还是不断激化，杰米曾当着诺拉的面殴打詹妮弗。

詹妮弗又一次经历了激烈的离婚战，杰米甚至曾用一把枪指着詹妮弗的离婚律师。

2001 年两个人终于办妥离婚手续。36 岁的詹妮弗带女儿搬回了孟菲斯，买了一栋三居室的房子（命案发生地），开始了人生中较为稳定的一段时光。

詹妮弗找到了一份证券交易员的工作。她工作勤奋，事业越来越成功，但也因此对女儿疏于照顾。有空时，她喜欢通过逛街购物来解压。家里各种包装盒堆积如山，所有闲置的洗手间、房间、储藏室全都被用来存储她购买的衣服、鞋子和包。

由于詹妮弗经常不在家，诺拉的大部分时间都和她的朋友，以及朋友的家人在一起。

诺拉是个"派对动物"。朋友刚和她接触，会觉得她很外向、开朗，但深交后会觉得她很狂野，情绪不稳定。有一次她和朋友出去玩时发生争吵，她表现得情绪失控，故意过量服用泰诺。而当时她只读初一。

詹妮弗对女儿的状态十分愧疚，认为是单亲家庭加上对女儿疏于管教，才致使诺拉成为现在这样。她为了弥补诺拉，就愈加宠溺她，什么要求都满足，只为了讨女儿开心。

03. 父亲之死

2004 年 1 月 26 日，在诺拉 17 岁的时候，纳兹米在名为"诺拉"的便利店办公室内被人枪杀。此案一直未侦破。

从便利店的监控画面可见，当晚，一个遮盖严实的男性走进位于加油站内的便利店，纳兹米迎上前招呼他，两个人走向监控盲区。

但很快，凶手拔枪对着纳兹米的脑袋开了一枪。在杀害纳兹米后，凶手在办公室的抽屉里到处翻找东西。他还取出摄像机里的录像带放进自己的大衣内（但他不知道其实还有备份）。他直到最后出门前才匆匆拿走收银机里的现金。

警方根据凶手在杀人后的行为判断，他的目的不是抢劫，而是冲着某样东西而来。

那么，他到底在找什么呢？

纳兹米的加油站位于警察局和脱衣舞俱乐部的中间位置，外界纷纷传言纳兹米卷入了毒品和性交易事件中。

纳兹米活着时还曾告诉一个密友，有个警察曾借用他的办公室和一个脱衣舞女郎发生关系。

纳兹米除了加油站，还拥有一家豪车租赁公司。朋友怀疑纳兹米在车上也装了摄像头，偷偷拍下租车客户和妓女做爱，随后对这些客户进行敲诈。那么，会不会有某个被敲诈的人特别渴望拿回录像带，以至不惜雇杀手杀人呢？

从监控视频看，那个杀手似乎并没有找到他要找的东西，那他会不会又去纳兹米前妻家里找呢？

也基于此，相信诺拉无辜的人认为，十六个月后，詹妮弗在家中遇害很可能是同一个杀手所为。

04. 对诺拉的怀疑

詹妮弗最后活着的证据是在晚上十二点二十分，她给女儿诺拉打了电话。因此她的死亡时间应当是在晚上十二点二十分到凌晨五点（诺拉自称发现尸体的时间）之间。

在调查期间，警方发现诺拉身上的疑点越来越多。

她开始打 911 电话时，歇斯底里地哭喊着："有人闯进我家了！我妈妈在流血。快过来帮我！现在！"

接线员问她："有人中枪了吗？"

"没有！"她吼道，"但血流的到处都是。"

警察再听这个电话时，觉得她斩钉截铁地回答"没有"有点奇怪，因为普通人看到满身覆盖鲜血的詹妮弗，以及床单、地上到处是血，应当无法判断是中枪还是刀伤。

随后法医发现詹妮弗身中 51 刀，伤口遍布躯干、颈部、四肢和手指。他们认为这不像是陌生人临时起意杀人，或者职业杀手在杀人灭口。他父亲被杀害时，凶手一枪爆头，干脆利落，这更符合杀手作案。

詹妮弗的伤口更符合"泄愤杀人"，显示凶手正处于狂暴中，对死者怀有极大的愤怒和仇恨。

那么，诺拉在晚上十二点二十分至凌晨五点之间在哪儿呢？有不在场证明吗？她说自己和朋友去了一个意大利节派对，接着又和朋友去了另外两个派对。

晚上十二点二十分，诺拉在派对上接了她妈妈的电话。

晚上十二点半左右，她的朋友和她离开派对后告别。

晚上十二点四十六分，信用卡的记录显示，她买了一包烟。

此后到凌晨四点二十分，诺拉的活动都没有办法证实。根据诺拉最初的说法：她先去 Taco Bell（一个美国连锁餐厅）买吃的，但发现她的钱包掉在朋友家，于是又去朋友家拿钱包。

凌晨四点二十分，信用卡的记录显示，她给自己的车加油。

然后她去了朋友 E 那里，但是她没下车，只坐在驾驶座上，摇开车窗，和 E 说了几句话。

凌晨五点，她回家发现母亲的尸体。

照她的说法，她去 Taco Bell 和去朋友家拿钱包，花了三个多小时。可是她所提到的那两个朋友都否认了，说她并没有问过丢钱包的事，也没回来拿过。

也就是说，在晚上十二点四十六分至凌晨四点二十分之间，她的行踪无法确认。

最让警方怀疑的是，她的左手背有一个伤口。虽然诺拉表现得很坦诚，什么问题都不拒绝回答，但只有问到这个伤口时，她显得有些回避，支支吾吾。她说这是在意大利节的派对上摔了一跤，被打碎的啤酒瓶弄伤的。

警方觉得不合理。摔倒后被酒瓶碎片划破，应当是在掌心，不是在手背。

警察申请了搜查令，在她的车上找到一个 Walgreens（美国一家连锁超市）的纸袋，里面有创可贴和消毒水等药品。他们于是调查了 Walgreens，找到了她当时购买药品的那家分店。

他们查看那家店的监控，发现在 6 月 5 日凌晨四点零四分，诺拉独自来到店里。她手上的伤口一直在流血，她不得不向收银员要一些纸巾，立刻捂住伤口。然后她用现金购买了创可贴等急救药品。

但当警察询问她当天凌晨的行踪时，她却隐瞒了自己去买创可贴一事。而她使用现金，应当也是为了隐瞒这件事。

她自己的解释是，她觉得警方特别在意她的伤口，她怕他们把她当作嫌犯，所以不愿意说。

最让警方怀疑的地方是，这对母女的关系并不像表面看来的那么融洽。近期母女经常吵架，主要分歧在于诺拉不好好学习，还整日参加派对，酗酒，吸毒。

据其他家人和朋友所言，詹妮弗是个非常宽容的母亲，而青春叛逆期的诺拉则一再挑战母亲的底线。詹妮弗希望能和诺拉像朋友那样平等相处，但诺拉并不尊重她，让她觉得自己已经无法控制女儿。

2009 年 2 月 9 日，此案开庭。诺拉的许多朋友出庭做证，描绘了一个狂野、放纵的女孩，吸食各种毒品，从禁用药物到可卡因。

詹妮弗的软弱也有诺拉的朋友为证。有次诺拉带了一群朋友在后院抽大麻，詹妮弗提前下班回家后撞见了。詹妮弗是极力反对诺拉抽大麻的，但她当时没有表现出来，依然热情友好地招待诺拉的朋友们，给足了诺拉面子。

诺拉在高中换了五所私立学校，但到了 18 岁还在读高二，最后只能在家自学。这让詹妮弗很痛心。她自己是个在事业上上进的人，不希望女儿的人生就这样荒废掉。于是她开始考虑如何约束女儿，比如对她实行宵禁，规定晚上十二点必须回家。

对于诺拉来说，她早已习惯了任性放纵，在这个时候母亲突然要对她严加管教，显然是她无法适应和接受的。于是母女之间起了激烈的冲突。

而加剧母女矛盾的，是诺拉的父亲纳兹米的去世。诺拉继承了父亲的一部分遗产，包括多辆豪车。但由于她当时未满 18 岁，这些财产都由詹妮弗代为保管。

一个邻居做证说，她曾两次听到过诺拉对她母亲发脾气。

一次她在外面遛狗，遇到诺拉和她妈妈回家。诺拉不停嚷嚷："给我钱！他妈的！给我那些钱！"而詹妮弗只是回答："小声点，我们进去说。"

另一次诺拉也是大叫大喊："把我的钱都给我！"而詹妮弗小声回答："我会的，我会的。"

邻居很惊讶，诺拉表现得十分愤怒，而且对她母亲说话的态度极不尊重。

詹妮弗对姐姐说，她考虑再过一年，等诺拉满 18 岁时，就把这些财产都交给她。那么会不会是诺拉等不及了呢？

基于以上这些周边情况，警方认为诺拉的嫌疑最大。

那么，案发前和案发当天，究竟发生了什么呢？

05. 案发前

2005 年初，诺拉的一个好朋友安娜出车祸身亡，这对诺拉的打击很大，她变得有些抑郁，在身上文身，更疯狂地喝酒。

2005年5月的一天，詹妮弗在家中给自己的弟弟艾瑞克过生日。诺拉回家晚了，而且一副刚吸过毒的模样。詹妮弗十分生气，两个人发生冲突。诺拉坚决不承认自己吸毒，詹妮弗威胁说要带诺拉去做测试。

2005年5月底的一个周末，也就是距离6月5日案发只有一周，母女两个人以及艾瑞克一起开车去佛罗里达州和詹妮弗的姐妹度假。

出发前，詹妮弗收到了诺拉的验毒报告，结果为阳性。为此母女一整个假期都在争吵。

在快回家时，詹妮弗接到一个邻居的电话，更是火上浇油。原来在他们出发度假前，诺拉未告知詹妮弗，就把家里的钥匙交给了男友佩里，并允许他在自己家里开派对。佩里找来了四五十个人在詹妮弗的家中开了一个疯狂派对，吵到了周围的邻居，把警察都引来了。

詹妮弗这次被彻底激怒了。她考虑把诺拉送去参军或者寄宿学校，总之不能再让她住在家里。

根据艾瑞克的证词，在回来的路上，母女两个人起先一直冷脸相对，没有交流。但后来，一向对詹妮弗的工作不感兴趣的诺拉，突然问起詹妮弗的工作收入以及人寿保险的事。

毫无戒心的詹妮弗告诉诺拉，自己已经做好了准备，万一自己真有个什么意外，人寿保险会支付给受益人诺拉150万美元。

诺拉听到这个后，对母亲的态度莫名好转。詹妮弗一高兴，还在半路上给诺拉买了一双新的纽巴伦球鞋。

詹妮弗一回到家，就立刻找诺拉的男友佩里拿回钥匙，并威胁说要和法院申请限制令，不让他再接近自己家。佩里向詹妮弗道歉后快快离开。

佩里和诺拉此前一直分分合合。这次佩里一不高兴，又要和诺拉分手，诺拉因此十分怨恨母亲。

案发前一天的 6 月 4 日是意大利节，诺拉计划要在当天挽回佩里。那么，当天又发生了什么呢？

诺拉到底是不是杀害母亲的凶手？为什么她的定罪会被推翻？

下篇：分析篇

01. 案发前母女两个人的行踪

我读了参加派对的许多人的证词。由于这些人组合成不同的小群体，一晚上去了好几个派对，因此记忆的时间点都不一致，我只能根据交叉对比整理出一个大概的时间线。

2005 年 6 月 4 日，也就是案发十几个小时前，詹妮弗与刚刚分手的牧师男友马克发生了不快。他们此前也总是处于这样不稳定的关系中，反复分手又和好。

6 月 5 日是马克的生日，詹妮弗想挽回两个人的关系，提出了共度生日的想法，被马克拒绝。

而同时，诺拉一心想趁着意大利节吸引佩里的注意，和他和好。她当天去做了美甲，给十指涂上了精致的白色指甲油。这个美甲成了许多人相信诺拉无罪的理由。

下午她和几个朋友一起在朋友科尔家的泳池游泳。

下午三点多，诺拉和朋友离开了科尔家。他们去过另一个朋友家后，本来想去诺拉家玩的，但是发现詹妮弗的车停在外面，便开走了。

差不多同一时间，詹妮弗开车出去锻炼，调整心情。

诺拉去买了些酒，看到有个地方写了免费送小猫，她进去挑选了一只刚出生的黑色小猫。

下午四点多，当诺拉再次回家时，发现詹妮弗的车已经不在门口了，才和科尔回到家里。

科尔在诺拉家一边喝啤酒，逗小猫玩，一边等诺拉打扮自己。为了配合新做的指甲油，诺拉换上了一条白色裙子，一件黄色无袖上衣和一双金色凉鞋。

下午四点三十分，两个人离开诺拉家，前往卡特家后院的派对，并在那里待了三个小时。在这期间，一群人抽烟和吸大麻，直到卡特的奶奶回家，把他们全都赶走。

诺拉如愿以偿地在这个派对上见到了佩里。但令她失望且生气的是，佩里刚分手就带了另一个女孩来。诺拉和佩里发生争执，并当着众人的面扇了佩里一个耳光。佩里带来的女孩离开后，诺拉、佩里和其他朋友留下来继续派对。

也是这时，大家聊天说起各自的母亲。当诺拉的朋友们都说很喜欢詹妮弗时，诺拉却突然说道："我妈是个婊子，她得下地狱。"听到这句话的闺密后来出庭做证。

下午五点多，詹妮弗锻炼回来，梳妆打扮，准备去参加一个婚礼派对。

晚上六点，詹妮弗和一个男性友人加米到达婚礼现场。

晚上七点半到八点之间，卡特家的一小群人转战意大利节派对。

晚上八点，詹妮弗和加米离开婚礼现场，去了一个酒吧。加米说詹妮弗当时看起来心情挺好，而且只是小酌一番，并没有喝醉。

晚上八点至十一点，诺拉在意大利节派对上。

晚上十一点，一群人从意大利节又辗转到佩里家的派对。

不知何故，诺拉此时回到自己车上，换了一件深色牛仔短裙和一双黑色凉鞋。

随后，诺拉搭朋友的车前往佩里家继续开派对。诺拉的朋友做证，诺拉当晚显得和平时不太一样，她面无表情，话也特别少。

佩里此前挨了诺拉一巴掌。或许是为了报复诺拉，他当晚一直试图勾搭自己和诺拉共同认识的一个女孩。这一切诺拉都看在眼里，满心嫉妒却不能表现出来。

晚上十一点零六分，詹妮弗用信用卡付了酒钱，她和加米离开了酒吧。之后，加米就回到了自己家。

晚上十一点半，詹妮弗回到了她的家里。

詹妮弗在晚上十二点十分和十二点二十分分别给诺拉打了电话，跟她说宵禁时间到了，催促她回家，并提醒她第二天早上还要一起去教会。

第一通电话持续了五分钟，第二通电话不到一分钟，可能是心烦意乱的诺拉挂掉了母亲的电话。

差不多在诺拉接第二通电话的时候，她和大家一起离开了佩里家。有朋友开车把诺拉带到了诺拉的车旁，把她放下。

晚上十二点半左右，诺拉在离开佩里家不久就打电话给佩里，提出想和他复合。

晚上十二点四十六分，信用卡的记录显示，诺拉买了包烟。从那以后的三个小时内，没人知道诺拉到底去了哪儿，干了什么。

晚上十二点五十八分，诺拉的一个男性朋友安德鲁收到了诺拉发的短信。

晚上十二点五十九分，诺拉的一个男性朋友克拉克的手机响了，是诺拉家的座机打过来的，响了五秒钟。

晚上一点零九分，诺拉的手机号码又给克拉克打了过来，还留了语音留言。

检方认为，这足以证明，诺拉其实在买完烟后就回家了。她可能用家里座机打了电话后，立刻意识到这会暴露自己在家，于是马上挂掉，换手机打。如此有防范意识说明她当时已经有了作案的念头。

晚上一点左右，诺拉再次发消息给佩里，求复合，佩里当时正忙着参加其他派对。

02. 案发中及案发后的行踪

诺拉很沉迷于手机，几乎随时不停地和各种朋友互相发短消息和打电话。但是从晚上一点到凌晨三点，她的手机上没有任何活动。

诺拉起先对警方说，晚上一点至凌晨五点之间，她开车经过家，看到家里灯关了，认为母亲睡着了，于是又开走了。她去了 Taco Bell 餐厅，发现自己忘带钱包了。于是她又打电话给佩里问在不在他那里，然而佩里否认接到电话。然后她又打给了卡特，才从卡特家里拿回钱包，虽然卡特否认接到电话和找钱包的事。

在离开佩里家后，晚上十二点四十六分，诺拉还刷卡买了烟，这说明钱包（至少信用卡）当时在她身上。可怎么会等她开车到 Taco Bell，钱包就忘在之前的派对上了？这是明显的漏洞。

诺拉后来改了证词。她说自己其实没去拿钱包，而是一个人漫无目的地开车转悠并吸大麻。因为是违法的，她不想惹麻烦，所以才说谎。

6 月 5 日凌晨三点五十八分，安德鲁收到了诺拉的一条短信。接着两个人发了许多消息，诺拉还给他打了电话。安德鲁出庭自称和诺拉当时是炮友关系。

凌晨四点零六分，诺拉走进 Walgreens 用现金买急救药品。她起初隐瞒了这件事，当时她穿的衣服和此前在派对上穿的第二身衣服又不同了。虽然天气炎热，但她换上了长袖、外套、浅色牛仔短裙以及她妈妈给她新买的纽巴伦球鞋。

凌晨四点二十分，诺拉用信用卡给车加油。

凌晨四点四十分左右，诺拉开车来到朋友 E 家，两个人在门口交谈了一分钟，之后诺拉驾车离开。

（只想议论一句，这群高中孩子好像都彻夜派对，不用睡觉。）

接近凌晨五点时，在发现尸体前后，诺拉和安德鲁频繁地发了大量消息。诺拉对安德鲁说她在自己家门口，让他来她家门口见面，和她一起走进家里。安德鲁自称觉得很奇怪，并没有去。

（我注意到安德鲁出庭做证时，诺拉在被告席上冷冷地看着他。）

在詹妮弗去世的当天，诺拉的两个姨妈立刻赶来安慰诺拉。但她们发现诺拉特别不愿意和她们在一起，她一会儿说要去购物，一会儿说要去看电影，还说要开个派对。

两个姨妈给诺拉租了一个公寓，给她提供经济资助。但母亲死后没几天，诺拉就因为在新公寓开派对吵到了邻居，被公寓驱逐出去。不久后，她就被捕。

令两个姨妈不满的是，诺拉一直不告诉她们案发当天的晚上一点至凌晨四点自己在哪儿。

诺拉的姨妈辛迪表示，她愿意给诺拉找任何律师，只要诺拉解释清楚案发那段时间她在哪儿，和谁在一起。但诺拉只说了一句话："我不知道。"她的回答惹怒了辛迪。由于没有家人给诺拉交 50 万美元的保释金，开庭前诺拉在牢里待了三年多。

大家也始终搞不清楚，她的手背到底是如何受伤的。对此，她说了五个不同的版本。

诺拉对警方说，她的手是在 6 月 3 日的意大利节（这个节日持续两天）上因为摔倒被碎啤酒瓶割伤的。她对姨妈说，伤口是在做菜时烧伤的。她对安德鲁说，伤口是 6 月 4 日在家里抓猫时被玻璃划伤的。她对女友 A 说，是被带倒刺的线圈划伤的。对女友 B 说，是驱赶猫咪出车库时被割伤的。

2017 年，诺拉接受 ABC 的节目采访，她坚持最初给警方的证词。但是在 6 月 4 日当天，没有一个人看见她手上有伤口。

2009 年开庭时，检方那一方有十几名证人出庭，他们是诺拉的亲人、前男友、闺密、同学，包括诺拉的舅舅艾瑞克和诺拉的姨妈辛迪，诺拉可谓众叛亲离。他们几乎都证明诺拉和母亲的关系有问题，诺拉私生活混乱，以及她对母亲的憎恨。而辩方那一方不知是出于轻敌，还是没找到合适人选，竟没有一个证人出庭。

03. 无罪论

根据以上我整理的时间线，诺拉在关键问题上说谎，这一点是毋庸置疑了。

相信诺拉无罪的人，主要是基于：第一，现场证据；第二，诺拉在与 911 电话通话中和在大量采访中"真诚"的表现。

现场证据：

1. 詹妮弗被刺 51 刀，出了大量的血，血也喷溅的到处都是。如果是诺拉干的，她应该搞得全身都是血才是。

可在房子内和周边没有发现任何能测出血迹的衣服，也没有找到用来杀人的凶器。

警方在大门门槛上发现两滴詹妮弗的血，从而认为这是凶手拿着滴血的某物出门丢弃时留下的，但他们并没有在附近找到丢弃物。

假设诺拉把滴血的凶器或者衣物带到车上，开车去远的地方丢弃，但车上也没有发现任何血迹。

2. 通常来说，如果诺拉当时刺了詹妮弗 51 刀，且两个人有搏斗，现场应该留下她的 DNA。

但警方测试后发现，房间内无论是枕套、被单、衣物或者其他物品，没有任何一件能检测出诺拉本人的血迹或者 DNA。

如果她手背的伤口是在刺杀母亲时留下的，她自己也流了大量的血，那些血怎么会不在现场呢？

3. 警方在案发现场发现两个陌生的 DNA 和詹妮弗的 DNA 混合在一起。其中一个未知女性的完整 DNA 是在床单上发现的。

专家做证说，这样完整的 DNA 通常是来自较大的样本，可能是皮屑、汗水、口水或血液。

而另一个 DNA 是在靠近床头的枕头上。

这两个 DNA 一直无法匹配任何人。

4. 在地上找到一个避孕套的包装，上面的指纹不是诺拉的，也不是詹妮弗的。警方了解到，母女两个人各自用的避孕套牌子也和这个不同。

5. 詹妮弗两只手上抓着几根金色头发，而诺拉的头发是棕色的。检方认为这些金色头发就是詹妮弗自己的，所以都没有拿去做 DNA 检测。这一点被辩方抓住攻击，提出可能是一个金发凶手留下的。

6. 诺拉的支持者最常提的一点是：从案发当天拍的照片来看，诺拉此前刚做的白色美甲完美无瑕。诺拉的辩护律师也辩道，凶手和詹妮弗有过搏斗，还要紧握凶器刺那么多刀，她的美甲怎么可能没有任何折损、碎裂，也没有一点干的血迹？

尽管没有实际证据能证明诺拉弑母，但陪审团依然决定罪名成立。

但检方在这个过程中犯下了两个程序错误，为后来诺拉获释埋下伏笔。

第一，在结案陈词时，检察官转身对着诺拉大声说道："你为什么不告诉我们那晚你在哪儿？告诉我们，你当晚到底在哪儿？"

而当时诺拉是不可能回答这个问题的。后来诺拉的律师提出，检察官暗示诺拉是心虚所以不敢做证，这误导了陪审团，侵犯了被告可以不站在证人席做证的权利。

第二，在宣判后辩方律师才发现，早在 2005 年 6 月 13 日，此前唯一能证明诺拉案发时在家的安德鲁给警方写信说，他前面的证词都是错的。他说当晚他服用了一种迷幻药，所以手机其实不在自己身上，没有和诺拉发过那些消息。他还说，自己当时和另一个人在一起。

但警方很快发现另一个人在其他城市，所以这一份证词肯定是说谎。不管如何，检方在后来隐瞒了他的这一份证词，属于布雷迪违规（Brady violation）。

2014 年，田纳西州最高法院基于以上两个程序上的瑕疵，推翻了此前的定罪，准备重审这个案子。但 2015 年 1 月，诺拉和检方达成阿尔弗德答辩（Alford Plea）。

Alford Plea 是很奇怪的，它允许被告坚持自己无罪，但又要被告承认检方有足够的证据给他定罪。但实际上，被告往往在签完协议后说："我不承认我犯罪，只是因为没钱继续打官司，为了能出狱，才这么签的。"而检方则说："我们有足够的证据给他定罪，只是不想浪费司法资源，才让他主动认罪后放他出去。"

28 岁的诺拉出狱了，在一些人眼里，她是典型的冤案受害人。

她出狱后一直很活跃，并不避讳谈论这个问题。她搬离了孟菲斯，改变了性取向，和一名女友同居。她和无辜者计划合作，声称希望有一天警方能找到 DNA 属于谁，能抓到杀害她母亲的真正凶手。

她母亲留下了近 200 万美元的遗产，她出狱后开始和母亲的姐妹和弟弟争夺遗产。

04. 几种理论

目前我看到的理论有以下几种：

1. 诺拉弑母。

2. 马克杀死女友。詹妮弗想分手，而他不愿意。他驱车杀死女友后回家，毕竟他有钥匙，可以进入詹妮弗的家，也没有可靠的不在场证明。

3. 杀死诺拉父亲的同一个杀手为了找到某个东西，在一年多后杀死她母亲。

4. 安德鲁自己当晚的不在场证明也没有得到确认，他的许多朋友说他在谋杀发生后表现得有些奇怪，甚至当天回家时穿了一双不是他自己的鞋子。警方也测了他的 DNA，但和现场的两个 DNA 也不匹配。

【没药花园】

很多人听到诺拉与 911 通话的录音后，始终无法相信诺拉是凶手。她的声音听上去那么惊恐，绝望，悲伤，歇斯底里……

在诺拉与 911 通话的录音的视频下，有评论说：

"怎么可能有人听到这个录音还认为她有罪呢？"

"就连梅丽尔·斯特里普都演不到这么逼真啊，老天！"

"可怜的姑娘。我的心和她在一起。"

我在听诺拉与 911 通话的录音，以及看她的采访视频时，也被感动了。她表现得很坦率，很真诚。可惜，我依然倾向于认为她是凶手。

原因如下：

1. 当她说的几个版本被戳穿后，她不愿意再交代在詹妮弗死亡的晚上一点至三点，她在干什么。或许有人认为她有苦衷，但她面临的可是一级谋杀罪名。她说不出自己到底去了哪儿，很可能是因为她就在现场，实在编不出了。

2. 那个打碎的门位于车库和厨房之间，但警方发现车库门以及其他通向外面的门窗是锁住的，没有被撬的痕迹。那么歹徒首先是怎么进入房子的呢？有钥匙的只有三个人，詹妮弗、马克和诺拉，当然不排除佩里曾悄悄配了一把。

平时还有一把备用钥匙放在花盆下面。

门上打碎的玻璃也像是伪造的。只有第二块玻璃碎了，但那个明锁是对着第三块玻璃的，所以不熟悉房子的人想开锁，首选肯定是打碎第三块玻璃。为什么要打碎第二块玻璃呢？因为旁边有个暗锁，这个锁从外面是看不到的，只有熟悉房子的人才知道。

尽管这无法说明是诺拉作案，但至少能说明不是陌生人入室抢劫，而是熟人作案。

3.这一点也是最重要的一点。詹妮弗死时，头上盖着一个柳条篮，急救人员拿下柳条篮后，看到詹妮弗双眼圆睁。她全裸的身体都没有遮盖，偏偏只有她的脸被盖住了，说明凶手不愿意被詹妮弗这样看着。

但问题来了，诺拉说她发现尸体后，拿走那个篮子，试图摇醒母亲。

以下是警方公布的口供：

I walked into [the victim's] room and I took the basket off of her head. I tried to talk to her but she wouldn't talk. Then I tried to feel a pulse. I kept shaking…（我走进受害者的房间，将她头上的篮子挪开。我试着跟她说话，但她一言不发。我试着量她的脉搏，我一直摇她……）

随后，诺拉跑去找邻居夫妇来到她家。根据邻居科克太太的证词，她进房间时，看到詹妮弗的表情凝固了，死了。这说明当时詹妮弗脸上没有篮子，这符合诺拉所说的，她已经挪走了篮子。

但是十多分钟后，急救人员赫尔伯特进入房间时，发现柳条篮又盖住了詹妮弗的头、脖子和前胸。

这说明在等待警察的时间内，又有人把柳条篮重新盖在死者头上了。这是对尸体很不尊重且破坏现场的行为，那个人为什么要这么做？在场的科克太太由于害怕，没有触碰尸体，那么除了诺拉还能是谁呢？

有人认为她害怕看见母亲圆睁的双眼是出于内疚，但我认为更多是出于心虚引起的害怕，就像做了亏心事怕鬼敲门。因为这双圆瞪的眼睛知道她是凶手。

4. 她在出狱后依旧坚持自己是前一天（6月3日）在意大利节上弄伤了手，但在6月5日凌晨，她去 Walgreens 买创可贴时，监控显示她的伤口流血不止。因此，很可能是6月5日凌晨刚刚弄伤的，但没有一个和她一起参加派对的人看见她的伤口。

我认为她的伤口可能是在刺杀母亲时造成的，也可能是作案后伪造现场，打碎门玻璃时被碎玻璃弄伤的。

5. 诺拉在凌晨四点零四分出现在 Walgreens 的监控镜头里时，她全身的衣服又换了。她如果不是回到家里换的，难道她的车上备了那么多身衣服？

6. 为什么床上有陌生人的 DNA？

DNA 可以留很长时间，所以可能是案发时留下的，也可能是此前留下的。

在案发前一周，诺拉的男友佩里在诺拉家后院举行了一个几十人的派对。虽然佩里说当时大家都没进屋内，但通常这种派对疯到最后就失控了。可能有一对小年轻溜进詹妮弗的主卧，在她的床上做爱。他们赤身裸体足够留下大量 DNA。所以警方才会在床上发现未知女性的 DNA，却怎么都对不上。而房间找到的那个避孕套包装，可能也是这对情侣未清理的，因为丢在某个角落所以未被詹妮弗发现。

7. 她的指甲为何没有损伤？

可能是她在进房间刺杀前，戴上了清洁厨房用的橡胶手套之类，起到一定保护作用。所以没有留下指纹和 DNA。

8. 有人认为诺拉可能是在吸毒后发狂弑母。我特意去查了她的吸毒到底指吸什么。结合多位朋友的证词，她平时主要是喝酒和吸食大麻。她在2003年吸过可卡因，但2005年案发前几乎没有了。她偶尔用迷幻蘑菇，过量服用Lortab（一种止疼药）。

但在案发当天，她主要是喝酒，并在卡特家吸食了大麻。有朋友看到她在卡特家服用了三片 Lortab。根据她后来在意大利节派对和在佩里家的表现，她并没有吸高或者喝醉。

大家认为毒品会让人变得癫狂，产生幻觉，有攻击性，暴力杀人，其实是不准确的。

吸食不同毒品产生的效果不同。有些刺激中枢神经的毒品比如甲基安非他命，确实会让人兴奋，出现幻觉，具有侵略性。目前没有研究表明大麻和暴力犯罪有关系，lortab 也同样。

目前来看，诺拉当天是很理性、清醒的，并没有吸高后一时迷乱疯狂而醒来后懊恼万分的迹象。

从周边证据来看，诺拉的嫌疑是最大的。当我再看诺拉上电视的表现，看她对着镜头大谈特谈和母亲的感情并流泪时，脑海中只浮现出冷酷、自私、谎话精的弹幕……

她或许真的连自己都糊弄了，不断给自己洗脑：我什么都没做。但是，那道留在手背上的伤痕却总是把她打回现实，不断提醒她，她究竟干了什么。这也是为什么她对这道伤口格外在意，在案发后立刻换上长袖遮盖，并且在警局对伤口特别避讳。

05. 案件背后的人物关系

这个案子或许不够曲折，但我愿意花时间写它，是因为它所反应的人物关系。

人的命运往往是编织在一张人物关系的大网中的，而关系是拥有独立意志的人的合作（或对抗），正因为如此，我们才会常常对自己的人生有无力感。

漂亮、优秀的詹妮弗，在短暂的一生中从没享受过家庭的温暖。她的父母在她幼年时离异，自己的两段婚姻都以激烈争吵的方式收场。

在她去世前，她的情感寄托就是她的女儿。她在案发前几天还高兴地告诉18岁的诺拉，她把诺拉列为自己的人寿保险和40万退休金的受益人，但很可能也是这个举动为她招来杀身之祸。

在诺拉的眼里，詹妮弗是她尽情满足自己欲望的绊脚石。詹妮弗突然收紧管束，妨碍诺拉快活，不把父亲的遗产提前转交给诺拉，都导致诺拉恨死了母亲。

我想她在心底已经设想过多次杀死母亲，清除自己实现快活的障碍物。

案发当天，让她的恨意到达顶峰的是她和佩里的关系破裂。她把自己失恋的痛苦迁怒在母亲身上，认为一切都是她的错。特别是当她想留下来和佩里继续参加派对时，另一头的电话不断催促她回家，更激起她的愤怒。

凶手捅了詹妮弗51刀，说明当时正处于暴怒之中。

詹妮弗死前圆瞪的眼睛及手上抓掉的一缕自己的头发可能代表了她临死前极度震惊、懊悔和痛苦的心情。她可能从没想过，女儿会这么恨自己。

这个案子中另一个问题让我想了很久，即失败的爱情真的会"一代传一代"吗？

詹妮弗的父母离婚时撕破了脸。她的母亲酗酒，后搬去了奥兰多。詹妮弗和两姐妹跟随父亲一起长大。

父亲去世，三姐妹才不得不去找母亲生活。当时母亲已和其他人又生了一个儿子，是否单身不清楚。但显然她母亲并没有怎么照顾她们，因为这三个女孩很快又搬去孟菲斯和姑妈一家住。

詹妮弗从小经历了父母的决裂，并常年缺少母爱，内心缺乏安全感。

内心缺乏安全感的人在择偶时往往为了追求安全感，宁可低就、牺牲一点其他方面的条件。所以，她交往的男子可能从条件上来说都配不上她。自身条件不佳的男性最开始为了能得到"女神",会用尽甜言蜜语(虚假的承诺),追求时也会更热情。

她贪恋这种虚假的"安全感",往往会更"勇敢"地投入和承诺。譬如,她带着女儿搬去另一个州和此前缺乏了解的农场主结婚,婚后才发现对方嗜赌。

至于她最后一任男友马克,我看到了他出庭的镜头,是一个骄傲且伪善的人。我看不出他对詹妮弗有多少感情。他讲述到案发当天的事时,说他当时不仅拒绝了詹妮弗的提议,还责备道:"詹妮弗,你的控制欲太强了!"他自称自己的话激怒了詹妮弗。他说这件事时,仿佛对自己能随意批评詹妮弗而沾沾自喜。

但是,詹妮弗身边的人包括诺拉都说,马克自己才是个控制狂。

马克颠倒黑白,把詹妮弗说成控制狂,只是为了否定詹妮弗在这段感情中的主动权。当詹妮弗很生气(她可能觉得委屈,但又想不明白问题在哪儿)的时候,他又试图半夜打电话去撩拨,似乎很自信她会为他彻夜难眠。我感觉这些全是马克操控詹妮弗情绪的套路。

诺拉虽然在很多方面都不像她妈妈,虽然她和母亲相处时是那么强势、不尊重、恶毒,但奇怪的是,她对男生也是讨好型的。

她虽然讨厌她妈妈和马克在一起时那么软弱,但她与自己喜欢的男生在一起时也是很卑微的。

她明知道允许佩里在自己家开派对会激怒母亲,但她宁可和母亲大闹一翻,也没有拒绝佩里。哪怕佩里甩掉她,勾搭她的朋友,她依然低声下气地发短信和打电话求复合。当佩里有负于她时,她却把怒气撒在母亲身上。

如果不是发生这个案件,我认为诺拉以后的感情道路也会很坎坷。

我一直不喜欢有些人所说的"父母出轨,孩子也会出轨","离异家庭的孩子不适合结婚"之类的言论。我不认为上一代可以"决定"下一代的幸福。

但有一点不可否认,即父母爱情的好坏,或者父母之一角色的缺失,确实会对孩子成年后的感情有影响。只是这种影响我认为并没有到决定性的程度。只要我们对自身有足够清醒的认识，这种负面影响还是有可能被父母的保护、阅读、社会榜样、教育等改善和消除。

可惜这个案子中的人都无意识地活着。

6

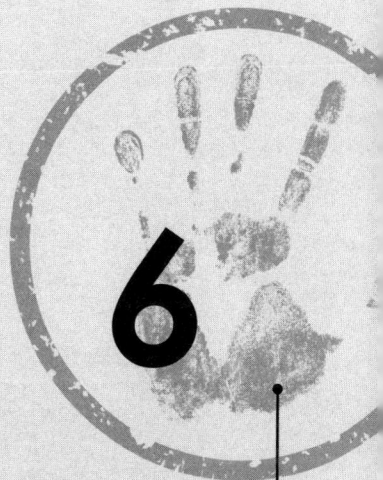

法国小格雷戈里死亡迷云

在法国东北部的沃洛涅河谷中，生活着幸福的三口之家：26 岁的让·马利·维尔曼，24 岁的克莉丝汀和他们 4 岁的儿子格雷戈里。

1984 年 10 月的一天，格雷戈里在家门口失踪。一个匿名电话称，自己为了复仇，把格雷戈里扔进了沃洛涅河。当天晚上，格雷戈里的尸体被搜救人员从河中打捞上来。

小山村的这起案件是法国司法史上最重要的案件之一。它引起了全法国媒体的广泛报道，持续三十六年来吸引着公众的兴趣，知名度堪比英国的玛德琳失踪案。

警方曾怀疑过多名格雷戈里的亲人，包括格雷戈里的一个表伯伯、亲二伯、母亲，甚至更老一辈的家族成员。

在马拉松式的调查中，法官、嫌疑人、记者、警察们各自的角色让一起或许并不复杂的案件终成悬案。

究竟是谁杀了小格雷戈里？可惜，至今没有答案。

上篇：案情篇

01. 黑影中的"乌鸦"

在法国东北部的沃洛涅河谷中散落着一些小山村。在某些法国记者的笔下，当地村民曾是一群愚昧、落后、没有开化的农民。以维尔曼家族为例，让·马利的爷爷曾在妻子的包庇下把一个儿子殴打致死，后上吊自杀；让·马利的姨妈路伊赛特终生未婚，且有一个生父不明的私生子，当地人纷纷传言这是她和她父亲（即让·马利的外公）乱伦生下的。

到了二十世纪七十年代，河谷中突然新建了许多工厂，农民们摇身一变，成了工人。维尔曼家族中的大部分成员在工厂上班，报酬很高，他们因此很有优越感，觉得自己是蓝领中的精英。

让·马利的父亲阿尔伯特·维尔曼和母亲莫妮科共生了六个孩子，五男一女。让·马利·维尔曼是老四，前面还有大哥杰克、二哥米歇尔、姐姐杰奎琳，后面有两个弟弟吉伯和莱昂内尔。

出生于 1958 年 9 月 30 日的让·马利是兄弟姐妹中最英俊、能干的一个。他在 1976 年遇见了在当地制衣厂工作的女裁缝克莉丝汀。当时的克莉丝汀只有 16 岁，从河谷外其他村庄来这里打工。

两个人相恋后，于 1979 年 1 月结婚。

尽管克莉丝汀长相精致，气质优雅，和其他村妇截然不同，但维尔曼家族的许多人看不起她，觉得她的出身低，想要通过婚姻挤进他们的圈子。

或许因为这个原因，这对夫妇与家族其他成员变得疏远。

1980 年 8 月 24 日，克莉丝汀生下一个男孩，取名格雷戈里。格雷戈里继承了父亲的相貌，有一头棕色长卷发，一双蓝色的大眼睛，令他的父母十分疼爱他。

让·马利工作勤奋，有野心。1981 年 2 月，他被提拔为他工作的汽车座椅厂的工头。由于他管理工人时常带着一副严厉、权威的派头，所以大家称他为大先生、首领、老板。

就在让·马利升职两个多月后，他开始收到一系列匿名电话的骚扰和威胁。法国人把那些写匿名信的人称为"乌鸦"，这称呼来自 1943 年的一部电影 *Le Corbeau*（《乌鸦》）。

而事实上，让·马利的父亲阿尔伯特早在 1979 年就收到过"乌鸦"的恐吓电话。

1981 年 6 月，让·马利和克莉丝汀新建了一个 5 万美元的房子。当时阿尔伯特和大部分子女都住在奥蒙特西地区，而让·马利的新家则坐落在 10 公里外的沃洛涅河畔莱庞热区，新家的电话号码也只给了小范围的家人和亲密的朋友。

没想到电话刚装好没几天，骚扰电话又打来了。

1980 年至 1984 年，这期间维尔曼家的人共收到上千个电话，有时一天之内多达二三十个。大部分打到让·马利家里，有时候也打去他的办公室，还有一部分打给他的父母和其他亲戚。

在这些电话中，"乌鸦"开始只是不说话，后来发展为：辱骂——叫克莉丝汀和其他女性家人荡妇、婊子；恐吓——威胁要杀死让·马利和家人；恶作剧——打电话给殡仪馆、消防队、其他远亲、医生，"宣布"阿尔伯特的死讯。

1983 年，维尔曼一家还收到过三封手写的恐吓信，不仅拼写错误，用词还带了下层人士的粗鄙。

第一封是 1983 年 3 月 5 日从让·马利家大门的百叶窗塞进来的。后面两封（1983 年 4 月 27 日和 1983 年 5 月 17 日）则是通过邮寄的方式寄给阿尔伯特的，其中第三封提到会伤害格雷戈里。

让·马利新家的玻璃窗被人打碎，车轮被扎穿，半夜有人试图闯入，这些都让这对年轻夫妇活得胆战心惊。

种种迹象表明，"乌鸦"不仅针对让·马利个人，更是针对阿尔伯特的整个家庭。他是一个（或者多个）非常了解维尔曼家族的人，知道他们家庭内部的丑闻，谁和谁说过什么话，最近发生了什么新变故。因此"乌鸦"即便不是家族成员之一，也是经常接近维尔曼一家的人。

让·马利按照警方指示录下了两通骚扰电话。但大家只是发现这个伪装后的声音格外粗糙沙哑，却听不出他的身份，就连是男是女都很难辨识。鉴于有的亲戚声称自己收到过女子打来的电话，大家认为"乌鸦"有一男一女。

1983年4月，当警察在阿尔伯特和让·马利家中安装监听设备后，消息灵通的"乌鸦"不再打去他们家，但依然打到让·马利的办公室。

"乌鸦"为什么格外针对让·马利，甚至威胁阿尔伯特和让·马利断绝父子关系？

大家普遍认为，让·马利是家族中混得最成功的人，而他又喜欢炫耀，自然容易遭人忌妒。

有一次，"乌鸦"打电话到让·马利办公室，威胁要烧了他的房子。让·马利说："你烧吧，我会再建一个。""乌鸦"说会强奸他的妻子，让·马利尚能保持镇定。

随后，"乌鸦"说："别让你的孩子在外面玩太久，你可能会发现他死在哪儿了。"听到这一句，让·马利再也无法忍受，他对电话怒吼道："如果敢碰我儿子，你就死定了。"

或许从这个电话中，"乌鸦"发现了他的软肋。

1984年5月，"乌鸦"突然给让·马利的父母寄了一封信，说他不会再骚扰他们，他们也永远不会知道他是谁。

自那以后，乌鸦似乎从他们的生活中消失了，这对年轻的夫妇也终于松了口气。

02. 案发经过

五个月过去了，一家三口在树林边过着平静的生活，但"乌鸦"却从未飞远。

1984年10月16日（周二），天气转冷，但阳光明媚。克莉丝汀像往日那样，在下班后去保姆家接上格雷戈里。格雷戈里想要在家门口的小石堆上玩耍，克莉丝汀答应了，怕他冷，又给他戴上了一顶羊毛帽。

房子四周很空旷，平时很安全。克莉丝汀在屋里一边熨烫衣物，一边听一个广播节目。当时百叶窗没有打开，所以她看不到外面。

下午五点二十分，她发现外面起风了，想叫格雷戈里进屋时，却发现他不见了。

克莉丝汀变得恐慌，猜想格雷戈里会不会又去找保姆了，立刻开车去找，并沿途询问邻居。但邻居和保姆都说没看到。她去村里也没找到，便着急地回到家，打电话给丈夫。

这时，婆婆莫妮科打电话给她，告知让·马利的二哥米歇尔在下午五点三十分钟左右接到一个电话。

对方在电话里说："我杀了老板的儿子。我的复仇完成了。他妈妈在找他，但她永远也不会找到他。"

下午五点五十分，克莉丝汀打电话报案。

一个小时后，15个警察开始在格雷戈里的家附近搜索。米歇尔陪弟弟让·马利一起去房子旁边的树林寻找。据2017年《巴黎竞赛画报》的一篇报道，米歇尔是在让·马利的一再追问下才吐露，"乌鸦"说孩子被扔进了河中。但也有其他媒体报道称，米歇尔一开始就已经告知了"乌鸦"把尸体扔入了河中。

晚上九点十五分，搜救人员终于在距离他家约七公里的沃洛涅河下游打捞到了格雷戈里的尸体。

格雷戈里穿着蓝色夹克衫，羊毛帽被拉了下来，盖住了整张脸。他的手腕、脚踝和脖子都被绳子捆绑着，双手交叉绑在身前。

令在场的人奇怪的是，格雷戈里的面部表情非常平静、祥和，似乎临死前没感到任何恐惧和痛苦。他全身上下没有淤青或者伤口，包括绳子捆绑的位置也没有挣扎会造成的擦伤。

10月17日，让·马利的办公室收到第五封匿名信。邮戳上的时间是16日下午五点十五分，是从本村邮局门口的邮筒寄出的。

信中写道："老板，我希望你忧伤至死。你的钱买不回你的儿子。这就是我的复仇。你这个可怜的混蛋。"

凶手冒着被人目击的风险寄出这封信，看来他是真的忍不住想要表达出自己复仇后的喜悦，并想尽可能地折磨这个父亲。

03. 调查

格雷戈里的身体没有遭受暴力的痕迹。虽然他的头皮上有一厘米的伤口，但颅脑没有损伤。他的体内也没有发现人在恐惧时会分泌的肾上腺素。

他的死因是溺亡。嘴巴和鼻孔里覆盖着泡沫，嘴唇发绀。他的肺肿胀，有缺氧的迹象，但肺部内只发现少量的水，无法鉴定是河水还是自来水。同时法医也无法判断他是在生前还是死后被人捆绑的。

格雷戈里的尸体照片被刊登在报纸上后，立刻引起了整个法国的关注，大城市的记者蜂拥到这个平静的小山村。性子保守而又执拗的村民们面对警察和记者全都保持缄默，不愿意讲述家族内部关系。如果记者到村子里采访，甚至可能会被蛮横的村民拿枪驱赶。

警方在审问了每个家族成员后，依然毫无头绪。于是，他们模仿电影《乌鸦》中的办法，让维尔曼家的人和邻居共 100 人（也有说 70 人）都到警局来抄写一遍匿名信，以比对他们和匿名信上的字迹。

嫌疑人一：罗杰

让·马利自然有他自己的头号怀疑对象，那就是他大哥杰克的岳父罗杰。

案发当天，当接到妻子电话得知自己的儿子失踪后，让·马利立刻拿了一把短枪冲去了罗杰家，想找他算账。

当他到达罗杰家门口时，看到有两辆车停在那里，在漆黑的天色中看上去像警车，便没有动手。

再说说罗杰、杰克和让·马利这三个人的关系。

杰克和让·马利是同母异父。他们的母亲莫妮科在和阿尔伯特结婚前就生下了他，亲生父亲不明。阿尔伯特不喜欢这个孩子，所以杰克从小受到冷落。

据一些资料描述，杰克性格低调、内向。他和妻子莉莲结婚后，搬到了岳父所在的 GSV 区居住。杰克是一家工厂的工人，而他的妻子则在家里接一些缝纫的零活。两个人育有一个儿子，案发时约 12 岁。

为什么让·马利会怀疑罗杰杀害了自己的儿子？

首先，罗杰和让·马利曾在同一家工厂工作。罗杰是个共产党员，也是那家工厂的工会代表，但让·马利当上工头后很强势，拒绝工会的要求，两个人因此有摩擦。

其次，"乌鸦"有一次在电话里大骂维尔曼家的人没有善待私生子，会遭到报应。这让大家相信"乌鸦"可能偏向杰克。

最后，"乌鸦"的嗓音听上去很沙哑，而罗杰的声音便是如此。所以，让·马利一直在内心相信罗杰就是"乌鸦"。

第一个笔迹鉴定专家也认为，罗杰可能是写匿名信的人。

杰克和莉莲当然不这么认为。莉莲说她也接到过骚扰电话。曾有一次，"乌鸦"在电话里说要杀死让·马利和他妻子。但因为杰克夫妇和让·马利关系不好，并没有通知后者。

警方在调查后发现，案发那天，杰克在修葺自家屋顶，忙活了一下午，而他的岳父罗杰也有可靠的不在场证明。这两个人的嫌疑被排除。

嫌疑人二：伯纳德

虽然大部分家人都不愿意提供线索，但 10 月 22 日，一个叫玛丽·昂热的女人突然神神秘秘地用咖啡馆的公共电话打给警局，说她认为杰克和他的妻子莉莲值得怀疑。

当时杰克的嫌疑已经排除了，这让警察怀疑起了这个打电话的女人。她的丈夫伯纳德是让·马利的表哥，和维尔曼家的其他人都住在奥蒙特西。

三个笔迹鉴定专家也认为伯纳德的字迹和匿名信上的字迹相似。

1986 年的一篇报道提到，当警察询问让·马利和克莉丝汀时，克莉丝汀回忆起伯纳德在她结婚前曾调戏过她。由于早期报道中充斥很多道听途说的内容，因此真实性不能确定。

伯纳德比让·马利大三岁，外形油腻邋遢，谈吐举止也比较粗俗。也有认识他的人评价他其实生性胆小温柔、乐于助人。

根据维尔曼家族的家谱，伯纳德的母亲是让·马利母亲的姐姐，在他出生那年就去世了。此后，让·马利的母亲把伯纳德抚养成人。

伯纳德和让·马利几个兄弟们一起长大。关系最亲密的当属年龄接近的伯纳德、让·马利和米歇尔，三个人经常在一起喝酒玩耍。

但在大家都工作、结婚后，三个人的关系发生了微妙的变化。1976 年，让·马利认识了克莉丝汀，同年，伯纳德和玛丽·昂热结婚。

有种说法是，让·马利当上工头后，伯纳德曾想让他介绍工作，让·马利没有帮忙，两个人因此心生嫌隙。

案发前一个月，伯纳德经过自己六年的努力，终于当上了另一家工厂的工头，并且也开始新建房子。

让·马利确实各个方面都值得伯纳德嫉妒：他的童年比寄人篱下的伯纳德幸福，有一个优雅的妻子，事业发展得更成功，并有一个健康聪明的儿子。

在格雷戈里出牛十天后，伯纳德和玛丽·昂热的第一个孩子也出生了，可惜男孩身患疾病，有的说他智障，有的说他健康欠佳，需时刻有人监护。

虽然在外人眼中伯纳德看似和维尔曼一家人的关系亲密，但据《法国竞赛

画报》的一个记者回忆，他曾在伯纳德和让·马利的姨妈路伊赛特家偶遇伯
纳德。

伯纳德认为失去格雷戈里是维尔曼一家人罪有应得。他情绪激动地说："他
们（维尔曼家人）利用了我，欺骗了我，然后把我丢在一旁。我替他们砍树，
把木头送出去，他们却只付了我油钱……他们把我当外人。我是那个可怜的愚
蠢的傻瓜。每次他们需要我的时候，我就来了，但他们在周日的时候从来不请
我去他们的家里……他们为自己做的事付出了代价……那孩子很可怜，但那是
维尔曼一家人应当遭到的报应。"

在案发后那几天，他还自称因为害怕，晚上睡不着，和妻子一同搬到姨妈
路伊赛特家住。他害怕什么？

让·马利认为，这是因为自己有次当着全家族人的面起誓，如果他找到凶
手，会在凶手家里开枪打死他，伯纳德是心虚了。

玛丽·昂热在案发当天下午一点到晚上九点都在工厂工作，有不在场证明。
那么伯纳德在下午三点到晚上六点有不在场证明吗？虽然他把自己的大部分行
程都说了出来，也得到了四个目击证人的证实，但在案发前后最关键的四十分
钟，他却很难解释清楚自己在哪儿。

他说自己买了酒，去找一个同事但没找到，下午五点二十分，回到姨妈家，
看到15岁的妻妹米里耶勒独自在那儿。由于格雷戈里是在下午五点零二至五点
二十之间被绑架的，所以如果伯纳德这时候回到家了，就不可能作案。

当警察找米里耶勒问话时，她说的细节却有出入。她说自己下午五点坐学
校大巴到家，等她到家时看到伯纳德已经在那儿了。（版本一）

而米里耶勒的同学纷纷说，当天米里耶勒放学后没坐大巴，而是上了一辆
绿色小汽车。伯纳德的车是绿色的。

米里耶勒在描述大巴车司机时，说就是平常那一个，但事实证明，那天的
司机刚好换了人。

根据警方的说法，当米里耶勒的证词被戳穿后，她承认自己说谎。她说那天下午，她走出校门时，听见姐夫从车上探出头喊："Bouboule（米里耶勒小名），我在这儿。"她上车后发现伯纳德 4 岁的儿子也在车上。

伯纳德带他们去了村子外一个红顶白墙的房子（让·马利的家），带回一个小男孩，然后开车去了一个河边消防站的地方。伯纳德带小男孩下车，回来时是独自一人。（版本二）

她的这个版本直指伯纳德绑架了小格雷戈里，并把他投入河中或者交给了其他人。

米里耶勒作为证人没有受到保护，反而被警察带回村子，继续和姐姐、父母住在一起。

两天后，她的家人突然把记者叫到村子里，由米里耶勒向大家宣布：姐夫是无辜的，她当晚坐学校大巴回家，从来没见过小格雷戈里。这是警察威胁她这么说的。（版本三）

自那以后，不管在法庭上还是面对媒体，抑或是出书，她都坚持这个版本没再改变。

米里耶勒的证词改变后，伯纳德所有时间都有了不在场证明，于 1985 年 2 月 4 日被调查法官兰伯特释放。

让·马利从记者处得知伯纳德背地里很讨厌自己后，更在心底认定伯纳德是杀害儿子的凶手。现在嫌疑人未经审判就被释放，而自己的妻子反倒成为怀疑对象，令让·马利格外痛苦和愤怒。

1985 年 3 月 29 日，让·马利先去了儿子的坟墓倾诉，随后就拿了一把散弹枪赶到伯纳德家。伯纳德向让·马利保证他没有杀害格雷戈里，但情绪激动的让·马利怎么都听不进去，他开枪打死了伯纳德，随后跑进警察局自首。

伯纳德的墓碑上写着：伯纳德·拉罗什在这里安息，他是盲目仇恨的无辜牺牲品。

嫌疑人三：米歇尔

虽然伯纳德和维尔曼一家人的关系不好，背地里很讨厌他们，但他和让·马利的二哥米歇尔却维持了多年的亲密友谊，因为住在一个村子里也经常见面。

米歇尔在案发时已经和妻子生了两个孩子。他和弟弟让·马利性格完全不同，比较懒散，经济上不富裕。

就在案发前两天，让·马利和克莉丝汀刚刚在家里宴请了米歇尔和他的妻子热内特。这是这两对夫妻这么多年来第一次正式社交，可见之前他们的关系并不亲密。

让·马利向自己的二哥二嫂展示自己的成功：家具都是橡木的，沙发是真皮的，厨房很现代化，房子背后打算扩建，买了两辆车……米歇尔当时坐在真皮沙发上尴尬地感叹："只有老板才能买得起这个。"

案发那天，米歇尔自称在五点三十分钟左右接到一个匿名电话，告诉他格雷戈里被扔进了河中。

有人怀疑这通电话并不存在。"乌鸦"为什么要打给他而不是其他人呢？会不会是他和凶手合伙做的，然后为了引导让·马利找回尸体，才编了这通电话？

米歇尔解释说，"乌鸦"在电话接通后的第一句话就说："我打给你，是因为隔壁（父母阿尔伯特和莫妮科的房子）没人接电话。"

当让·马利当着其他家人的面质问米歇尔是否与此事有关时，米歇尔表现得极度紧张，有些神经质。母亲莫妮科极力维护米歇尔，令让·马利很生气，便和自己的母亲闹翻了。

但米歇尔始终不承认与此事相关。他于 2010 年去世，享年 54 岁。

在他去世六年多后，也就是在 2017 年，格雷戈里死亡一案重启调查，他的遗孀热内特突然被警方带走。

嫌疑人四：母亲克莉丝汀

1985 年的二三月，怀疑的目光开始转向格雷戈里的母亲克莉丝汀。

这种怀疑首先伴随着各种谣言：譬如有人称从格雷戈里的肺部找到的液体中没有河水中常有的微生物，因而认为他是在浴缸中淹死的；也有人谣传克莉丝汀说不出自己在案发时听的广播节目的名字……

刚开始那些怀疑只是捕风捉影，但当国家警察取代了当地警察调查这个案子后，他们先入为主地把克莉丝汀视为嫌疑人。

克莉丝汀回忆的时间线是这样的。下午五点之前，她离开制衣厂，开车去保姆那里接了格雷戈里，下午五点零二左右回到家。

但伯纳德的律师为了给自己的客户洗清嫌疑，找到克莉丝汀那家制衣厂的四个年轻女工出来做证。

她们开始说不确定，但后来咬定：案发当天，她们看到克莉丝汀从制衣厂出来后，没有往保姆家去，而是开车去了相反方向的村子。下午五点左右，她出现在村邮局门口，然后掉头离开。

她们的证词指向，第二天让·马利收到的那封匿名信是克莉丝汀自己寄给丈夫的，而且是在她去接回格雷戈里之前就寄出了匿名信，也就是说克莉丝汀有预谋地谋杀了自己唯一的孩子。

克莉丝汀坚持，自己在案发当天并没有去邮局，而是在前一天去邮局寄了一个邮购商品的支票。警方在收件人那里找到了支票，上面的落款日期确实是案发前一天，但是信封已经被收件人扔掉，所以看不到邮戳时间。

那四个年轻女孩在描述克莉丝汀寄东西时穿的衣服并非案发那天她穿的，而是她在案发前一天穿的衣服，所以很可能她们搞错了日期。

同时警方在她家后院搜到了一些麻绳，和捆绑格雷戈里手脚的麻绳一样。但这种麻绳在当地非常常见，在其他维尔曼家人的住处几乎都找到了。

1985 年 3 月 24 日，两个笔迹鉴定专家认为其中两封匿名信有 80% 的可能是克莉丝汀写的。当天，怀孕多月的克莉丝汀因大出血被送进医院，法官带了笔迹鉴定专家和一大群记者赶到医院，在病床边向她宣布笔迹鉴定的结果。

1985 年 7 月 5 日，兰伯特法官把克莉丝汀叫到办公室，说道："女士，我需要推进案子并找到解决办法，所以我起诉你谋杀了你的孩子。"

怀着近八个月身孕的克莉丝汀被关到狱中后就开始绝食，而她的丈夫也在狱中绝食抗议。十一天后，她被释放了。

此案拖拖拉拉一直到八年后的 1993 年 2 月 3 日，法院才正式宣判没有任何证据可以起诉克莉丝汀。以往法院都会说"没有充分证据"，这次的表述便表明了法庭对这个罪名的态度。

让·马利在枪杀伯纳德后，被囚禁了 33 个月，此后就一直被软禁在家。此案同样拖到了 1993 年才审判，他被轻判入狱五年。由于他已经在监狱待了一半时间，根据法国法律便可被保释。

让·马利夫妇始终在一起很恩爱。他们搬去了巴黎附近的一个小镇，只通过律师发言。克莉丝汀在一家出版社兼职，而让·马利则是全职做房地产工作。

他们后来又生了两个孩子。三个孩子都培养得很出色，学习成绩很好。克莉丝汀后来写了一本书叫《让我告诉你》，但按照法庭的要求版税都捐给了伯纳德的遗孀。

他们多年来一直关注着案件的进展，几次请求重启调查。那么到底是谁杀了格雷戈里呢？近年来新的 DNA 技术有没有帮助这个案件？ 2017 年警方又逮捕了两个新的嫌疑人，他们是真正的凶手吗？

下篇：分析篇

1984 年 10 月 16 日，小格雷戈里被捆绑的尸体在沃洛涅河中被找到。自那以后，这个平静的山区便再也不平静。

当地的几大家族沾亲带故，近百人之间有着各种各样的联系。我花了不少时间来理清那些亲属关系。

在凶案发生后，首先被怀疑的是杰克（让·马利同母异父的大哥）和杰克的岳父罗杰，接着让·马利的二哥米歇尔也遭到怀疑，然后是伯纳德和他的妻妹米里耶勒，再接着又转向了小格雷戈里的母亲克莉丝汀。

这篇会提到更多的嫌疑人以及谈谈我的看法：当年到底发生了什么。

01. 每个人都可能是"乌鸦"

小格雷戈里遇害后，无论是他的父母还是警察，都相信凶手就是那个已经"消失"了半年的"乌鸦"。案发后米歇尔自称接到的电话，以及第二天让·马利收到的匿名信，都似乎印证了这一点。

这么一来，只要找到"乌鸦"，也就找到了凶手。但为什么就是找不到"乌鸦"呢？

首先，不仅仅是让·马利和他父亲阿尔伯特接到过骚扰电话，其他许多亲戚都接到过。

二十世纪八十年代法国山村的通信比较落后，除非警察安装特殊设备，否则无法追查电话号码的来源。而等警察在让·马利家以及他父母家装好设备后，"乌鸦"就避开了这两处的电话。

那个年代打电话很昂贵。"乌鸦"打了上千个电话，那么他家电话账单必然很高吧？一篇二十世纪八十年代的报道提到：让·马利家的电话费在案发前两年激增三倍，因而人们怀疑从河谷外其他村庄来的克莉丝汀才是"乌鸦"，打电话骚扰自己的公公婆婆和其他亲属。

可是那篇倾向性很强的报道却没提到：那段时间，维尔曼家族中许多人家的电话账单都高得不寻常。

这又是怎么回事？

当地警察建议让·马利和克莉丝汀给他们的怀疑对象打电话，看看能否从电话中认出对方的声音。让·马利确实这么做了。他承认曾在凌晨两点给自己最怀疑的罗杰打过电话。而他怀疑，罗杰也曾冒充他给其他亲戚打电话，导致那些亲戚又打电话回来骚扰他。

所以在那四年间，可能许多人扮演过"乌鸦"，这上千个电话不是一个人打的，而是许多人打的。

"乌鸦"挑起事端，导致人们互相猜疑，胡乱攻击。这想法相当于：我的日子不好过，既然我不知道害我的是谁，那么大家都别想好过。于是，匿名电话像疾病一样传染开来，把所有人拉入了一场混战。

警察们已经很难分清谁是始作俑者，谁是后来被卷入的报复者。

02. DNA 验证

在几十年寻求真相无果后，所有人都把希望放在了逐渐被广泛应用的 DNA 技术上。

2000 年 4 月，检察官提出化验匿名信邮票上的 DNA。这封信是 1983 年 4 月 27 日寄给小格雷戈里爷爷的那封。大家都希望"乌鸦"在贴邮票时留下了自己的口水。可惜当时一家生物实验室检查了邮票后，发现样本太少，无法使用。

2008 年，格雷戈里的父母请求重启调查，使用更灵敏、更先进的 DNA 检测技术。这一次警方化验的邮票来自 1985 年 7 月，是在格雷戈里遇害九个月后，"乌鸦"寄给小格雷戈里爷爷阿尔伯特的。

这一次实验人员成功提取到了 DNA，发现是一男一女。但他们比较了和案件相关的 150 个人的 DNA 样本，包括让·马利的父母和爷爷奶奶，发现全都不符合。这可能是样本遭到污染导致的。

2010 年，检察官还要求检查小格雷戈里裤子上粘的毛发、捆绑他的绳子、匿名信封口上的口水等。可惜这些证据因为浸泡在水中太久等原因，无法提取出有效的 DNA 信息。

2013 年，警方终于在捆绑格雷戈里的绳子上分离出十个不同的人的 DNA。但最终结论却是：证据已经被污染了，这些 DNA 都是后来的办案人员留下的。

随着一次次检验的失败，通过科技手段来寻找真相的希望越来越渺茫。

03. 格雷戈里的平和面色

大家还记得吗，格雷戈里被打捞起来时面色十分平静，这对于溺亡的尸体而言十分反常。同时法医发现他体内没有和恐惧相关的肾上腺素，身上也没有挣扎引起的擦伤。

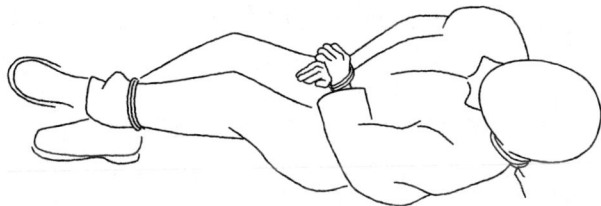

案发一段时间后，有村民在河边消防站附近的树丛中找到了一包东西，里

面有一支使用过的2毫升胰岛素注射器，以及外包装。而这个地方恰好是米里耶勒曾指认的伯纳德把受害人带下车的地方。

2毫升的胰岛素比糖尿病儿童可承受的量高出六倍。给一个没有糖尿病的儿童注射2毫升胰岛素危害更大，会造成他血液内血糖水平过低。大约在一个半小时后，被注射者的大脑会因缺少血糖而发生低血糖性深度昏迷。因此，许多人相信，格雷戈里面色平静没有挣扎，是因为他在被捆绑投入河里前已经昏迷了。

由于法医没有检查格雷戈里身上是否有针孔，也没有做毒理化验，所以他曾被注射胰岛素这件事，至今也只是一个猜测。

04. 新嫌疑人

转眼到了2017年，维尔曼家族中老一辈的成员都年龄很大了或去世了。6月14日这一天，与这起事件相关的四个人突然被拘留。

案件发生三十三年之后，警方的这个突如其来的举动引起了轩然大波。

被带走的有48岁的米里耶勒和61岁的米歇尔的遗孀热内特。此外还有两个新的嫌疑人：73岁的格雷戈里的舅爷爷马塞尔和他的72岁的妻子杰奎琳。他们被指控绑架和囚禁格雷戈里，最终导致他的死亡。

我们在前面提到，格雷戈里的爷爷奶奶阿尔伯特和莫妮科、伯纳德一家三口、米歇尔一家四口全都住在奥蒙特西的一个村里。而马塞尔夫妇恰好也住在那里。

马塞尔和伯纳德的关系很好，两个人虽然是舅舅和外甥的关系，但只相差11岁。此外，马塞尔和米歇尔的关系也很好。所以这三家人结成了大家族中的小团伙。

那警察是怎么找上他们的呢？

　　首先，专家通过新的技术手段——笔迹鉴定、语言学分析以及对录音的分析，认为"乌鸦"是一男一女，而匿名信中的前两封是杰奎琳的笔迹。

　　相信大家已经发现了，每次锁定一个嫌疑人，总有一个笔迹鉴定专家的认定。所以这个笔迹鉴定的准确性到底如何就很难说了。

　　其次，警方声称他们采用最先进的 AI（人工智能）技术，把 12000 条证据，包括所有嫌疑人在案发时所处的时间、地点，400 多份证词，2000 多封书信，都输入一个程序，然后由 AI 来分析谁最可疑，最后找出了这四人。

　　除了 AI 的结论外，马塞尔和杰奎琳这对夫妇身上确实疑点重重。

　　1. 案发时马塞尔夫妇都是 40 岁左右，在一家纺织厂工作。据他们的女儿描述，父母的脾气都阴郁、暴躁，尤其是她霸道的母亲。杰奎琳有个情人，她两次离开丈夫却又不得不回去，只因为丈夫威胁会曝光她的秘密。

　　2. 马塞尔自称和姐姐莫妮科关系亲密，没理由威胁她一家人。但很早就有记者发现，莫妮科的家人包括马塞尔，都和阿尔伯特关系不好。阿尔伯特是第一个收到恐吓的人，"乌鸦"早在 1979 年就在电话里对他诅咒："你会上吊自杀的。"如果"乌鸦"是伯纳德的话，不太可能对上一辈人这么仇恨，而米歇尔更不太可能匿名骚扰和自己住在一起的父母。所以打给阿尔伯特的那些电话更可能来自他的同辈亲戚。

　　3. 马塞尔本人因为喉咙做过手术，声音沙哑，有点像匿名电话中"乌鸦"的声音。

　　4. 马塞尔和让·马利关系不和。1982 年，他和让·马利曾发生冲突，当时他说了一句："我不会和一个首领握手。"此后，"首领"这个词才出现在匿名信中。

　　5. "乌鸦"曾在电话中说自己一直在监视阿尔伯特和莫妮科，连他们刚刚散完步回家都知道。而马塞尔的独生女瓦莱丽说，她见过父亲用双筒望远镜观察位于他家下方的阿尔伯特的房子。

被拘捕的四个人全都否认自己和格雷戈里的死亡有关。他们要不保持沉默，要不就说自己不记得了。

杰奎琳和马塞尔一直声称，1984 年 10 月 16 日案发当天，从下午一点到晚上九点，他们都在纺织厂上班。2017 年底，他们的律师找到了不在场证明：当天下午五点结束的一个会议记录上，有两个人的签名。

三十三年前的这两个不在场证明已经很难验证。也有人认为，从时间上来说，他们在会议结束后才去和伯纳德碰头，也是来得及的。

由于所有证据都是间接的，并没有物证、人证能证明这三家人涉案，他们最终全都被释放了。

自那以后，这起案件像喷发过的火山，再次进入休眠状态。

05. 讨论

问题一：伯纳德是无辜的吗？

1990 年的时候，突然出现了一个关键证人。这名叫克劳德的男子告诉警方，他在格雷戈里被绑架的时段撞见一个留小胡子的男人和一个年轻女孩出现在让·马利家附近。他们的外形完全与伯纳德和米里耶勒相符。

为什么他在过去六年中不说呢？他说他撞见这两个人的时候正是上班时间，他怕出来做证会暴露自己翘班。对于二十世纪八十年代沃洛涅河谷地区的村民来说，能在工厂工作是很幸运的，所以怕丢工作而不敢出来做证也说得通。而当时他的车上还载了一个女士 MC，同样看见了这一幕。MC 曾在 1984 年向自己的几个邻居说起过这件事。

此外还有其他邻居、路人等多人声称，在案发当天看到外形似伯纳德的人和红发女孩开着绿色汽车，在让·马利家附近出没。

虽然伯纳德是否有罪至今没有官方定论，但其实法庭对让·马利轻判五年，以及 2017 年检察官的新举动都表明：他们相信伯纳德不是无辜的。

问题二：米里耶勒的哪个版本是真的？

综合来看，更有可能的是：米里耶勒当天上了伯纳德的车。

为什么这么说呢？

首先，她在第一个和第三个版本中坚持自己在案发当天坐校巴回家。但学校几个同学和当天代班的校巴司机都说没有看见她，而她连当天的校巴司机是谁都说错了。（兰伯特法官认为同学和校巴司机都记错了日子。）

其次，她在第二份证词中说，她走到校门口突然发现姐夫在车上探出脑袋，叫她的小名"Bouboule"，但之后她又坚持这份证词完全是警察念了她听写的。法官曾问她，警察怎么会知道你的小名呢？她答："他们就是知道。"我认为警察不太可能知道，也没有人说过警察曾打听过她的小名，所以这个细节只能是她自己提供的。

然后，米里耶勒在 1984 年 11 月 1 日、2 日和 5 日的三次审讯中都坚持第二个版本没改变。11 月 5 日，兰伯特法官逮捕了伯纳德，随后急不可待地开了个新闻发布会邀功。他经不住记者套话，把证人的名字透露给了媒体以及电视机前的所有观众。在新闻发布会后，他又让警察把米里耶勒送回了村子。可想而知接下来这个女孩会面临什么。

许多年后，米里耶勒的表哥帕特里克声称，1984 年 11 月时，自己刚好住在村里。他看到米里耶勒遭到家人的毒打并被关进一个粮仓。他还声称，米里耶勒曾亲口告诉他，绑架发生时她在车上。

另一个证人是米里耶勒的母亲珍宁的护士杰奎琳。在珍宁于 1987 年去世前，杰奎琳每天都要去他们家给珍宁打针。有一天珍宁悄悄告诉她，11 月 5 日那天米里耶勒一回到家，就被她父亲和姐姐玛丽·昂热关起门来揍了一顿。

但米里耶勒否认自己撤回证词是因为挨打。她和自己的表哥帕特里克曾当面对质，各执一词。米里耶勒后来出了本书叫《打破沉默》，再次谴责帕特里克说谎。帕特里克读了很生气，不仅上电视节目反驳，还控告米里耶勒和出版社诽谤他。

米里耶勒在回家两天后就撤回了证词。她在接受记者到村中采访的录像中的微表情可能暴露了她内心的想法。她的嘴上说着："伯纳德是无辜的，我的姐夫是无辜的。"但同时却在微微摇头，舔嘴唇。从采访画面看，她的防御心很重，怕被记者攻破防线而不敢有任何自由的表达，只是重复那两句话。

问题三：伯纳德为什么接上米里耶勒？

这也是让我起先很困惑的。如果伯纳德当天打算绑架儿童，当然知情人越少越好。他要带上 4 岁的儿子可以理解，因为他儿子是需要 24 小时看护的特殊儿童，而他妻子当天要上班。但他为什么要特意去接上妻妹呢？

前面我提到，有人在案发现场找到了一个注射胰岛素用的空针筒。

记者调查发现，几大家族中患有糖尿病需要每天打胰岛素的只有米里耶勒的母亲珍宁。而据护士杰奎琳所说，米里耶勒每次都会在旁边看着自己怎么给她妈妈打胰岛素。

这或许解释了为什么伯纳德要特意接上妻妹，因为只有米里耶勒知道该如何注射胰岛素。而且，她还可以帮忙在车上照看伯纳德的儿子。

1985 年，让·马利夫妇起诉了米里耶勒，认为她是共犯而非仅是证人。但 1988 年，法庭认为米里耶勒没有动机绑架格雷戈里，驳回了起诉。

2017 年 6 月，已经 48 岁的米里耶勒被再次逮捕。警方认为她有意识地参与了犯罪的准备和实施。她其实早就知道姐夫想要绑架格雷戈里，而非像她自己所说的那么意外。根据笔迹鉴定专家的结论，案发第二天让·马利收到的那封信，是米里耶勒写的。

把所有的细节加在一起后，我推测当时情况可能是这样的：米里耶勒第一次被带到警局前已经和姐夫伯纳德串好供，互相提供不在场证明。只是他们没协商好细节，以至她和伯纳德在分别交代谁先回到家这点上，出现了截然相反的说法。

当这个漏洞被警察识破后，米里耶勒确认警察已经怀疑伯纳德，便把伯纳德的那部分事实交代了。但心存侥幸的她相信警察尚未怀疑自己和其他人，所以隐瞒了伯纳德以外其他人的角色。

有人或许会问，15 岁的小女孩会如此有心机吗？

二十世纪八十年代山村孩子早当家，克莉丝汀和让·马利谈恋爱时也不过16 岁，已经在工厂当女工了。

在最初五天内，米里耶勒每次去警局做完口供回家，都对家人守口如瓶，直到愚蠢的法官兰伯特对着电视台的镜头，把证人的名字告诉了全世界。

米里耶勒虽然不承认自己回家后挨打，但 1993 年她曾在法庭上提到，自从自己揭发姐夫后，姐姐玛丽·昂热多年来一直把她视作空气不再和她说话。

对于一个世界很小的 15 岁女孩来说，她本就不认识受害人格雷戈里和他的父母。她的姐姐、母亲、姐夫和其他兄弟姐妹才是她生命中最重要的人。即便不打她，家人的冷落和责备已经够她受了。

米里耶勒也是看了新闻发布会才意识到，除了她的证词外，其实警察手上并没有什么证据。她只要咬死不认，她和伯纳德都不用坐牢。她感觉自己被愚弄了，十分懊悔，立刻撤回了此前的证词。

问题四：当年有哪些人参与作案？

在兰伯特法官被撤职后，受人敬重的莫里斯·西蒙法官推迟了自己的退休，从 1987 年 1 月开始负责这个案子。和前任法官不同，他脚踏实地，认真调研，访谈了 200 多人，用了三天时间重建时间线，汇总了近 2 万页的记录。经过两年多的调查，他的心中已经有了自己的答案。

但不幸的是，1990 年西蒙法官突发心脏病昏迷了三天，抢救回来后失去了记忆，他在 1990 年去世。后来让·马利夫妇把其中一个孩子命名为西蒙，以纪念这位法官。

直到 2016 年，西蒙法官的儿子才找到了父亲当年的日记本，提供给法院。

西蒙法官在日记中吐露，他认为凶杀案是由一个三角构成的：A. 马塞尔和杰奎琳夫妇；B. 米歇尔和他的妻子；C. 伯纳德和他的小跟班米里耶勒。

2017 年检察官的重启调查看来也是顺着西蒙法官的思路进行的。

结合其他证据，这三伙人可能是这样分工的。

1. 伯纳德和米里耶勒一直潜伏在让·马利家附近监视着。当克莉丝汀进屋后，伯纳德立刻用捂住口鼻或者袋子套头等方式绑架了格雷戈里。他们把他带上车后，米里耶勒在他的屁股上注射了胰岛素。随后他们去了村里，由一人下车在邮筒里扔了米里耶勒写的匿名信。

他们带格雷戈里来到河边消防站的空地上，把他交给了等在那的马塞尔，并把胰岛素针筒丢弃在附近树丛中。

2. 马塞尔和杰奎琳负责看管格雷戈里。他们把格雷戈里带到了某个藏匿的地点。在这期间，格雷戈里陷入了深度昏迷。

3. 米歇尔夫妇在案发前两天去了让·马利家做客（多年来第一次），可能是为了观察他们家的内部结构和周围地形。案发当天由米歇尔谎称接到"乌鸦"的电话。

问题五：当年发生了什么？

1984 年最早调查本案的地方警方曾拿着和小格雷戈里一样重量、尺寸的人偶做了实验，得出的结论是，小格雷戈里很可能是被人从村子中间扔进河里的，那个地方距离他被打捞上来的地方很近。因为如果尸体是在更上游被扔入水中的话，会顺流而下跌落在一个大坝上，不可能没有留下一点伤痕和淤青。

1987 年西蒙法官接手调查后，也做了实验，得出相同的结论。他在日记中进一步提到，格雷戈里在下午五点多被带走后，不是立刻被投入河中。

当天晚上九点十五分，搜救人员才在河中打捞到格雷戈里的尸体。如果格雷戈里已经在水流湍急、石头很多的沃洛涅河中漂流了四个多小时，不管是顺流而下还是卡在哪儿，他的夹克衫、帽子和捆绑的麻绳不太可能那么干净，尸体也不会那么完好无损。

大家是否还记得那个时间线？小格雷戈里是在下午五点零二分至五点二十分之间被绑架的，而米歇尔自称在下午五点三十分钟左右接到一个匿名电话，声称已经把格雷戈里扔进河中。

如果西蒙法官的判断正确，那么凶手打这通提示电话的时间，远远早于他扔格雷戈里进河里的时间，这又是怎么回事呢？

有两种观点：一、谋杀分歧说；二、恶作剧失控说。

观点一：谋杀分歧说。

"乌鸦"早在案件发生半年前，写给阿尔伯特的第三封信中就提到他会伤害格雷戈里。而 AI 判断这封信是杰奎琳手写的。如果 AI 是对的，那么马塞尔和杰奎琳是案件主谋，早就想通过杀害格雷戈里，一箭双雕，伤害他的父亲和爷爷。他们在筹划作案的半年中，拉拢了对让·马利不满的米歇尔和伯纳德。

马塞尔想以"乌鸦"身份认领这起谋杀，其实下午五点多，刚绑架完就寄出的匿名信已经达到了目的。上面写着："老板，我希望你忧伤至死。你的钱买不回你的儿子。这就是我的复仇。你这个可怜的混蛋。"那么，他还有必要重复打这个电话，或让米歇尔谎称接到了这个电话吗？

况且，下午五点半时格雷戈里尚未被扔进河里，这么早通知他父母，万一河边来了许多警察和寻找的人，马塞尔再扔孩子会增加被目击的风险。

所以，米歇尔的通风报信应当是他自己的主意。格雷戈里是他的亲侄子，他不是很忍心，所以没再继续参与这个阴谋。当天，他知道他们会动手，也听说他们计划把孩子扔进河里。纠结一番后，他决定尽快通知弟弟一家。由于他不能透露自己知情，所以假借匿名电话之名。但他没想到的是，当天马塞尔和伯纳德绑架格雷戈里后并未立刻投入河中，而因为某些原因拖延了几个小时，这才是提示电话早于投河行为的原因。

观点二：恶作剧失控说。

这伙人的原计划是囚禁格雷戈里几天，吓唬让·马利夫妇，再把格雷戈里还回去。

"乌鸦"一向喜欢恶作剧，譬如他之前给殡仪馆打电话，说阿尔伯特死了，要收尸。对方到阿尔伯特家一看，他活得好好的呢。在过去的四年多中，这类戏弄发生了很多次，"乌鸦"似乎乐在其中，也并没有真的对阿尔伯特和让·马利采取实质性的伤害。

那么会不会四年后，他（们）要做的其实是一次更残忍的恶作剧？他们的本意或许并非让格雷戈里死亡，而是控制他一段时间，在精神上折磨他的父母，让他们体会一番绝望、焦虑、愤怒、恐惧。

他们约好了由米歇尔在下午五点半谎称接到匿名电话，引导让·马利夫妇去根本没有尸体的大河中寻找，也是戏弄这对夫妇的一个环节。

为什么我倾向于认为这是一次卑劣的恶作剧，而不是谋杀呢？

首先，杀害有血缘关系的无辜晚辈这种主意，很难让五六个理性的人达成共识。现实中，这种心理极度阴暗，针对儿童的预谋杀害也极少是集体作案的。米歇尔和伯纳德虽然讨厌让·马利，实际并没有深仇大恨。但是，如果这原本只是个恶作剧，那么很可能米歇尔、伯纳德也会同意参与。

其次，如果他们的本意就是要杀害格雷戈里报复让·马利的话，他们应当一抓到他就动手。对于一个毫无反抗能力的 4 岁儿童，他们根本无须注射胰岛素这一多余的步骤，而是可以用任何方式轻易杀害。之所以注射胰岛素，更像是让格雷戈里保持嗜睡、昏沉，在一段时间内方便控制的手段。他们把他的帽子拉下来挡住脸，可能也是不希望他看见、认出绑架他的人。如果本来就没打算让他活着回去，这一步也是多余的。

但是他们缺乏医学知识，没想到格雷戈里会陷入深度昏迷，且无法再醒来。马塞尔在几个小时后怎么都弄不醒格雷戈里，甚至可能误以为他已经死亡，恶作剧变成谋杀。他意识到闯了祸，担心被捕或者被让·马利报复，这才匆忙把格雷戈里抛入沃洛涅河中。有人或许会问，如果当时警察已经在下游搜救，"抛尸"是不是风险有点大呢？为何不扔到树丛中或者更下游？这恐怕只能解释为，他希望格雷戈里的尸体被他父母找回去，不管这是出于仅存的一点良知，还是想要给他们二次打击。

以上只是我个人的判断。

2017 年警方指控这几名嫌犯的罪名是绑架和强制囚禁导致死亡，而非绑架、谋杀，可能也代表他们更倾向于第二种观点。

06. 猎巫

我在 Netflix（一个视频平台）看了纪录片《谁杀了小格雷戈里？》，当看到克莉丝汀遭受的不公正对待时，十分愤怒，甚至幻想自己能穿越回那个年代，为她发声。

这个刚刚失去孩子的美丽母亲，无论做什么在媒体眼中都是错的。她在儿子的葬礼上恸哭晕厥，被提前送走，一个女记者冷冷地称之为"好一场马戏团"。她去监狱探望枪杀伯纳德后坐牢的丈夫，他们说她又开始演戏了。她不敢再去看，他们说她已经抛弃丈夫了。

案发后，克莉丝汀和让·马利终日沉浸在丧子之痛中。他们的律师建议他们再次怀孕。在格雷戈里去世近一年后，她生下第二个孩子，在杂志上展露了久违的笑容。人们质问她为何开心？她杀了格雷戈里后又打算杀另一个了吗？

克莉丝汀一度试图自杀，因过度服用镇静剂失去意识后，被抢救回来。经受了那些毫无根据的围剿后，她出现在媒体的镜头中时总是面无表情。

她就像一个美丽的精灵，掉到人间，嘲讽地看着这个充满恶意的世界。

逐利的媒体

克莉丝汀被怀疑时，报道她嫌疑的文章蜂拥而至，而当她在 1993 年被宣布无罪时，媒体报道却很寥寥。

积极引导克莉丝汀有罪论的是一个叫贝奇纳的名记者。他曾对同行说："一个母亲杀了她小孩不是一个好故事吗？这个故事会有意思得多。"

他的第一篇把矛头指向克莉丝汀的报道，收集的全是道听途说的消息。贝奇纳和妻子控制着一家广播电台和多家全国性媒体，他们采用流水线作业，在全国范围内炒作母亲杀子的故事。一篇篇报道像重拳一下下打击那个儿子被谋杀的母亲。

对于记者来说，这只是一个曲折离奇的故事，但对于当事人来说，却是他们的人生。

性别歧视的国家警察

更令我惊讶的是那里面无知、肤浅、性别歧视的国家警察。

1985 年 2 月，打扮时髦的国家警察克拉兹接管本案。他一来就看不上穿制服的当地警察，认为他们太过老派、拘谨。

他本应该调查伯纳德和克莉丝汀两个嫌疑人，但他刚到沃洛涅河谷地区就被记者贝奇纳带到了伯纳德的辩护律师韦尔策那儿。韦尔策一直都在努力把嫌疑转到克莉丝汀身上，好让他的客户脱罪。克拉兹接受了韦尔策的宴请，并在吃人嘴软的场合下，接收了韦尔策提供的完全有利于伯纳德的档案。

克拉兹曾解释为何第一次见到克莉丝汀就开始怀疑她，理由竟然是：她穿了一件黑色紧身毛衣，太有吸引力了。

他的原话是："她确实穿了黑色，好的，但是我们可以说，这是件赏心悦目的衣服。她穿了件特别紧身的毛衣。如果是在其他场合，你会忍不住要追求她。所以我告诉自己……她看上去很美。我的意思是，作为一个男人，她看上去还不错。我暗想，我本来以为会看见一个哭泣的人，头发乱蓬蓬，穿得马马虎虎。当然，这不意味着她有罪，但是这就是疑点。"

国家警察说，阿尔伯特收到一些匿名电话的时间，克莉丝汀正好独自在家，但却故意忽略相反的事实：大部分匿名电话发生时她都在工厂上班。阿尔伯特和莫妮科家有个本子，详细记录了每次"乌鸦"打电话的时间、日期和内容，但偏偏这个本子被国家警察弄丢了。

克莉丝汀为什么要预谋杀自己的儿子？她说过："我爱我的儿子，失去他我什么都不剩下了。"

国家警察问她是否有情人，孩子是不是她丈夫的，她是不是伯纳德的情妇。他们用尽各种办法想找出她对丈夫不忠的证据，但都没有找到。

用心灵感应破案的杜拉斯

此事正被炒作到高峰时，当时在法国家喻户晓的作家杜拉斯也来掺和了。

她来到小山村前提出想见两个人：克莉丝汀和兰伯特法官。克莉丝汀对和名人见面没兴趣，拒绝了采访。

杜拉斯在记者的陪伴下来到让·马利家。当时房子里已经不再住人。她说站在门外一刹那，她就心灵感应到：这里发生了谋杀案，格雷戈里是被她母亲溺死的。

喜欢出风头的兰伯特法官激动地接受了著名作家的采访。他向杜拉斯八卦了一个他听说的传闻：有次让·马利带回来两块牛排，被克莉丝汀烤焦了，让·马利扇了她两记耳光。

杜拉斯灵机一动，这下杀人动机也有了。

可是克莉丝汀就算遭到家暴也应该报复丈夫，为什么杀自己的儿子呢？

这个法国文艺女作家得出了一个神奇的结论："这是一个母亲想报复其他所有的母亲。"

杜拉斯回去后写了一篇文章《崇高的，必然崇高的克莉丝汀》。虽然她用了克莉丝汀的身份和案件背景，但内容全靠想象。她写克莉丝汀是个女权主义者，被自己不喜欢的男人占有了，她憎恨他，想要以杀子来反抗男权压迫。她甚至在原稿中写：一个生育孩子的母亲有权力收回生命（杀子）。这句话在刊登时被编辑删除。

此文发表后引起一片舆论混战。克莉丝汀看到文章后说了一句："她疯了吧！"

幼稚、自负的法官

纪录片《谁杀了小格雷戈里？》中呈现的兰伯特是一个自负、迷恋权力却幼稚的草包。这样的人很容易被他人用吹捧等手段操控，而他被伯纳德的律师韦尔策牵着鼻子走却不自知。另一方面，他认为大众都乐于见到"凶手是母亲"这样的反转情节，于是为了迎合大众，推动了后续发展。

当他看到全国的媒体都来关注此案时，曾兴奋地说："这个案子是我的人生机遇。"

由于他在工作中出现的种种失误，1986年4月，在让·马利夫妇的投诉下他被撤职。他后来出了一本书叫《小法官》，书中描述克莉丝汀有一种奇怪的、不可描述的魅力，能让那些在她周边的男人为她着迷。

2017年6月，随着案件重启调查，新的嫌疑人被捕，兰伯特当年的种种失职也被重提。

一个月后，兰伯特在家中给自己头上套了塑料袋，用一根领带勒住自杀了。恰好在他自杀的同一天，一家电视台发布了西蒙法官在 1988 年 9 月 14 日的日记中写的一段话："看到兰伯特法官的缺陷、不合规矩、错误、隐藏证据、智力混乱，或者只是材料混乱，我们仍处于迷茫中。我正面对的是十分恐怖的司法不公，可以让一个无辜者被定下最可怕的罪名。这就是司法不公，我现在知道了。"

但兰伯特显然不这么认为。他留下了一封冗长的遗书讨论了案情，为自己辩解。他坚信自己当年的决定没错，米里耶勒坐大巴回家了，伯纳德是清白的，是克莉丝汀杀害了儿子。

兰伯特认为 2017 年的 AI 技术找到的嫌疑人是错的，这次调查注定会失败；而到时候新的法官、检察官为了挽回面子，又会找他当替罪羊。他拒绝扮演这个角色，也没有力气再抗争了。

1993 年，尽管法院宣布没有任何证据可以起诉克莉丝汀，但是当年的一些攻击过她的记者，负责这个案子的国家警察，马塞尔夫妇和他们的亲戚，依然认为小格雷戈里是被他妈妈杀害的。

格雷戈里已经去世近三十六年，围绕他死亡的谜团一直没有解开，但凶手无疑就在家族内部。

在世界各地其实都存在这样的村庄，表面看是那么淳朴、宁静，但背地里却恶意汹涌。教育的缺席、狭小的交际圈和社会进程中的财富地位差距，都让人们的内心在欲望的洪流中找不到方向。在记者笔下，家暴、乱伦、嫉妒、诋毁、反目……在几大家族中屡屡发生。

可惜，一个可爱的孩子却成为成年人之间贪欲和攀比的牺牲品。

7

玛德琳的消失

上篇：案情篇

2007 年，4 岁的英国女孩玛德琳·麦卡恩在葡萄牙的度假村离奇失踪。人们用了十三年时间，花费了 1200 万英镑，动用了多国的警力和私家侦探，至今没有找到她的踪迹。

本案被报道的数量堪比戴安娜王妃之死，是世界上迄今为止知名的人口失踪案之一。你哪怕没听过这案子，或许也见过那张寻人启事上的照片。

本案被如此广泛报道，原因有以下几点：

首先，玛德琳的父母都是医生，属于英国社会的精英。玛德琳长得漂亮可爱，有一双灰绿色的大眼睛。她的照片公布后，人们更加为她的命运揪心。

其次，玛德琳竟然是在放松、安逸的度假村的床上失踪的，当时在同一个房间内的一对双胞胎却安然无恙。而她的父母当时就在 55 米外的餐厅用餐，每隔半小时会回来检查一次。

玛德琳的父母在案发后一直配合媒体，参加各类访谈节目，试图吸引公众注意。他们或许认为知道本案的人越多，找回女儿的希望越大。

关于本案的中文介绍很多，但都很粗略，也未涉及案件核心的细节。我会在本篇中重新整理和讨论。

正如本案的一个调查员所说："这个世界上一定有人知道，在玛德琳·麦卡恩身上到底发生了什么，只是他一直没站出来说话。"

01. 家庭

玛德琳（也被家人称为麦迪）于 2003 年 5 月 12 日诞生于一个富有的英国家庭。她的父母凯特和杰瑞，同在 1968 年出生，同是天主教徒，且都是医生。凯特是全科医生和麻醉师，而杰瑞则是心脏科医生。

两个背景极为相似的年轻人在 1993 年相识后恋爱，并于 1998 年结婚。

2003 年，凯特通过试管婴儿生下大女儿玛德琳后，又于 2005 年生下一对龙凤胎。

2007 年 4 月 28 日周六，凯特和杰瑞带着他们的三个孩子前往葡萄牙南部的阿尔加维地区的卢斯度假。

卢斯是个海滨村庄，当时人口不过 1000 多人。因为有许多英国人在这里购买房产和旅游，所以这里又被称为"小英国"。

麦卡恩一家和朋友入住的是 Agostinho da Silva 大道（以下简称这条街为 ADS）上的一个名为"水边村"的开放式小区。小区紧邻旁边的海洋俱乐部，游客消遣方便，因此很受欢迎。

这是典型的英国式中产阶级度假，悠闲，轻松，以社交为主。

麦卡恩一家入住的是门牌号为 5A 的公寓，这间公寓为私人所有，常年出租给游客。

他们隔壁的公寓 5B，住了和麦卡恩一家同来度假的马修（医生）和妻子瑞秋（律师），以及两个人的女儿。

公寓 5D 住了一同来度假的拉塞尔（医生）和妻子简（市场经理），还有他们的两个孩子。

他们的另一对朋友，大卫、菲奥娜（都是医生）和他们的两个孩子，以及丈母娘住在二楼。

所以这次来卢斯度假的一行人中总共有九个成年人和八个小孩。

这九个人中有六个人是医生，相识于学校或工作场合。在这次事件中，大卫和马修的角色都很关键。

这四家人关系很好，相约一起来度假，分两批到达卢斯。每天晚上八点半，他们会一起去海洋俱乐部的一家西班牙小吃餐厅共进晚餐。

有两个卧室的 5A 位于整栋楼的角上，也是在 ADS 和 FGM（Francisco Gentil Martins）两条路的交叉口，所以从这两条路上来的人都会先到达这间公寓。

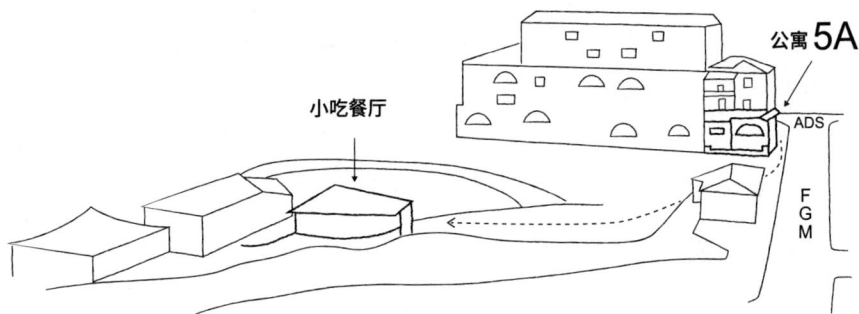

5A 有一扇前门在 ADS 街上。

它的客厅有一道玻璃移门（后门），面朝海洋俱乐部的泳池、网球场、小吃餐厅和酒吧。

从 FGM 街上穿过一个白色铸铁小门，走几步台阶，也可以到达这扇后门。

玛德琳和她的弟弟妹妹睡在靠近前门的卧室里，也更靠近 ADS 街道。

这间卧室有一个差不多齐腰高的窗户，内部装有窗帘，外部是一个金属的卷帘窗。

卷帘窗只能通过房间内的一根绳子来控制。凯特和杰瑞声称，在整个假期，他们都没有打开过这扇窗户的窗帘和卷帘窗。

窗外就是一条小径，一面矮墙之外是居民停车场。

在这间卧室里，玛德琳睡在远离窗户、靠近房门的小床上。她的弟弟妹妹则睡在卧室中央的两张便携式小床上。窗户下面的那张小床则是空着的。

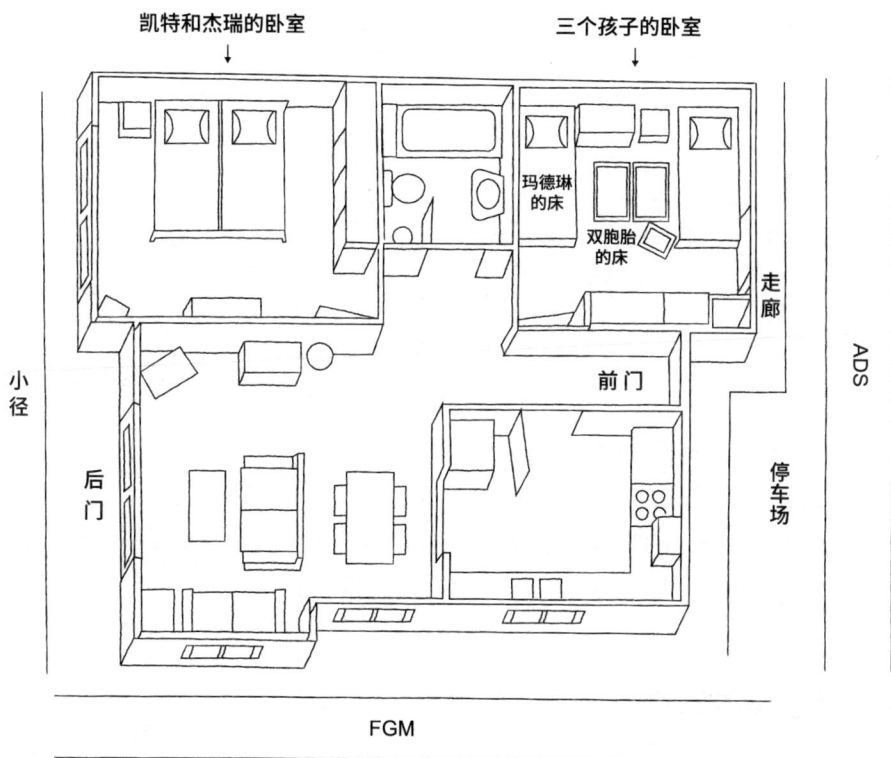

02. 案发当天

5月3日是麦卡恩一家和朋友们将要结束度假的倒数第二天。以下案发当天的情况都来自麦卡恩夫妇的回忆。

当天吃早饭时，玛德琳突然问凯特："昨晚他们（双胞胎）哭的时候，你们怎么没过来呢？"

另一种说法是，玛德琳问的是："昨晚我和肖恩（双胞胎中的弟弟）哭的时候，你怎么没过来呢？"

当时凯特并未把这句话放在心上。事后她才怀疑，可能前一晚就有人进入过孩子的房间，对孩子做了什么。

5月3日上午，她还在玛德琳睡衣的上衣上发现一大块棕色的污渍，但当时也没有多想。

玛德琳和弟弟妹妹在海洋俱乐部的儿童俱乐部（即托儿所）玩了一个上午。

中午，一家人在5A吃了午餐后，凯特和杰瑞去泳池边玩，照旧把孩子们放到了儿童俱乐部。

傍晚五点三十分，凯特和杰瑞接孩子们回5A公寓，此后杰瑞去参加网球课。

晚上七点，麦卡恩夫妇把三个孩子都放到床上，哄他们睡觉。那天玛德琳很疲惫，凯特给孩子们读了一本动物故事书，玛德琳还没听完就睡着了。

玛德琳睡着时，穿的是一件粉红色短袖睡衣。她的身边放着一条小毯子和一只毛绒小猫玩具。这只毛绒小猫玩具后来成了争议的焦点。

03. 案发当晚

在孩子们睡着后，凯特和杰瑞又像前几日一样，出门和朋友们共进晚餐。

餐厅位于泳池的另一头，和5A的直线距离约55米，但走路要绕到俱乐部大门，所以可能实际要走约90米。

父母们坐在餐厅吃饭时，可以望见这栋公寓楼的上部，但看不到一楼的后门。

凯特和杰瑞在出门前确定前门是锁住的，但他们没有锁离餐厅较近的后门，也就是客厅的那个玻璃移门。

为什么呢？因为这个移门只能从里面锁住和打开，而他们在晚餐期间会不时回去看小孩，希望能从这扇更近的后门进入 5A。

所以他们离开时，只是合上门，拉上了门帘。

麦卡恩夫妇和他们的朋友们几乎每隔二十至三十分钟就会跑回去看看孩子们。在过去几天，这些夫妻也是这么做的，一切都很顺利。

可这一天，悲剧却发生了。

晚上八点三十分，凯特和杰瑞到达小吃餐厅，当时他们不是最早的，也不是最晚的。

晚上九点不到，九人组之一的马修先去看孩子们，他回来时说，自己在各家的窗外听了听，一切都很安静。

晚上九点零五分，杰瑞回去看了孩子们。据他所说，他并没有听到马修带回来的话。他第一次证词称，他是从锁住的前门进入 5A 的，后来才改口说是从没锁的后门进入的。

（这么明显的不同很难解释为记错。他最初应当是怕被公众指责他们出门时把孩子留在家里却没有锁后门而说谎。）

杰瑞记得，他和妻子出门前是把孩子卧室的房门虚掩着，只留了一条缝。可晚上九点零五分，当他回去时，他看到门开得很宽。事后他怀疑，他进去看孩子时，绑匪可能正藏在门后。

那一刻，他走进房间，看到孩子们都在沉睡。玛德琳侧着睡，和凯特把她放上床时的姿势一样。

他离开时，轻轻地把房门虚掩上。

杰瑞走后不久，九人组之一的简也起身回 5D 看自己的孩子。

简声称在晚上九点十五分左右，看见一个男人在 FGM 和 ADS 的路口向东走去。

她先说看见男子抱着一些像衣服似的东西在穿马路。但在和警察交谈后，她的证词有了越来越多的细节。她最后说的版本是，男子抱着一个熟睡的小女孩，小女孩穿了带花图案的粉色睡衣，光着脚丫。

晚上九点二十五分，当轮到凯特回去看孩子时，马修提议，他正要回 5B 去看自己的孩子，可以顺便帮凯特一起看下 5A 的孩子们。

凯特同意了。

马修的这次代劳却可能成为一个巨大的失误。

马修自称进入 5A 后，没有走进卧室，只站在房门口望了一眼。他说注意到孩子们的卧室门半开着（而此前杰瑞说他走时把门虚掩了），看见卧室有一点灯光（卧室没有灯，所以这意味着卷帘窗可能已经打开了），以及听到一点动静，他认为是孩子们翻身的声音。

站在房门口的位置，他只能望见双胞胎的便携式小床，而看不到角落里玛德琳睡的小床。

由于没有听到孩子们有哭闹，他判断孩子们睡得好好的，就离开了。因此，他并没有亲眼看到玛德琳在床上，也没有留意卧室的窗户是否开着。

晚上十点左右，凯特亲自回去看孩子。

她是这么回忆当时那一幕的：她先从未锁的客厅进入公寓，发现卧室里透出来的灯光似乎比她预期的更亮一点，而卧室门开得很宽。

当她伸手想关门时，突然一阵穿堂风吹过，把门给重重关上了。

她有些吃惊，重新打开门，这才发现卧室的窗户被人打开了大半，卷帘窗被升上去了。

玛德琳的粉红小毯子和小猫玩具还在床上，但她却不见了！

她后来的口供改为，小猫玩具不在床上，而是被人放在一个很高的、玛德琳不可能够到的壁架上，她因此立刻判断玛德琳不是自己走失的，而是有人来过。

在简单搜索了床底、壁橱、洗手间后，凯特慌忙跑回餐厅。

她刚刚到达餐厅，就朝九人组的桌子大喊："玛德琳不见了！有人带走了她！"

九人组听到消息，立刻慌乱起来。杰瑞让马修去找前台报警。

晚上十点三十分，海洋俱乐部度假村发出儿童失踪警报，大约有60名员工和房客一起帮忙找孩子，直到凌晨四点。

卢斯是个小地方，那个夜晚，几乎每个角落都可以听见有人在呼唤玛德琳。

05. 错失良机

若以上九人组几个人的证词都是真的，那么玛德琳的失踪发生在晚上九点零五至十点之间。

不排除以下可能：杰瑞回去时，绑匪正在儿童卧室，站在门后；马修帮凯特去5A看孩子们时，绑匪正在儿童卧室内，他听到的动静不是孩子们的翻身声，而是绑匪的动静。

如果当时凯特没有让马修代劳而是亲自回去，说不定可以避免玛德琳被绑架。至少，可以缩小玛德琳失踪的时间范围，确认究竟是在晚上九点半之前还是之后。

可是，没有如果……

葡萄牙地方警察自称在晚上十点四十分接到报警电话，在晚上十一点十分赶到度假村。

他们在搜索一番无果后，在接近半夜一点时通知了葡萄牙负责犯罪调查的PJ警局（Polícia Judiciária）。PJ警员自称在接到通知后的十分钟内赶到。

卢斯这个地方很小，平时还挺安全的，因此警察起初认为是玛德琳起床后找不到爸爸妈妈，独自外出，走到了野外的什么地方睡着了。

他们带搜救犬搜索了附近的下水道、废墟、井等地方，一无所获。

葡萄牙警方一开始并没有封锁公寓保护现场，因而至少有 20 个人进出过房间。而窗户外也曾聚集了很多人，把指纹、脚印、DNA 等证据都破坏和污染了，导致后期很难取证。

警方也没有对附近的居民住宅进行挨家挨户的搜索。

英国媒体纷纷批评葡萄牙警方无能，错过了黄金搜索期。

而葡萄牙警方事后辩解道，人口失踪几个小时本身也不能证明存在犯罪，所以他们一开始并没有把失踪当作罪案来调查。

而且他们认为自己组织的搜救是合理的。这是葡萄牙历史上规模最大的一次搜救，志愿者、消防队、各地警察总共搜索了 200 平方公里的土地。

但葡萄牙警方显然做得并不够。

由于卢斯特殊的地理位置，绑架犯可以轻易走水路，把玛德琳带去摩洛哥，也可以开车沿公路前往西班牙，并把她转移到欧洲其他国家。

但葡萄牙警方没有及时把玛德琳的照片发给边检和海警，让他们检查离开卢斯的船只和车辆。因此，玛德琳很可能被人带出了葡萄牙境内，寻找起来更是大海捞针。

直到第二天上午十点，警方才对附近的公路设置路障，检查车辆，但罪犯当时很可能已经带着玛德琳离开了。而他们从未向负责公路监控的公司调取监控视频，去调查设置路障前离开卢斯的车辆。

五天后，他们才把寻人启事发往欧洲其他国家。

他们后来虽然向通信公司调取了当晚在海洋俱乐部附近的信号塔所接收到的手机信号，却一直没有对那些手机号码展开全面的调查。

经历了几个月的混乱后，案子还是毫无头绪，唯一的嫌疑人还是几个记者提供的。

同时，英国媒体越指责葡萄牙警方，葡萄牙民众越心理反弹。当地民族主义情绪高涨，认为发达国家就是瞧不起他们，不信任他们，跑到葡萄牙这个发展中国家来指手画脚。

2011 年，麦卡恩夫妇发布了一封公开信，希望英国警方能调查此案，再加上当时英国首相卡梅伦的呼吁，伦敦大都会警局重启调查。

伦敦警局确实做了大量扎实的工作：比如搜集世界各地人们提供的线索，搜集当晚那个时间点活动的手机信号……

十二年过去了，搜救行动也花掉了上千万英镑，但迄今为止，依然没有玛德琳的下落。

06. 目击证人

在人来人往的度假村里，且在较为热闹的时段，一个孩子如果被人从房间里直接带走，理应有目击证人。

事实也是如此，有不少人站出来声称自己当天看到了什么，只是那些信息没有两条是可以互相印证的。

下面挑几个可能有价值的目击线索写一下。

线索 1

前面写到，在晚上九点十五分左右，九人组之一的简在回去看她自己的孩子时，撞见了一个男子抱着一个女孩。她描述这个男子是白人男性，大约是南欧和地中海外貌，年龄大概 35 岁至 40 岁，身高约 170 厘米，深色头发。他当时穿一条奶白或者金色长裤，一件深色夹克衫，看起来不像是个游客。但她无法描述男子的长相。

葡萄牙警方根据她的证词，公布的画像如下：

这个拙劣的画像被网友讥讽为"鸡蛋男"。

直到 2007 年 10 月，麦卡恩夫妇雇人画出了更为具体的画像。

从时间上来说，杰瑞当时正在走回餐厅的路上。杰瑞回忆自己当时在路上遇见另一个英国游客，是位制片人，两个人停下来交谈。简说，她当时从杰瑞和那个游客身边经过。但可能由于这两个男子专注于交谈，并没有留意到简的经过。

葡萄牙警方因此一度怀疑简瞎编了自己的证词。

六年后，英国警方公布，简看到的很可能是另一个英国游客。一个当时也在海洋俱乐部度假的英国家庭称，男主人在案发当晚刚好去俱乐部的托儿所接3 岁的女儿。女儿有一件睡衣和玛德琳的睡衣十分相似，而这个男子也有一套服装和简看见的相似。

英国警方基本认为简所看见的男人不是嫌犯，而案发时间也没那么早。

线索 2

5 月 26 日，也就是案发二十三天后，史密斯一家特意飞回葡萄牙，向警方报告他们在案发当晚看见的可疑的一幕。

这对夫妇也是英国人，在卢斯附近有个公寓，常常去那里小住。案发当晚九点五十五分至十点零五分之间，他们一大家子九个人刚从酒吧出来，在走回住所的路上，看见对面走来一个男子。

男子当时是从海洋俱乐部的方向走来的，怀中抱着一个四岁左右、穿睡衣的金发小女孩。男子当时急匆匆向海边走去。

小女孩的头靠在男子肩膀上，双手下垂，似乎正处于深度睡眠中。当晚气温很低，她却光着脚丫。他们还注意到，小女孩的皮肤苍白。

这个男子约35岁，身高在175厘米到180厘米之间，体形偏瘦，棕色头发。他当晚的穿着比一般游客正式，穿着奶白色长裤，深色外套。

史密斯家庭中有多人看见了这个男子，但并未有人留意。

2008年，麦卡恩夫妇花50万英镑雇了一家美国私人侦探社，那家侦探社根据证词，用计算机制作了两幅画像。

2013年，伦敦警察发布了画像。他们认为这条信息相对可靠，也框定了玛德琳被绑架的大概时间——在晚上十点前不久，凯特回去查看前。

有阴谋论认为这个画像很像一对美国政客——约翰·波德斯塔和托尼·波德斯塔兄弟。这两个人都是希拉里当年竞选总统团队的主力。

虽然看照片确实有点像，但是这两幅画像是不同角度的同一个人，并不是两个人。且这对兄弟在案发时年近60岁，并不符合目击证人说的35岁左右。目前也没任何证据证明他们当时在葡萄牙。毕竟事隔多年的画像本身未必能如实反映那个男子的长相，这种猜测并无根据。

线索3

事发多年后人们才知道，2004年至2006年间，在卢斯附近地区的度假村中曾发生过12起对女童的性犯罪。

这些受害者的年龄在7岁至10岁之间。其中两起就发生在海洋俱乐部。

其中 6 起案子中，罪犯或坐或躺在儿童的床上，有 4 起发生了猥亵或者性侵。受害女童都为白人。

其中一次，一个男子从窗户进入两个女孩（7 岁和 11 岁）的房间，爬上 7 岁女孩的床，和她并排躺在一起。女孩睡得迷糊间问道，是爸爸吗？他用英语回答，Yes。但他身上有烟草的气息，女孩睁开眼，看到是个陌生男性，深色皮肤，戴着白色医用口罩。

这多起案件应当是同一人所为。但这个患有恋童癖的人一直没有找到。当地警方和度假村可能怕影响旅游生意，也从未向公众发出警告。

如果他们当时就发出警告，麦卡恩夫妇和朋友们可能就不会选择此地作为度假地，至少不会把孩子独自留在公寓睡觉。

线索 4

案发第二天早上六点，一家小比萨店的老板开车去餐厅上班。当时天色依然很黑，他的车在经过码头时，车灯照亮了一对男女。他们被车灯照到后，显得很不高兴。当时，他们手上抱着一个孩子，而且抱得很紧，似乎不想让人看见。

这条线索暗示有女性参与掳走玛德琳。

线索 5

前面说过，如果孩子被人从水路运走，最近的国家就是摩洛哥。

案发几天后，在摩洛哥马拉喀什的一个加油站，一对西班牙夫妇曾看到一个男子独自带了一个金发小女孩在便利店买东西。小女孩一脸悲伤，用英国口音的英语问那个男人："我们现在可以去见妈妈了吗？"

这对夫妇回到西班牙后才看到玛德琳失踪的新闻，他们认为自己见到的女孩就是玛德琳，立刻报警。

但当时西班牙警方接到电话后，完全不明白他们在说什么案子，于是他们又打电话给葡萄牙警方，可那里的警察也显得对这条线索不是很感兴趣。

等很久以后，记者得知这条线索找到加油站时，当时的监控视频早已被覆盖掉了，无从验证这对夫妇的说法。

线索 6

8月31日，游客在摩洛哥拍到一张远景照片，其中一个当地妇女背上背了一个金发女孩，从远处看和玛德琳很像。

赞助麦卡恩夫妇寻找女儿的英国富商和他儿子立刻飞去摩洛哥。他们包了一辆车，去拍到照片的山区，拿着照片一个接一个村子地询问，最后终于找到了照片上的那个妇女和女孩。可惜那个女孩并不是玛德琳。

记得那个富商当时说了句话：用这种方法找玛德琳，就像在大海里捞一根可能并不存在的针。

线索 7

2008年，一个身为企业高管的英国人告诉麦卡恩夫妇雇用的侦探，5月7日（案发四天后）的半夜两点，他和朋友走在西班牙的巴塞罗那街头。

这时，一个短发，穿着考究的女子突然接近他，连问了他三遍："你是来把女儿交给我的吗？你弄到那个小孩了吗？"

这个女子似乎带着澳洲口音。当她发现自己问错了人，匆忙离开。

线索 8

有个叫卡洛的女子，在案发当天上门探望她的亲戚。而她的亲戚就住在5A楼上那间公寓。

卡洛称，在玛德琳失踪的那天下午，她站在阳台上往下看时，看到有个男人走出一楼的那间公寓（5A），悄悄地、小心地关上门（后门那个铸铁门）……
他向左右张望了下，然后快速离开了。

他的动作神神秘秘的，似乎不想被人发觉。

而麦卡恩夫妇并不知道，究竟是什么人在案发当天的下午进出过他们的公寓。

线索9

好几个居民表示在玛德琳失踪的那段时间，有一个以慈善为名的诈骗个人（或团伙）在卢斯活动。

在麦卡恩一家入住前，住在同一个公寓的居民说，有一天一个邋遢凶狠的男子敲开门，试图逼迫她为一个邻村的孤儿院捐款。后来被证实，那个村并没有孤儿院。

另一户居民也有同样的经历。有一天一个男子敲门，说起捐款的事。当她和男子站在门口交谈时，却发现男子的目光掠过她的肩膀，一直盯着她身后独自玩耍的女儿看。她当时觉得心里不舒服，下了逐客令。

当天下午，当她在楼上洗完衣服下楼时，突然看见自己的女儿正坐在客厅地板上，而那个男子又回来了，正和她女儿在一起。她吓坏了，尖叫起来，男子夺门而出。

这个可能打着慈善名义四处物色绑架对象的团伙，也一直没有被抓到。但根据其中一个居民的证词画的画像，倒有点像简目击的那个男子。

目前为止，来自世界各地的声称见过玛德琳或者绑架犯的目击线索多达上万条，但玛德琳依然没有下落。

07. 自导自演的骗局？

5月3日，玛德琳被报告失踪。

5 月 4 日，麦卡恩夫妇从 5A 搬去了 4G。5A 和 4G 都位于水上村小区。

5 月 27 日，麦卡恩夫妇租了一辆雷诺面包车，用于在当地出行。

6 月 3 日左右，被封锁了一个月的 5A 又重新租给其他游客。

7 月 2 日至 3 日，麦卡恩夫妇搬离了水上村的 4G，搬入另一条街的别墅。

一开始，卢斯本地居民和葡萄牙市民都对麦卡恩夫妇表示同情和支持，但调查几个月无果后，当地氛围开始悄悄发生变化。

葡萄牙警方内部开始流传一种说法，这是麦卡恩夫妇自导自演的失踪案，其实他们的女儿早就死在了房间里，他们掩藏并转移了尸体。九人组的其他朋友也虚构了时间线，替他们掩盖罪行。

如果说最开始这种说法只是捕风捉影的猜测，那么两只嗅觉犬——可拉和艾迪——的出场则让那些怀疑的人们终于有了底气公开指责麦卡恩夫妇。

在案发八十多天后，葡萄牙警方请来了擅长寻找失踪和绑架人口的英国调查员马克·哈里森协助调查。

但他们只允许马克探索一种可能性，那就是玛德琳已经被谋杀了，尸体被藏匿在周边什么地方。马克因此请来警探马本·格里姆和他训练的两只知名的英国嗅觉犬帮忙搜索玛德琳。

这两只小狗是业内顶尖高手，久经沙场，常被美国联邦调查局和伦敦警方请去协助破案。

可拉是只"血液犬"，可以闻出任何物品上面血迹的味道，哪怕该物品经过不下十次的洗涤。它若闻到血液，就会给主人特殊的信号：鼻子指着地上不动。据称，它有丰富的经验而且十分可靠。

艾迪是只"寻尸犬"，平日用于搜救工作。任何物品只要曾经接触过尸体，它都可以闻出来。艾迪无论遇到其他狗、陌生人、危险，或其他任何原因，都不会叫。它只在一种情况下才会开口吠，那就是嗅到人类尸体的气味。据称艾迪曾参与过两百多起谋杀案的调查，从没有发生过错误的判断。

7月31日，马丁·格里姆带着两只嗅觉犬去一系列地方寻找证据。

当天搜索的结果令所有人震惊。

两只狗在户外什么都没有找到，于是被带到了5A。它们是轮流进入5A的。网上有一个多小时的视频，显示了这两只狗在室内搜索的全过程。

两只狗虽然是先后进入5A的，但在嗅来嗅去后，都对着客厅沙发背后的区域给出了信号！

这意味着沙发背后曾有过血迹，也沾过尸体的气味。

不仅如此，艾迪还对着麦卡恩夫妇房间内的衣柜吠了起来。

葡萄牙警方得到这次搜查结果后，立刻申请了搜查令，要求艾迪和可拉再去搜查麦卡恩夫妇居住的别墅和他们的租车。

2007年8月2日，两只狗先后搜索了麦卡恩夫妇新的住所。可拉在别墅内没有任何反应，但艾迪在别墅内上上下下搜索了一圈后，从客厅的一个箱子里翻出玛德琳失踪那晚留在床上的毛绒小猫，把它甩在地板上，对它吠了起来。

这似乎意味着，玩具直接接触过尸体，或者是通过其他途径染上了尸体的气味。

警方将一箱子衣物和毛绒小猫搬到另一个实验室，把物品一一摊在地上，让两只狗重新嗅。

这次，可拉依然没反应，而艾迪依然对毛绒小猫，外加一件孩子的衣服和两件凯特的衣服，做出反应。

这个结果让所有人哗然，这是不是代表玛德琳在5A时就已经死了？而且她死后那个小猫玩偶还接触过尸体？

如果说，这两次搜索结果可以解释为绑架犯在5A不小心弄死了玛德琳，并且把尸体转移出去，那么另一个搜索结果似乎更不容易反驳。

马丁带两只狗去了地下车库，那里停了30辆车，每辆之间同样间隔30

英尺[1] 远。马丁并不知道哪辆车属于谁。

在嗅了一圈车辆后，艾迪对着一辆面包车的副驾吠。而这辆雷诺面包车正是属于麦卡恩夫妇的，是他们在玛德琳失踪二十四天后才租来的。

如果绑架犯当晚就带走了玛德琳的尸体，按理说这辆后来才租的车上不应该有尸体的气味，除非是沾染过尸体的物品被放进车上时，再次把气味传递到车子某处，而狗鼻子真的那么神奇能闻出多次间接沾染的气味。

可拉也对这辆车的后备厢和一串车钥匙给出了信号。后来实验者把这串钥匙放到了各个不同的地方，可拉依然准确地给出了信号。

在搜索过后没几天，麦卡恩夫妇正式被葡萄牙警方列为"嫌疑人"。

虽然在几个月后，葡萄牙警方迫于英国各方的压力而解除了对麦卡恩夫妇的怀疑，但麦卡恩夫妇伪造绑架案的猜测已经传播开了，并且被很多人接受。

如今在网上阅读相关新闻，后面的绝大部分评论都认为麦卡恩夫妇在说谎。

那么，真的是这样吗？

嗅觉狗的判断一定准确吗？

玛德琳的消失究竟是遭到绑架，还是被父母藏匿尸体？

中篇：分析篇

关于本案很早就形成了两派观点。

---

[1]　1 英尺等于 30.48 厘米。

一派认为玛德琳被绑架了。绑架她的可能是某个居住在卢斯的有恋童癖的人，也可能是国际贩卖儿童团伙（虽然买家也可能是恋童癖患者）。这个观点指责葡萄牙警方办案不利、反应迟缓，导致孩子早已被运送出葡萄牙，或者已经死亡。

另一派则认为，绑架案是玛德琳的医生父母伪造的，目的是掩盖玛德琳的真正死因。他们误导且干扰葡萄牙警方破案。

那么，真相究竟是什么呢？

01. 父母过失致女儿死亡，伪造绑架现场

要写这个理论，就不能不提到岗卡罗。他是葡萄牙警局的一名资深警探。玛德琳失踪初期，他负责带领手下调查本案，也是他把麦卡恩夫妇列为嫌犯。

他批评英国警方只听信麦卡恩夫妇的一面之词，只调查这对夫妇提供的线索。这番言论直接导致他被免职。

一些人批评岗卡罗，麦卡恩夫妇是受害者，本身已经够痛苦了，他怎么可以如此伤害他们？

我认为调查父母这件事本身并没有错。毕竟有一些父母过失伤害孩子，甚至故意杀害孩子的例子。一个儿童失踪了，在没有其他线索的情况下，父母理应和所有人一样成为调查对象。而正常的父母也应该愿意配合，以协助警方找出真相。

可当时全世界媒体的关注，以及两国的政治和外交因素，导致葡萄牙警方对这个方向的调查受到阻碍。岗卡罗在那种困境中，草率下结论，并透露给葡萄牙媒体，大张旗鼓地把麦卡恩夫妇列为嫌犯，导致两败俱伤。

岗卡罗在英国媒体的围攻下名誉扫地，而麦卡恩夫妇也在十几年中遭受网络暴力。

岗卡罗认为自己是正义的化身，因为追求真相，而得罪了这帮权势很大的英国上层阶级，而他后来在竞选一个葡萄牙小城的市长时，也被麦卡恩夫妇给搅黄了。

从此，岗卡罗和麦卡恩夫妇杠上了。2008 年，他出版了一本畅销书 *The truth of the lie*（《谎言的真相》），并拍摄了同名纪录片。他以负责调查本案的前警察的身份将矛头直指麦卡恩夫妇。

岗卡罗表示没有任何证据显示曾有人闯入 5A。他认为玛德琳于 5 月 3 日因意外死于房间内。这个意外是如何发生的呢？

岗卡罗推测，玛德琳父母为了能和朋友们聚餐，给孩子服用有嗜睡副作用的 Calpol（一种婴幼儿退烧药）。

晚上九点零五分，杰瑞在去 5A 的途中遇见了一个英国制片人，两个人站在窗户下交谈，吵醒了玛德琳。玛德琳爬上沙发想上窗台去看，却由于吃了药片昏昏沉沉，摔下沙发，撞到头部死亡（所以沙发背后有血迹和尸体的味道）。

杰瑞回家看到这一幕，怕尸检会发现他们喂孩子吃药及疏于照顾，匆忙把尸体藏了起来。几周后他们租了辆车，把尸体放进车后备厢，转移到其他地方销毁。九人组串供、编造了杰瑞和凯特查看孩子的过程。

2009 年，麦卡恩夫妇控告岗卡罗诽谤罪，法庭判岗卡罗赔偿 45 万英镑，道歉，并禁止他再销售任何相关书籍和 DVD。

但是岗卡罗上诉至葡萄牙最高法院。最高法院则认为麦卡恩夫妇的嫌疑并没有完全解除，岗卡罗有言论自由，驳回了之前的判决。此后麦卡恩夫妇多次上诉，经过八年拉锯战，到了 2017 年麦卡恩夫妇还是败诉了。

【没药花园】

我最开始听到岗卡罗的假设时有些困惑：5 月 3 日当晚麦卡恩夫妇就报警

了，有那么多认识的、不认识的热心人进出 5A，安慰麦卡恩夫妇，到处搜查，那么麦卡恩夫妇能把尸体藏在哪儿而不被发现呢？

岗卡罗曾提出过一种假设，他们可能把尸体藏在哪里的冰箱冷冻仓里整整二十四天，直到租车转移。

虽然 4 岁孩子的体积可能可以放进冰箱，但既然这是一次突发的意外，他们上哪儿去找这样一个大冰箱，并可以确保二十四天内不会有人打开呢？

显然他们不可能冒险把尸体藏在 5A 这样一个人来人往、完全无法控制的地方。而且麦卡恩夫妇在案发第二天就在众目睽睽下搬离了 5A，住进同一个小区的 4G。5A 在空置一个月后，又租给了其他游客。

如果藏在非冰箱的其他地方呢？ 5 月 3 日当晚，警方就动用了警犬搜索，而且有几十个人一起帮忙找孩子。麦卡恩夫妇只是外地来度假的游客，他们如何能在这么短的时间内，把孩子藏得这么好，以至当地人和警犬都找不到踪迹？

再说后来的转移尸体，理论上也很难操作。他们在 5 月底才租了车，用于出行。当时欧洲几十家媒体每天守在公寓门口，镜头对着他们的一举一动。他们怎么敢把尸体放在后备厢？而他们又是如何做到甩开记者，不被任何人目击，开车去另一个地方抛尸呢？

葡萄牙警方一方面号称自己的搜索很全面、很仔细，一方面却暗示两个游客可以轻轻松松把尸体藏到找不到的地方，也是矛盾的。

以上只是我最初的想法。

但我也会问自己：既然麦卡恩夫妇藏尸的难度显而易见，为什么至今有那么多人包括一些专业人士依然怀疑麦卡恩夫妇？（虽然也有很多专业人士支持麦卡恩夫妇。）

对于本案，布朗出了本书，并且上了多个电视节目谈她的观点。她的观点和岗卡罗基本一致。当时布朗的书在亚马逊上出售，麦卡恩夫妇起诉亚马逊，

207

让那本书下架。

为什么有那么多人相信麦卡恩夫妇有罪？显然，不仅仅是因为那两只神奇的小狗，还有其他证据支撑他们的理论。

我会列出一些有价值的证据，请大家判断这些证据是否指向麦卡恩夫妇是罪犯。

在细看这些证据前，我本人并没有预设的答案，可以接受任何一种理论。

02. 怀疑父母作案的证据

麦卡恩夫妇的表现

自从玛德琳消失后，麦卡恩夫妇就一直出现在各种镜头中。媒体需要他们，他们自己也渴望增加案件的曝光量。凯特亲自给 J.K. 罗琳写信，希望她能帮忙宣传，比如在"哈利·波特"系列新书里放上印有玛德琳照片的书签。由于他们是天主教徒，由人引荐，他们去梵蒂冈见了教皇，成为新闻头条。

有人批评他们利用女儿之死成了明星。我认为这么揣测太过恶意。如果把他们看作国内一些丢了孩子的父母，或许更好理解。国内一些从来没用过微博的父母会在孩子丢失后注册微博等各种平台的账号，不停 @ "大V"希望别人能转发一下，到处求记者报道……这不代表他们想出名。只有更多的人关注，才能加大孩子被目击和认出的概率。麦卡恩夫妇的心情或许只是和这些父母一样，不过多了些资源。

此外，外界对他们的怀疑还包括：

1. 两个人很少在镜头前哭泣。我认为凯特虽然没哭，但她的表情时常很痛苦。而他们若要伪装悲痛，其实并不难，不是吗？很多凶手刚刚杀害自己的伴侣却故意在镜头前痛哭流涕。凯特后来也解释，自己在案发后十八个月内几乎天天在家哭很长时间，但警方提醒他们，别在镜头面前表现得太悲恸，这会让罪犯更兴奋。(因此,我不认为此条有意义。)

2.一些人提到,在案发二十四个小时后的一次发言中,麦卡恩夫妇说起玛德琳时用的是过去式。在英语中,如果用过去式说起一个人的日常表现,比如 She was a lovely girl(她曾是一个可爱的小女孩),要不指她现在不可爱了,要不她已经死了。布朗提到,许多父母拒绝接受自己孩子已经死亡,哪怕尸体找到了,他们在谈论孩子时依然用现在式。而凯特在二十四个小时后就用了过去式(虽然很快改过来了),似乎传递了一个信息,她认为/相信/知道玛德琳已死。(如果这是真的,此条可能有效。但我花了大量时间,都没找到麦卡恩夫妇到底是在什么场合、哪次讲话中用了这个过去式。我无法证实这个信息本身是真的,或者只是有人编造的。)

3. 2011 年,凯特出了一本书 *Madeleine*(《玛德琳》),讲述女儿、家庭和此案,她在第 129 页写了一段话:"I asked Gerry apprehensively if he'd had any really horrible thoughts or visions of Madeleine. He nodded. Haltingly, I told him about the awful pictures that scrolled through my head of her perfect little genitals torn apart. (我担心地问杰瑞,他是否有过任何关于玛德琳的恐怖的念头或者画面,他点头。迟疑了一会,我告诉他我脑海中闪过的可怕一幕:玛德琳那完美的小小生殖器被撕裂了。)"

这句话让许多读者震惊:一个丢失女儿的母亲脑海中怎么会有这样的画面?她在那时候却在担心女儿的生殖器损害?谁会用"完美"来形容 4 岁孩子的这个器官?她肯定是恋童癖,是他们害死了玛德琳!

我刚读到时,也觉得有些不舒服。但再一想,她以前是全科医生,会不会她不避讳谈论"生殖器"这个词,和她以及丈夫的职业有关?

写书不像接受采访需要临场反应,而是在家深思熟虑写完才公开。如果她写书的目的是为自己开脱,完全可以不写这句话。事实上,和第一条一样,越是伪装的凶手,就越会照着模版——譬如完美受害人、完美受害人家属——去表演。

我后来读了未经允许就被媒体公布的凯特的日记，她在玛德琳失踪后也写到她的担忧——怕玛德琳会疼，会害怕。总体而言，我认为日记里的感情读起来很真挚。

综上，我认为以上麦卡恩夫妇的表现并不能证明他们有罪或无罪。我们需要更加核心的证据。

目击证人

岗卡罗在纪录片《谎言的真相》中提出的假设，其实也是为了配合重要目击证人——英国游客史密斯一家。史密斯一家声称当天晚上十点看到一个男子抱着女孩背对度假村，走向海边。当时的位置距离海边只有 150 米远，离海洋俱乐部大约 300 米远。

我相信他们确实看见了这一幕，因为当时他们中有多人同时看到，且他们和本案无利益瓜葛。

但戏剧性的是，在他们向葡萄牙警方报告此事后过了几个月，史密斯先生竟然发现，他当晚看到的抱孩子的男子可能是玛德琳的父亲！

2007 年 9 月，麦卡恩夫妇被葡萄牙警方列为嫌疑人。他们觉得再留在葡萄牙，可能真的会被捕，于是在 9 月 9 日匆忙带着双胞胎子女回到英国。他们下飞机时，英国媒体的镜头已经等在那里了。

坐在电视机前的史密斯先生看到了这么一幕：杰瑞抱着其中一个孩子下飞机。用他的话说，杰瑞抱孩子的动作，突然如同一个"晴天霹雳"，击中了他。

他突然想起来，当晚那个男子就是这么抱孩子的！所以他有 60% 确信当晚他看见的男人是杰瑞。他把想法告诉了妻子和子女，也得到了他们的支持。

麦卡恩夫妇当然否认这一点。

他们认为，简在晚上九点十五分看到的男子和史密斯一家在晚上九点五十五分看到的男子很可能是同一人，毕竟他们对男子穿着的描述很接近。

凯特在《玛德琳》一书中也试图把两者关联起来。

但两者的目击内容也有显著的不同，比如简看到男子向远离海滩的方向走去，而史密斯一家在四十多分钟后看到男子走向海边。

（难道这名男子开始把孩子带回家，发现孩子死亡后又把她带去海边抛尸？）

简描述的是个黑发、头发较长的男子，但史密斯一家认为看到的是短发、白人男子。

后来麦卡恩夫妇雇用的美国侦探去找史密斯一家谈话，并根据他们的口供绘制了画像。画像确实有点像杰瑞。

那么史密斯先生看见的人，有可能是杰瑞吗？

按照岗卡罗的理论，杰瑞在晚上九点零五分回到5A，晚上九点五十五分，抱着死去的玛德琳被目击走向海边，加上藏尸和往回走的时间，他至少离开桌边一个小时，回到餐厅至少在晚上十点零五分以后。

21:05	21:30	21:55	22:00	22:05
杰瑞离桌	马修去5A	史密斯一家目击男子抱孩子	凯特回5A	

假设史密斯一家在近晚上十点时看到杰瑞在离餐厅300米远的地方继续往海边走去，这意味着他至少还要十分钟即晚上十点零五分才可能回到桌边。

那么，马修在晚上九点半代替凯特回5A查看，以及凯特在晚上十点亲自回5A查看时，杰瑞应当还没有回到桌边。甚至当凯特奔回餐厅通知大家时，杰瑞可能都没回到餐厅。

这等于是完全推翻了九人组的证词。

根据九人组的证词，杰瑞在晚上九点零五分去查看5A后遇到了一个英国制片人，两个人站在路上聊了会儿后，就回到了餐厅，再没有离开。马修也说当凯特奔回来通知噩耗时，其他人都在。

史密斯一家若看到的是杰瑞，则意味着，九人组全都撒了大谎——不仅是他们替杰瑞伪造不在场证明，而且餐厅其他客人和服务生也刚好没有任何人留意到杰瑞的行踪。

为此，我又去搜集当晚餐厅的服务生或者其他客人的证词，看看有没有人的见证和九人组相悖。

目前我只找到餐厅 45 岁的服务生何塞·巴普蒂斯特的证词。他当晚就是服务九人组那张餐桌的。某些报道中，他的某些言语是支持岗卡罗的。

但他证实，过去四晚中，那些男性家长每隔二十分钟就轮流回去看孩子，因为他每次上菜，桌边总是少了一个人。案发当晚，他只记得凯特离开去看孩子，其他记不清了。

他质疑这对父母的地方主要在于，他注意到在前几天跑回去查看 5A 的总是杰瑞，可偏偏只有发现玛德琳失踪的这一次是凯特。

那么，九人组的所有人冒着被其他客人或服务生拆穿的风险，串供的可能性有多大？

我目前没有看到他们之间有紧密的利益联系。我认为让那么多人（许多还是医生）牺牲良知，欺骗警察和公众，且这么多年来不对外泄露秘密，可能性极低。

有读者留言称，看到有人写九人组是换妻俱乐部，所以互相掩盖。但我搜索了很多信息，看了很多怀疑麦卡恩夫妇的网站，都未见这一说法。我认为这可能是国外某些网友散布的谣言。没有任何证据表明他们之间有这种关系。如果是换妻之旅，也不应该带孩子和丈母娘出行。

有两家媒体暗示麦卡恩夫妇的这七个朋友帮忙掩盖真相，后来这七个人告了这两家媒体，赢得了登报道歉和 37.5 万英镑的赔偿。他们把赔偿都捐给了寻找玛德琳的基金会。

既然史密斯一家不可能记错日期、时间（由于当晚的其他活动都有票据证实），那么他们看见的男子很可能不是杰瑞。这个男子可能是本案罪犯，也可能与本案无关。

晚上十点，海边夜色已深，那一带路灯不充足，光线昏暗，他们对行色匆匆的男子的容貌未必看得很清楚。

在媒体的引导下，在回忆中搞混了只见一面的陌生人的长相、举止，这是很常见的。[比如在纪录片 *Making a murderer*（《制造杀人犯》）中，女受害人就在警察的引导下误认了性侵她的人。]

当晚十点左右，杰瑞很可能确实是在餐厅的桌边坐着，而史密斯一家看到的是其他男子。尽管这证明不了他的清白，但能证明岗卡罗的假设有很大瑕疵。

打开的窗户

凯特声称，她在晚上十点回去时发现房间的窗户开着，卷帘窗升起来了，玛德琳不在床上。她在度假期间从没打开过这个窗户，至于玻璃窗原本锁没锁，她不清楚。

她因此认为，有人撬开卷帘窗进入，又从窗户把孩子抱走。在葡萄牙警方告诉她窗户没有被闯入的痕迹后，她才说阳台门没锁，绑匪也可能是从阳台门带走玛德琳的。

那么，窗户真的没有闯入的痕迹吗？窗户是被绑匪打开的，还是被凯特打开的？

根据马修在5月4日的证词，晚上九点半，他代替凯特去查看5A时，注意到房间里的光线足够他看清楚双胞胎睡在小床上。可房间里并没有灯源。他回想起来，可能当时卷帘窗就升上去了，不然不会那么亮。但他不记得窗户是不是开着的。

理论上，金属卷帘窗只能从卧室内用绳子升起。

英国媒体说卷帘窗被撬坏了，而葡萄牙媒体说卷帘窗没有坏。

我看了许多事后拍的现场图片、视频，未发现卷帘窗外部有被撬、损坏的迹象。看一些去实地勘查的视频，发现 5A 的卷帘窗根本不需要撬，就可以从外部托起（就和塑料百叶窗一样），因此哪怕没有损坏，也说明不了没有人从外部托起过。

有人做了实验，如果绑匪试图从外部打开卷帘窗，卷帘窗不会停在某个位置，只要手一松就会掉下来。所以绑匪在钻进来的时候必须始终有一只手托着卷帘窗。钻进卧室以后，他可以用里面的绳子升起卷帘窗，不让它掉下来。

整扇窗户离地一米高，很狭窄。卷帘窗背后是移动窗户，只能开一半，大约 46 厘米宽。一个正常身材的欧洲成年男子要侧着身子，才能勉强挤进去，在这个过程中还要托着头顶的金属帘，是非常艰难的。更别说，他还要抱着一个 4 岁孩子从窗户爬出去。

为此，我特意去找了关于这扇窗户更多的线索，可靠的证据如下：

警方在玻璃窗内侧只找到凯特一个人的左手食指和中指指纹。

岗卡罗表示，这个手印显示出她当时的动作是开窗，所以窗是她自己开的。但凯特表示，她没有开过窗，她当时可能把手放在窗户上，向外探望了一下。

由于开窗或关窗留下的指纹差异可能极为细微，我不知道葡萄牙警方（或者说岗卡罗）为何这么自信，认定她是在开窗。

尽管葡萄牙警方说他们没有在卷帘窗外部发现指纹，但这和现场照片不符。有刑侦专家发现在现场拍的采集指纹图中，卷帘窗上明明留下了至少两个指纹，而且看起来是大拇指的指纹。

专家认为这两个大拇指的距离，显示出有人抓住卷帘窗的底部边缘，在升起或者拉下卷帘窗。

我认为人只有站在窗户外部时才会四指在窗户内，大拇指在窗户外。如果人在里面，只要拉绳子就行了。

这几个指纹很重要，它们能证明确实有人曾从外面托起卷帘窗，更有利于证明有人闯入过。

葡萄牙警方从未提及这几个指纹。岗卡罗在一次采访中随意提了一句，一个粗心的警员不小心在卷帘窗上留下了指纹。他所说的指纹是指这几个吗？我无法确定。

目前没有读到警方发现脚印等足迹的报道。

那么绑匪是如何在爬出去时，没有在靠窗的床上、窗台上、墙上留下脚印的？

【没药花园】

总体而言，这些证据并不像岗卡罗所说的，可以完全排除有人闯入。只不过对于绑匪来说，抱着玛德琳从窗户出去的难度确实很高。

而且窗户和前门离得很近，都通向同一个走廊。绑匪有必要放着前门不走，非要艰难地抱着孩子钻窗户吗？

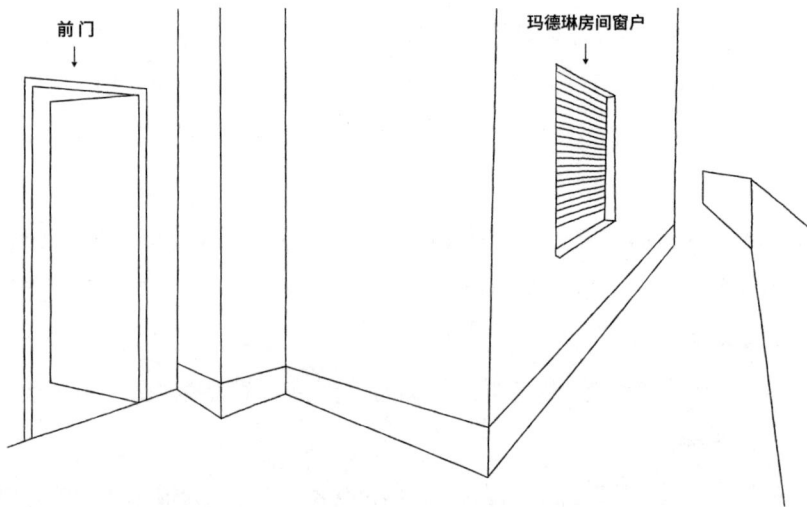

关于窗户，我有三种推论：

推论一：绑匪不止一人。一号钻窗时，二号帮他扶住卷帘窗。一号从窗户里把熟睡的玛德琳递给等在窗外的二号，再自己钻出来或从前门离开。

这种推论意味着，这是有计划的团伙行为。

1. 他们很了解公寓结构。

2. 确信当时公寓不会有大人。

3. 确信孩子会一直处在熟睡中。

可能还有人在放哨。否则，拉卷帘窗的吵闹声，抱起玛德琳并递出去，怎么能保证玛德琳不会醒来大哭，吸引路人的注意呢？（关于熟睡问题下面会讨论。）

推论二：凯特和杰瑞伪造现场。他们发现玛德琳死后，处理了尸体。晚上十点，凯特回到玛德琳早已不在的房间，从里面打开窗户，升起了卷帘窗，随后跑出去呼救，声称窗户是被人从外面打开的。

如果是这种情况，卷帘窗外部的几个大拇指指纹只能解释为警员不小心留下的。

但我认为这种深思熟虑伪造的现场，两个高智商的医生应该会考虑到怎么解释"绑匪"没有留下指纹、脚印的问题。

推论三：我的一个假设。

晚上十点，凯特发现玛德琳消失，但当时窗户是关上的，这意味着绑匪应该是从后门进入和离开的。

作为一个体面的英国医生，她的第一反应或许是：一旦此事被他人知道，人们必定会指责她和杰瑞不锁后门把三个孩子单独留在公寓，导致玛德琳走丢或者被绑架。在英国，单独留孩子在家可能会遭到起诉，甚至他们对双胞胎的抚养权都会被剥夺。所以仓促中她做出决定，把窗户打开，可以说绑匪是从窗户强行闯入的。因为是情急之下的决定，她没有考虑周全。

这也是为什么一开始杰瑞对警方说自己晚上十点零五分时是从前门开锁进

入卧室，直到警方说没发现闯入痕迹，才承认他们是从后门进出的。

但对他们来说，只要咬死绑匪是从窗户进来的，至少可以证明玛德琳失踪和没锁后门之间无因果关系，可以少受指责。

如果是这种情况，卷帘窗外部的几个大拇指指纹只能解释为警员不小心留下的。

因此，这个奇怪的窗户对三种假设都有可能形成支撑。

A. 有预谋的绑架案。

B. 玛德琳死在公寓后，凯特伪造现场。

C. 玛德琳被绑匪从后门带走后，凯特为了避免他们的过失遭到公众指责，伪造了绑匪从窗户进出的假象。

04. 当晚凯特的表现

当晚凯特"发现"窗户打开、孩子失踪后，她没有打电话给杰瑞，没有站在阳台上朝餐厅大喊（只有 50 米，是可以听见的），而是留下双胞胎独自在家，窗户敞开着，一路跑回餐厅通知大家。

人们质疑：如果凯特真的认为绑匪刚刚从窗户进出偷走玛德琳，她怎么会放心留双胞胎在开着窗户的卧室？万一绑匪回来呢？她为什么不先关上窗户再离开？而且当晚气温很低。（这是警方在把她列为嫌疑人时，问她的 49 个问题之一，但凯特拒绝回答。）

【没药花园】

她为什么不打电话？因为杰瑞当晚未带手机在身上。甚至后来九人组表示，他们每次去餐厅吃饭都不带手机。这也解释了为什么后来杰瑞没有用自己的手机报警，而是委托马修去找餐厅员工打电话报警。

至于她为什么不大喊？我认为这得看人的性格，有些内向的人哪怕再着急也没办法隔空大喊大叫。

凯特没关窗就离开，可以有很多种解释。

1. 玛德琳被绑架，凯特当时太过震惊和恐惧，没考虑那么多；

2. 玛德琳被绑架，凯特保护现场的意识特别强；

3. 凯特伪造现场，希望后来的人帮忙做证：孩子丢时窗户开着。

05. 邻居发现后备厢打开

2007 年 7 月 3 日，案发两个月后，麦卡恩夫妇从水边村小区的 4G 搬去了另一条街上的别墅。

有个女法官住在别墅隔壁，是他们的新邻居。麦卡恩夫妇把他们租来的车停在小巷里，女法官每天都会经过。

她以不出镜、只出声音的方式向纪录片《谎言的真相》爆料：有一阵子她每天经过时发现，麦卡恩的车总是停在那里没有人，但车的后备厢却大开着。

纪录片因此暗示，麦卡恩夫妇曾用后备厢运尸，开后备厢门是为了散去味道。

麦卡恩夫妇说起过，他们用这辆车买菜，有次买了牛肉，由于天气热，回来的路上解冻了，血水流在后备厢中。

06. 嗜睡的孩子

Netflix 的纪录片《玛德琳的消失》中，岗卡罗提供了一个信息：案发当晚这对双胞胎一直处在沉睡中。在发现玛德琳失踪后，许多人进入 5A 的卧室。有人在哭泣、高声交谈，但无论当时周围多吵，这对双胞胎却在几个小时内一直在打鼾、熟睡中。

哪怕后来被抱到了楼上其他公寓，中途也没醒过。而岗卡罗注意到，凯特不时会去查看这对双胞胎的呼吸，显得很担忧。因此他怀疑，凯特和杰瑞可能为了去和朋友约会，而给孩子用了安眠药。

（为什么孩子不醒？你有没有给他们用过药？这也是警方问她的 49 个问题之一，但凯特也拒绝回答。事实上，那 49 个问题，她几乎全都拒绝回答。）

凯特的父亲布莱恩·希利曾在接受英国媒体采访时说，或许凯特会给玛德琳吃 Calpol 帮助她睡眠，但她不会伤害孩子，其他的那些揣测都让人愤怒。

杰瑞和凯特曾出席一个访谈节目，当主持人问到杰瑞："你们有给孩子吃药帮助他们睡眠吗？"杰瑞先抓了抓耳朵，显得有些烦躁，随后恼怒地站了起来，咕哝了一些什么，然后走到摄像机前关掉了摄像机。

（这个节目在网上可以看到原视频，我不知道该怎么解读，是生气还是慌乱？）

【没药花园】

Calpol 是英国一种常见的儿童退烧药物。这种药可能会导致服药的人嗜睡。Calpol 用量过度的副作用是肝损伤，但若导致死亡，是极为罕见的，一定是用了极大的量。只是帮助孩子睡眠需要用这么大量吗？更何况父母都是医生。

当然，他们也可能用的是其他助眠药物。

鉴于凯特父亲的话以及双胞胎当晚的表现，我认为凯特非常有可能给孩子们吃过一点 Calpol 之类助眠药物，帮助他们熟睡。

我读了九人组的全部证词，从中获知麦卡恩夫妇因为要带三个孩子非常累（其他家庭是一个或两个孩子），所以很多集体活动都没有参加。比如每天早上其他夫妇都要带孩子去餐厅吃早餐，但麦卡恩夫妇就在公寓解决早餐。晚餐是他们唯一每天必定参与的活动。如果他们不能让孩子在晚上八点半前睡着，连这个活动都很难抽身参加。

而且有人推测玛德琳可能有睡眠问题。确实有些幼童在夜晚时不时有梦魇，大喊大叫。为什么这么推断呢？因为根据 5A 房间拍摄的照片，在麦卡恩夫妇睡的主卧里，两张单人床被他们推到了一起，合并成一张大床，而在衣柜和床之间留下了很大的空间。

因此有人认为这个空间是给双胞胎的便携式小床留下的，有几个晚上，双胞胎是和他们睡在一个房间的。

为什么父母和双胞胎四个人睡在一起，单独留玛德琳一个人睡？

很可能是因为玛德琳在他们到的头两个晚上在半夜大叫，吵醒双胞胎引发哭闹，让大家都没睡好。

这么看，麦卡恩夫妇给双胞胎和玛德琳都喂了一定的助眠药，让他们都能熟睡是非常有可能的。

假设他们确实喂孩子吃了药，虽然没有用药过量致死，但正因为孩子睡得特别沉，绑匪才有机可乘。

也正是因为用药导致孩子睡得特别沉，才会有两派目击证人看到的一幕：一个男子抱着穿睡衣的小孩走在寒冷的户外，小孩不哭不闹，依然熟睡。

凯特和杰瑞可能也意识到这一点，因而不敢承认自己用药一事。

07. 为什么不回答 48 个问题？

凯特被葡萄牙警方列为嫌疑人时，他们把她单独带回警局审问了长达 11 个小时。他们可能认为她看起来比较脆弱，容易成为突破口。可他们问了她 49 个问题，她只回答了一个，其他全都拒绝回答。

这 49 个问题在网上有公布，我认为很有价值。她为什么不回答？一个美国前公诉人质疑说："我反正不买账。你会不会雇公关公司、全国最好的辩护律师，却拒绝回答问题？"

凯特的解释是，警方把时间花在她身上是错误的，这是在浪费本该用于寻找玛德琳的时间。

而我读了她的日记之后认为，夫妻两人和葡萄牙警方之间很早就形成了一种敌对情绪。

他们从第二天开始就对警方的做法很不满，认为他们不够专业，不够认真，再加上英国媒体对葡萄牙警察的各种批判，葡萄牙警察也对麦卡恩夫妇和英国媒体充满敌意。

总之双方之间的关系越来越糟糕，直到把警方把他们列为嫌疑人，双方的关系公然对立。

而且 48 个问题中，其实很多在初期她配合调查时都已经很配合地回答过了，譬如发现玛德琳失踪当晚，她搜查过房间的哪里。

她拒绝回答可以解释为心虚，也可以解释为：她认为葡萄牙警察无能且恶意，拒绝回答是表达抗议，且保护自己不被警方设计构陷。

08. 可疑的大卫？

我读了九人组的所有证词，其中个别人（譬如晚上九点半代替凯特回去查看的马修）被询问多次。他们的时间线虽然有些出入，但我认为并没有什么太大的问题。

如果说九人组中有任何人可疑，那一定是大卫了。这主要是源于一对英国夫妇的证词。

大卫是一名医学高级研究员，是这次旅行的主导人，行程也是他替大家订的。其余三对夫妇是他的朋友。此次行程中，大卫和妻子菲奥娜以及他们两个孩子，加上菲奥娜的母亲，共五人出行。

大卫自带了一个音频监控器，有点像现在的室内监控。如果孩子醒来哭闹，坐在餐厅里他就可以听到，因此他们一家人不用来回跑查看孩子的状况。

大卫突然被认为有问题是在案发后的第十三天，身在英国的加斯帕夫妇突然找到英国当地警方提供信息。

加斯帕夫妇同样都是医生，认识麦卡恩一家，并通过他们认识了大卫一家。他们曾经一同参加大卫组织的西班牙旅行，和卢斯之行很相似，也是多个家庭带了孩子参加。

加斯帕太太凯瑟琳看到玛德琳失踪的新闻后，回忆起一个事件。

在西班牙旅行的一个夜晚，大家在户外喝酒聊天时，她坐在大卫和杰瑞中间，听到他们在聊玛德琳。突然，大卫做出了一个让她吃惊的动作。

她描述那个动作是，他的嘴吸自己的一根食指，让手指在嘴里进进出出，另一只手的食指在他自己的乳头周围画圈，并说道："She would do this.（她会做这种事。）"

凯瑟琳认为这个"她"是指玛德琳。虽然她没听到大卫说这句话的前文，但她认为他是在以性挑逗的表情和方式做淫秽动作。

加斯帕先生也做证说，当时他也看到了大卫做那个动作，也认为这动作带性暗示。但他没有听到对话，不知道大卫当时在说玛德琳。

杰瑞当时听到这句话，没有什么反应。沉默了一会儿，聊起其他话题。

凯特琳表示在那次旅行中，在另一次谈话过程中，大卫再次做了一模一样的动作，但那次说的是和玛德琳年纪相同的大卫自己的女儿。

凯瑟琳为此感觉很不舒服，怀疑大卫会对孩子做什么。当时家长们轮流负责给所有孩子洗澡。当大卫一个人给所有孩子洗澡时，凯瑟琳不放心，偷偷站在浴室外面倾听。

她告诉警方这个信息，显然是担心大卫和玛德琳的失踪有关系。

对于她提供的信息，网上也是意见不一。有人认为大卫可能是在嘲笑 3 岁孩子还是戒不掉吮吸母乳，所以杰瑞听了并无反应，但这个开玩笑的动作被凯瑟琳过度解读。

有人认为大卫有恋童癖。

关于大卫的第二个争议是，他在接受询问时，当被问起玛德琳是个什么样的女孩时，他说 "She was beautiful"，但又立刻改口说 "She is beautiful"。网上有这段录像。有网友认为，大卫用过去时态代表他知道玛德琳已死。

但换个角度，也可以说这代表大卫"相信"玛德琳已死。寻找多日无果后，可能大卫和九人组其他人内心认为玛德琳多半遭遇不测了，只是这太伤人，不好这么明说而已。而他不小心用了过去时态只是泄露了他的想法，并不代表他知道在玛德琳身上发生了什么。

关于大卫的第三个争论是，大卫曾做证说，案发当天的晚上六点半，他去过 5A，见到了玛德琳和双胞胎。如果这是真的，他是除了麦卡恩家人外，最后一个见过玛德琳，能证实她当时活着的人。

岗卡罗等人认为大卫、杰瑞和凯特三个人的证词矛盾，大卫当天根本没去过 5A，也没见过这三个孩子。

那么他们的证词是否真的矛盾呢？

已知，九人组的七个人在 5 月 3 日下午都去一家餐厅吃冰激凌，喝茶。而凯特和杰瑞不知为何没参加他们的活动。(根据他们的证词，他们当时在游泳和打网球。)

傍晚五点半，凯特和杰瑞从托儿所接走孩子。

晚上六点，杰瑞去网球场。

晚上六点十三分，吃冰激凌的七个人中的男性先离开餐厅，而他们的妻子在十五分钟后离开，餐厅监控证明了这一点。

大卫在证词中说："我回到了海洋俱乐部，在网球场看到了杰瑞，只是看看他在干吗,并决定我们(大卫和拉塞尔)要回来打网球。杰瑞让我回去看看凯特那里是不是一切都好。我不记得他到底为什么让我这么做了。可能他想在网球场多留一会儿。"

大卫说,因此,晚上六点半,他到达 5A。当时阳台后门没锁,他是从后门进去的。

凯特在证词中说,大卫进来时,三个孩子在自己吃饼干,看书,她刚洗完澡在给自己擦干时听到敲门声。她走出来,看见大卫已经从移门进来。

大卫说,他看到三个孩子都穿了睡衣,完美无瑕,很开心的样子。他确定他看见了玛德琳也在。

凯特说,当时杰瑞让大卫来帮助自己一起带孩子去娱乐中心玩。虽然计划是这样的,但凯特表示不打算去了。

大卫说了句:"现在让他们睡觉太早了点吧?"凯特回答:"他们玩了一整天都很累了。"

凯特说,大卫只待了三十秒就走了。大卫说,自己待了三至五分钟。两个人描述的时间相差不大。

杰瑞说大卫在 5A 待了半小时。

我认为,杰瑞所说的时间是从大卫离开网球场到回到网球场的时间。而实际上,大卫在 5A 待了几分钟后,又回自己公寓做了其他事。所以杰瑞并不知道大卫真正待了多久。

大卫说,他回网球场和马修、拉塞尔、杰瑞和丹(教练)一起打球。但杰瑞只打了很小的一会儿,就决定回去,只留他们四人。

(可能是因为杰瑞听说凯特不带孩子去娱乐中心后,决定回 5A。)

综上,我认为这三个人的证词并没有太多实质性的矛盾,无法因此否定大卫当天去过 5A。

严谨地说,如果凯瑟琳的证词使大卫这个证人失去可信度的话,那么确实也无法证实,当天晚上六点半,他曾见过玛德琳。

那么,玛德琳会不会像一些人所说的那样,其实在 5 月 3 日之前已经去世,所以麦卡恩夫妇有充足的时间藏尸、抛尸呢?

这种猜测主要是因为玛德琳生前最后一张照片疑似伪造……

下篇:猜想篇

01. 父母的疑点

案发后的时间线是这样的:

5 月 3 日,麦卡恩夫妇报警称玛德琳失踪。

5 月 4 日,麦卡恩夫妇从 5A 搬去了 4G。5A 和 4G 都位于水上村小区。

6 月 3 日左右,被封闭了一个月的 5A 又租给其他游客。

7 月 2 日至 3 日,麦卡恩夫妇搬离了水上村的 4G,搬入另一条街的别墅。

7 月 31 日,英国警探马丁·格里姆带嗅觉犬进 5A,"发现"血迹和尸味。5A 重新作为犯罪现场被保护起来。

8 月 2 日,马丁·格里姆带嗅觉犬进别墅,血液犬无发现,寻尸犬发现一些物件。

8 月 6 日,马丁·格里姆带嗅觉犬搜查租车,在车上"发现"血迹和尸体味道。随后提取样本送到了法庭科学服务中心。

9月7日，麦卡恩夫妇正式被警方列为嫌疑人。

9月9日，麦卡恩全家离开葡萄牙，回到了英国。

麦卡恩夫妇的动作、表情并非只有一种解读方式。就我目前读到的证词，他们在英国的朋友、同事、教会友人、一起度假的九人组，并没有人对夫妻平时的人品和教育孩子的方式提出过质疑，或认为他们的表现有任何可疑之处。

譬如，5月3日晚上九点过后，一个英国制片人遇见刚查看5A回来的杰瑞，两个人站在公寓楼下有过交谈。

该制片人在证词中说，当晚杰瑞表现得轻松、友好，不像有心事，两个人还闲聊了家庭、工作等。当时，杰瑞跟他说，若不是因为和朋友们一起度假，他和妻子当晚很可能不会出门，而是和孩子们待在家里。

另一个托儿所保姆在得知孩子失踪后，几分钟后赶到5A，是最早到达的三个工作人员之一。她说凯特当时整个人都崩溃了，不停颤抖，根本无法安慰，她不认为她的表现是装出来的。

住在5A楼上的楼上的一对夫妇当时下楼帮忙找孩子，看到凯特在不断哀号。

但电视机前的观众，并不了解他们的为人，因而对他们的表情和举止有不同的解读。

在撇开这些无法成为证据的表现外，兜兜转转一圈又回到了最核心的证据：两只嗅觉犬的发现。

根据马丁·格里姆的报告原文，7月31日那天，除了5A外，寻尸犬还搜索了九人组其他成员曾住过的5B、5D、5H，麦卡恩夫妇和双胞胎后来居住的4G，另一个嫌犯罗伯特·穆拉特的住所，以及海滩、户外的荒地和下水道。

但在所有搜索的地点中，寻尸犬和血液犬只对最先搜索的5A有反应。

哪怕证实了狗狗是正确的，DNA是玛德琳的，也不能排除一种可能：罪犯致使玛德琳在 5A 死亡，怕尸体上留下自己的痕迹（譬如精液）等原因，在凯特回去前转移并销毁了尸体。

葡萄牙警方随后申请搜查麦卡恩夫妇当时所住的别墅和在案发二十四天后租的车。

只要在这两者中发现玛德琳的血迹和尸体味道，基本可以排除以上这种情况。

在两次搜查中，两条嗅觉犬给出信号的地点有：

5A：客厅沙发背后（血、尸），麦卡恩夫妇卧室的衣柜（尸），阳台下的花园（尸）。

4G：洗过的毛绒小猫（尸），玛德琳的 T 恤（尸），凯特的裤子（尸），凯特在玛德琳失踪后买的衣服（尸）。

租车：副驾门（尸），车钥匙（血、尸），后备厢（血、尸）。

这些地点、物件可能暗示什么呢？

玛德琳是在沙发后去世的，去世后没有被放回床上（因为小床上没有尸体的味道）。可能被短暂藏在主卧衣柜（或包裹尸体的物品放进过主卧衣柜）。

然后被人从后门带走、处理。

尸体没有进过 4G，因为 4G 内没有固定物体上发现尸体的味道。毛绒小猫和三件衣服可能是在 5A 或者其他藏尸点接触过尸体。

麦卡恩夫妇可能在一个月后去过藏尸点，悼念或者进一步处理尸体。或许他们接触、拥抱过尸体，而后用手或手套抓车钥匙、车门把手等，把尸体的味道带到车钥匙、车门上。当时凯特可能穿的是新买的衣服。他们可能用后备厢运过尸体，也可能只是拿回当时包裹尸体的衣物，扔回后备厢，留下了尸体的味道。

（对于凯特在女儿失踪后还有心情买新衣服的质疑，我觉得他们当时是以游客的身份来的，只带了几天的衣服，却由于找女儿而长期留下来，在当地添置衣物也很正常。）

麦卡恩夫妇对于寻尸犬的结果是什么反应呢？

他们不断强调：

1.这两只狗完全不可靠，他们不相信自己的女儿死了。

2.自己是遭到了警方的陷害。

3.在全世界媒体的关注下怎么可能转移尸体和抛尸？

布朗说正常的父母如果听到狗狗说自己女儿死了，首先会想搞明白到底死没死，而不是一味否认。

但换个角度想，这种否认也可以理解：许多受害人父母都拒绝接受自己的孩子死亡的事实。

杰瑞也说过：我们打官司的主要目的是不希望人们在没有证据的情况下说我们的女儿已经死了，这会让所有人不再去寻找她。

【没药花园】

那么，嗅觉犬到底可靠吗？

我试图去弄明白嗅觉犬的工作原理，比如它们到底能发现死后多久的尸体留下的气味，尸体必须在一个地方停留多久等问题。

据我了解，这些嗅觉犬一般从小就被选中培养，经过层层筛选，最后只有极小部分可以胜任这个工作。本案例中，案发时可拉3岁，艾迪7岁（现已去世），它们在美国接受过美国联邦调查局的训练。

1.理论上血液犬能分辨人类血液和动物血液，并只对人类血液给出反应。

2.寻尸犬能分辨人类和动物尸体，除了猪。这可能因为人和猪在死后散发的气味有某种相似性，训练者拿死去的小猪训练寻尸犬。

3.我在一篇文章中读到，尸体在死后九十分钟后，就能被寻尸犬捕获气味。如果考虑最早的那种情况，意味着有尸体在死后一个多小时后才被挪走。

但我相信每只寻尸犬都不同，而且由于变量太大，极难设计实验去验证这个数据。艾迪到底能嗅到死去多久的尸体留下的气味？我没看到准确的说法。所以这个九十分钟只能作为参考。

4. 尸体在一个地方只要停放短短几分钟，就可能在将来某天被寻尸犬闻到。

瑞士伯尔尼大学曾做过一个实验，在一具死亡时间不超过三个小时的穿着衣服的尸体下面，放了一些从新地毯上剪下来的方块。一个月后，他们让三只寻尸犬从六块排成一排的地毯方块上，找出哪一块曾接触过尸体。

这个实验重复了上百次，最终结果是：找到和尸体接触十分钟的地毯方块，寻尸犬的准确率达98%；找到和尸体接触两分钟的地毯方块，寻尸犬的准确率是94%。

寻尸犬艾迪曾参与过 200 多次凶案侦破，都是准确的。但马丁也承认，狗也是可能给出错误信号的。他认为狗会给出错误信号，通常是因为训练者给狗暗示或者提示，狗为了讨主人欢心故意误报，但他说自己没这么做过。

我在美国有过一次和 K9 打交道的经历。当时我所在的城市发生 bedbug（类似臭虫）疫情，我怀疑家里有 bedbug，请了一只 K9 回家查看。K9 是退役的警犬，被专门训练于闻臭虫的气味，根据其公司介绍，准确率达 99%。它的收费也奇高，十分钟 250 美元。当时训练者告诉我，狗不仅发现我家里有臭虫，而且是在主卧床上和客厅沙发上（听起来很合理）。过程就不细说了，最后证明 K9 是错的，我胳膊上的红疹只是皮肤过敏，家里并没有任何臭虫，白白支付了 250 美元。

至于在玛德琳的这个案子中，两只狗到底有没有误报，恐怕只有这两只狗知道。鉴于血液犬和寻尸犬是先后入场，且不约而同地对沙发背后的位置、车钥匙、车后备厢给出信号，我个人认为可信度很高。

但即便可拉和艾迪是准确的，依然有一种可能：

这是一个出租旅馆，案发前有太多人入住，在案发后的 6 月 3 日至 7 月 31

日期间，也有近两个月的时间租给不同游客。车是租车，同样用的人太多。尸体和血迹或许并不是玛德琳的？

要回答这个问题，只能寄希望在 DNA 检测上。而在平常的工作中，嗅觉犬的发现不能作为证据，必须要和发现的尸体或发现的 DNA 结合。

警方从沙发背后区域，以及车的后备厢提取了一些样本，据说有血液、体液和头发，送到了位于伦敦的法庭科学服务中心（Forensic Science Service）。

拿到初步检查报告后，某个葡萄牙警察私下透露消息给葡萄牙的一家媒体：检验的 DNA 和玛德琳的 DNA 有 80% 符合。

这条消息被报道出来后，舆论哗然，世界震惊。

这等于宣告玛德琳的尸体曾出现在 5A 和租车上。

麦卡恩夫妇顿时成为众矢之的。

这时，负责儿童保护的社工也介入了，要求评估双胞胎的安全性，暗示可能会剥夺麦卡恩夫妇的抚养权。

送检四个月后，反转来了。

2007 年 11 月 30 日，警方根据 FSS 提供的报告正式公布：无法确定那些样本来自玛德琳。

他们用的词是"无法确定"。随后，葡萄牙警方取消了麦卡恩夫妇的嫌疑人身份。

Netflix 的纪录片中有一句话：There's no evidence linking the DNA in the blood traces found in the rented Renault Scenic and apartment 5A to Madeleine McCann.（没有证据显示在车上和在 5A 中发现的血迹 DNA 和玛德琳有关系。）

那么，这个"无法确定"到底是什么意思？

是就是，不是就不是，为什么说"无法确定"？

2008 年 4 月，《每日电讯报》写道，根据一个接近本案的信源所说：

1.在车上找到的两个 DNA 样本，与玛德琳的 DNA 对比，一个样本 100%符合，另一个在后备厢的毯子下面发现的样本 80%符合；

2.这两个样本不是皮肤或者头发（这两者很容易被玛德琳用过的衣物和玩具污染），而是她的血液，直接来自她的身体。

3.在 5A 的客厅窗台上找到的样本符合玛德琳的 DNA。

那么，媒体的说法是准确的吗？

我看了 FSS 的罗威博士的报告原文，媒体的表述是不准确的，他们的信息很可能是由葡萄牙警方中某个并不专业的人所提供的，或者来自他的故意误导。

罗威博士说的是：警方提供的大部分样本不能有效检测，无法得出与麦卡恩一家人中任何人有关的结论，更不要说和玛德琳有关了。

一个最具有争议的样本是在车上获得的，但不能确定到底是什么体液。这个样本的 19 个基因中，有 15 个与玛德琳的基因符合。（媒体所说的 80%大概是这么来的。）

我为此去学习了一些基本知识，也和专业人士有过探讨，现在用我的语言来给大家解读一下这份 DNA 检测报告。（如果觉得太复杂了，可以跳过，直接看结论。）

从租车和别墅取到的样本是和玛德琳本人的 DNA 进行比对的。相信很多人会问，玛德琳人不见了，她的 DNA 从哪儿来呢？

目前看到的说法是，杰瑞为此专门回了一趟英国，在当地警方的陪同下，在玛德琳卧室的枕头上取了一些此前掉落的头发。

一些读者可能会和我一样产生疑问：FSS 怎么确认枕头上的头发一定是玛德琳的？头发有没有可能是艾米丽（双胞胎中的女孩）的呢？

FSS 也考虑到了这一点。他们做了测试：首先他们提取了杰瑞和凯特的 DNA，证明枕头上头发的 DNA 属于他们的亲生子女；然后，他们提取了双胞胎艾米丽和肖恩的 DNA，证明他们的 DNA 和枕头上的 DNA 不符。所以只要麦卡恩夫妇只有三个孩子，那这些头发一定是玛德琳的。

由于大部分样本都无法有效测试，最后接近成功分析的是一个在车的后备厢里提取的样本，他们的结论是 19 个基因中的 15 个基因符合。

我在试图了解这个报告时，看了很多国外论坛的帖子，发现在国外的论坛上，一些自称专家的网友把基因位点（locus）和等位基因（allele）混为一谈。

有个自称退休警察的人在网上说，美国法庭只要求测试 13 个基因……英国只求要测试 10 个基因，10 个基因符合加上性别符合，就可以证明是本人了。可 FSS 却对本案测试了 19 个基因，这是葡萄牙警方的特殊要求吗？难道 15 个基因符合（超过英美标准）还不够证明是玛德琳的吗？

这段论述得到许多人的支持，开始我也觉得有道理，但了解之后才知道是错的。

美国法庭要求测试的是 13 个位点，而不是 13 个基因。

人类 DNA 的一个位点有两个等位基因，分别从父亲和母亲处继承。所以13 个位点就是 26 个等位基因。

英国要求测试 10 个位点，也就是 20 个等位基因。所以本案完全是按照英国的要求来测试的。

由于在某个位点，玛德琳继承父母的两个等位基因是一样的，所以就剩 19 个等位基因。最后他们发现 19 个等位基因中有 15 个符合玛德琳，15/19 并未达到英国的判断标准——19/19 或 20/20。

无论测多少个基因位点，只要有一个等位基因不符合，就证明样本不是玛德琳的 DNA。那么 19 个中有 15 个相同，是怎么回事呢？

如果另外 4 个是不符合的，FSS 只要直接宣布样本不属于玛德琳就行了。但 FSS 并没有这么说，而是宣布无法确定。

这说明：另外 4 个位点可能在后备厢中被日照、清洗、高温等原因损坏了，而导致无法分析。这种情况下，研究人员为了谨慎起见说无法确定，毕竟万一剩下的 4 个等位基因中任何一个是不同的呢?

假设损坏的 4 个等位基因之一或全部与玛德琳的 DNA 不同，就出现一个问题: 如果他们在车的后备厢里找到的不是玛德琳的 DNA，会是谁的? 谁会和玛德琳有 15 个等位基因都相同? 这种概率是多少?

我查了一些文章，认为艾米丽和玛德琳的 15 个等位基因完全相同的概率是极低的。也就是说，如果样本的 15 个等位基因和玛德琳的 DNA 完全相同，而另外 4 个等位基因只是因为损坏而无法测试，那么这个样本是来自玛德琳的可能性极高——概率上来说，远远大于样本是艾米丽的可能性。

那是不是我们可以说，DNA 极有可能是玛德琳的呢?

不可以。

因为我在罗威博士当年的报告原文中读到，他们无法确定不仅仅因为另外 4 个等位基因被损坏，还因为他们从 10 个位点中共提取到 37 个等位基因。

按照一个位点有 2 个基因，那么就应该是 20 个等位基因，怎么会有 37 个呢? 这说明，这份样本中混入了 3 至 5 个人的基因。

所以，15/19 就变成了 15/37，这大大增加了不确定性。

理论上，实验者没有办法把不同人的基因分开，除非知道到底是谁的 DNA 混在里面。但因为这是租车，可能有麦卡恩家人的 DNA，也可能有许多陌生人的，他们无法整理出到底有几个人以及哪些人的 DNA 在里面。这就使得 15 个基因匹配的结果不具有意义。

总结: 确实无法得出这是玛德琳的 DNA 的结论。

如果 DNA 检测有一个定论，这场纷争恐怕早可以结束了，至少可以让倾向性更强。

可惜 DNA 检测无法证实或者证伪玛德琳的尸体曾出现在 5A 和租车上。

这使得其他可能性依然存在:

1. 嗅觉犬误报。

2. 嗅觉犬没有误报，血迹和尸体是其他人的。

3. 嗅觉犬没有误报，但 4G 和租车是被 5A 的衣物玩具污染的。

一个"无法确定"又把纷争延续了十几年。各自站队的人依然坚定地相信自己的判断。

现在的基因检测技术比十几年前发达许多。一家美国实验室在今年接受媒体采访时表示，若把样本交给他们，肯定能检测出来。希望英国警方能把样本提供给其他实验室一试。

在相信嗅觉犬的判断为真、DNA 为真的情况下，有两种可能：

1. 麦卡恩夫妇意外导致女儿死亡后藏尸。

2. 有罪犯杀死了玛德琳，并将尸体转移出 5A。租车上和 4G 中的尸体的味道，可能是接触过玛德琳的尸体的毛绒小猫带过去的。车上嗅出血迹，可能是任何人的血迹，譬如双胞胎流鼻血，父母之一手弄破出血，但由于伤太小而忘记了。

也有一些人相信第二种可能。

02. 小猫谜团

凯特确实无论去哪儿都带着毛绒小猫。是否这样才把尸体的味道沾到了 4G 和租车上？才致使凯特在案发后新买的衣服上也有玛德琳尸体的味道？

这个毛绒小猫是玛德琳最喜欢的玩具，是她在英国的教父送给她的，每天睡觉她都会抱着它。

案发当晚，凯特是在哪儿发现毛绒小猫的？我看到她在不同时间给出了两个不同的证词。如果说凯特的证词有前后矛盾的地方，那最显著的就是关于这个了。

一种说法：凯特当晚回到 5A，发现玛德琳不在床上，而毛绒小猫被人放在一个很高的、玛德琳够不着的壁架上，再加上打开的窗户，她才判断玛德琳被绑架了。

另一种说法：凯特发现毛绒小猫和毯子都在床上，玛德琳不在。

目前两种说法都有，没看到有人追问她到底哪种说法才是正确的。但是我在房间的照片里没有看到有壁架，所以是在其他房间的壁架上发现了毛绒小猫？

在案发五天后，凯特把毛绒小猫洗了。她在日记里写道，她不愿意洗去毛绒小猫上玛德琳的气味，但它上面都是防晒霜和沙子，弄得很脏。

案发后两个月后，在嗅觉犬上场的数周前，因为觉得毛绒小猫脏，她又把它洗了一次。也就是说，艾迪是在洗过两次的毛绒小猫上嗅到尸体的味道。

从媒体公布的照片看，毛绒小猫确实很脏。

但许多人不相信，一个母亲会因为忍受不了脏，把女儿最贴身的玩具洗了两次，洗去女儿留下的气味。

不同理论

我对岗卡罗的看法是，他只能提出质疑，却不能提出一个有说服力的假设。事实上他在《谎言的真相》中的理论，比起玛德琳夫妇的绑匪论，漏洞更多，更难以令人信服。

岗卡罗认为，杰瑞在晚上九点零五分回 5A 的路上，和英国制片人站在窗下交谈，吵醒了玛德琳，导致玛德琳爬上沙发查看时失足摔死。杰瑞回到房间发现玛德琳去世，立刻想办法藏尸，再回到桌边。晚上十点，凯特回房间查看时，又打开窗户，伪造了绑架现场。

这个假设我只能打零颗星。这非常不合理。

1.制片人已经说了，杰瑞是在查看完 5A 后回餐厅的路上才遇见他的。假设当时杰瑞真的是在尚未查看 5A 的路上，他对女儿的去世不知情，完全没有理由说谎。

2. 既然相信玛德琳吃了嗜睡的药，她又是如何轻易被墙外的交谈吵醒的？（杰瑞是走阳台门进出 5A 的，那么他们应当是像他们声称的那样站在阳台外的路口交谈，和孩子们的卧室相距最远，玛德琳不可能听到交谈声。）

3. 玛德琳爬上并不高的沙发，一下摔死的概率有多高？

4. 杰瑞发现她摔倒（通常不会立刻死去），为什么没有打急救电话抢救？

5. 哪怕当时她已经摔死（毕竟不是药物致死），他怎么会第一时间想到藏尸和伪造绑架？如果他们想要推脱责任，可以立刻想出许多借口：比如，玛德琳是在父母转身去上厕所时自己爬上沙发的。

6. 晚上九点零五分，杰瑞去 5A，晚上十点出现在海边，说明尸体在 5A 时距离死亡时间可能只有半个小时，足以留下尸体的味道吗？

7. 他当时出门去藏尸，是藏在哪儿了？如果刚好被史密斯一家遇见的人是他，那么意味着是藏在海边。在 6 月葡萄牙南部高温天气下，尸体在海边二十四天基本已经腐烂，他又为何冒险把腐烂的尸体装进后备厢再运一次？

8. 他明明离开餐桌一个小时，为什么另外八个人要配合他说谎？他们和他之间有什么紧密的利益联系，可以胜过他们的法律意识和良知呢？

9. 他抛完尸回到餐桌时，和凯特应该都没有机会当着那么多人的面商量此事，当晚两个人的座位中间还有一个人，凯特怎么会这么默契，在晚上十点，一回家发现女儿不在，就打开窗户，伪造绑架？

10. 假设他在餐厅找机会向凯特吐露一切，凯特怎么会立刻平静地接受这一切？她刚刚得知自己的女儿摔死了，并被丈夫把尸体扔了啊！多冷血的母亲才会在听到此噩耗后，依然在餐桌上保持情绪无异样，直到回到 5A 后才开始演戏？

如果说绑架论的漏洞主要在于那两条嗅觉犬的发现，那么岗卡罗藏尸论的漏洞，主要在于麦卡恩夫妇几乎很难有时间和条件藏尸与转移尸体，夫妇两个人情绪的不符，以及这个时间线和所有餐厅证人的证词矛盾。

许多人觉得麦卡恩夫妇的"绑匪论"说不通，并不意味着他们觉得玛德琳夫妇藏尸于冰箱，当晚转移就说得通。他们认为有一个更好的理论在那里，只是还没被人提出来。

那么这样的理论到底存在吗？

03. 绑匪论

一、暗网和人口贩卖

《玛德琳的消失》中曾提到，警方破获了一个通过暗网进行人口贩卖的团伙。他们发现暗网中有条信息，是在案发前几天有匿名买家下订单，求购一个3岁的小女孩。（无法证实这个订单和玛德琳有关。）

如果是人口贩卖的话，可能有一个犯罪团伙，有预谋和组织，作案时至少2人至3人参与，且有一个完整的交易链。这样，一些问题似乎就解释得通了。

1.为什么家长们不到半个小时就查看一次房间，罪犯可以恰好找准时机动手？

因为有人在放哨，盯着这些父母的一举一动。

2.为什么窗户是打开的，没有爬窗的脚印，而成年人很难抱着孩子从窗户出入？

因为一个罪犯从后门进入后，打开窗户把孩子递给窗外的人，让其带去停车场离开，自己从前门离开。

3.为什么绑匪和玛德琳可以很快消失？

因为有计划而不是临时起意，所以早有船在码头等待，或者有车辆把他们带离葡萄牙。

案发一年后，凯特在翻阅葡萄牙警方提供的证据副本时，看到了餐厅订座本的扫描件。上面手写着：这九个人连续四晚在晚上八点半订同一个餐桌。

而在这句话后面竟然还加了一句："他们想就近吃饭是因为他们会留孩子独

自在公寓里睡觉，会定时回去查看。"

当时，这个本子就敞开放在泳池的迎宾台上，所有员工和有心的客人都可以看见。

凯特看到这个证据后很愤怒，认为可能正是这个本子给了罪犯提示，让他们能准确地知道哪个房间里有孩子在睡觉，大人却不在家。

【没药花园】

贩卖人口绑架论的最大漏洞是：如果要绑架女孩，肯定需要保证玛德琳活着，不太可能在 5A 导致其死亡。哪怕不小心导致其死亡，也不太可能会运走尸体，因为尸体没有经济价值，反而会在带走的过程中大大增加风险。

那么，该如何解释那两条嗅觉犬，特别是寻尸犬的发现？

研究人口贩卖的知名专家金伯利·梅尔曼—奥罗斯科认为，玛德琳不太可能遭到人口贩卖。人口贩卖主要靠拐骗，极少用绑架的方式，因为很难控制受害人，并且很难躲过警察的搜捕。

的确，哪怕这个组织通过订座本知道 5A 没有大人，他们怎么能确定玛德琳和双胞胎会熟睡并且实施如此明目张胆的绑票？他们如何防止引发三个孩子大哭？

有人或许会说，他们在 5 月 2 日晚上踩点发现三个孩子都睡得很沉。但既然他们的目标就是绑架，5 月 2 日都已经进房间了，而且孩子也没醒，为何当时不绑架？谁能保证 5 月 2 日熟睡的他们在 5 月 3 日还睡得那么死呢？（除非是他们给三个孩子注射了镇静剂、迷药。）

可能性：★★★

二、一个当地的恋童癖患者单独作案

恋童癖患者爬窗进入，在 5A 导致玛德琳死亡。比如他把玛德琳带出卧室

进行犯罪活动时（在房间里怕吵醒双胞胎），玛德琳清醒后大声哭泣，他用捂嘴等方式导致她窒息、出血、死亡。

他担心留下自己的 DNA，譬如精液等，所以带着尸体离开。

至于离开方式，我倾向于认为是从前门离开。前门和窗挨得很近，且都通向同一个露天走道，他没有理由费大力气爬窗而不直接打开前门走出去。

在这种假设下，如果别墅和汽车上出现尸体的味道，只能解释为是通过毛绒小猫等其他物品传递过去的。

可能性：★★★

警方的确找到两个患有恋童癖的嫌疑人。

嫌疑人一：罗伯特·穆拉特

案发时 33 岁的英国房产中介罗伯特·穆拉特的家就在海洋俱乐部旁边。他和母亲住在卢斯，他的妻子和孩子则留在英国，据说他和妻子正在闹离婚。他有个女儿和玛德琳年龄相仿。他本人是那种自命不凡、高调的性格。

5 月 3 日后，欧洲各国的大批记者赶到现场，守在公寓门口采访，而懂葡萄牙语的罗伯特接连几天都在现场给记者当翻译，解答问题，俨然一个官方发言人。他还不时向记者和警方打听案情的进展。

记者开始都搞不清他是谁，以为是麦卡恩一家的代表，但很快发现他只是个住在附近的邻居。记者对他产生怀疑，跟踪他，并报告给警察。

简告诉警方自己在晚上九点十五分左右看见一个男子怀抱女孩走向东边，而罗伯特的住所就在东边几百米。

2007 年 5 月 13 日，简对警方说，罗伯特很像她看见的男子，并且坚持这个说法直到 2008 年 4 月。（简此前对警方说看见的那个人头发略长，但罗伯特头发短……除非他戴假发，并做其他掩饰。）

5 月 14 日，罗伯特被葡萄牙警方列为第一个怀疑目标。

此后罗伯特被警方询问，他的家被搜查三次，泳池的水被抽干了，电脑被收走，两只嗅觉犬也去搜查过，但一无所获。

2008 年 7 月，葡萄牙警方结束对整个案子的调查时，才解除罗伯特的嫌疑。

如果说罗伯特有可疑的地方，那就是他的不在场证明。和他住在一起的 71 岁的老母亲做证说，5 月 3 日当晚，罗伯特从没出过家门，但是有八个证人表示当晚在度假村见过他。

拉塞尔、菲奥娜和瑞秋，都说在 5A 附近看见过罗伯特。拉塞尔还说当时和罗伯特有过交谈，罗伯特曾留自己的联系方式给他。另有一对夫妇也说看见他那天在这个时间段独自走在马路上。

在度假村工作的 20 岁保姆夏洛特·彭宁顿很肯定地表示，案发当晚在公寓旁看见了罗伯特。但第二天早上当她看见罗伯特在给人当翻译时，提起他昨晚也在现场，他却说："不，我不在。"并暗示她不应该再较真这个问题。

此外，他还把自己的电话给托儿所另一个工作人员，说："你们看见任何可疑的事就联系我。"但没有人知道是谁授权他这么做的。

葡萄牙警方曾组织一次当面对质，但双方各自咬死自己的证词。罗伯特认为这几个人串通诬陷他。

后来他又说，可能这八个证人看见的是另一个房产中介安格斯，其公司就在度假村附近。

这两个人长得有点像，职业一样，但我认为气质差异很大。

安格斯很肯定地说，他在案发前已经结束工作，开车回到 16 公里以外的家里，和家人在一起。

警察三次搜查罗伯特的住所，并没有找到什么，但又有记者说警察根本没好好搜。比如旁边有一块泥，此前记者拍照了，搜查结束，那块泥还是老样子，说明没被挖掘过。（但我认为由于罗伯特和母亲同住，他哪怕真的绑架玛德琳，把她带回家的可能性也较低。）

罗伯特在玛德琳失踪当晚接近零点时，打电话给另一个俄罗斯人，未接通。那是一个IT男，自称给罗伯特建网页，因此有彼此的电话。警方怀疑罗伯特绑架玛德琳后，曾把她交给俄罗斯人带走。但俄罗斯人说他没接到罗伯特的电话，不知道他找自己干什么。而罗伯特表示不记得这通电话，可能是不小心按到的。

那史密斯一家在晚上十点左右看见的男人是不是罗伯特呢？

史密斯先生可以肯定自己当晚见到的抱孩子的男子不是罗伯特，因为他在2006年就认识罗伯特了，如果是罗伯特的话，他可以一眼认出。

有11家媒体曾报道罗伯特因为恋童癖，绑架了玛德琳。被解除嫌疑后的罗伯特起诉那些媒体诽谤，法庭判他获得60万英镑的赔偿。

【没药花园】

除了罗伯特的不在场证明非常可疑外，警方确实也没有什么证据指向他。我个人认为他不太可能会在住得那么近，许多人认识他的情况下，抱着玛德琳在马路上大大咧咧走回家，因为目标太明显，被目击的概率太高。但他又为何极力否认自己当晚曾在案发现场呢？

嫌疑人二：欧克利德斯·蒙泰罗

欧克利德斯·蒙泰罗是个住在卢斯的黑人移民，此前在海洋俱乐部的餐厅当服务生，因偷窃客人的财物在案发前六个月被解雇。

欧克利德斯·蒙泰罗身高188厘米，吸食海洛因上瘾，屡次偷同事和客人的钱去买毒品。

2013年，当英国警方重新调查案发当晚出现在附近的手机信号时，警方发现他的手机信号在玛德琳失踪那段时间刚好出现在度假村附近，而当时他已经被解雇了半年，也不住在附近。

5月3日晚上，他回度假村干什么？

警方怀疑他因为被解雇一事而耿耿于怀，为了报复雇主，前往5A入室盗窃，无意中发现玛德琳后把她带走。

也有人怀疑欧克利德斯·蒙泰罗就是那个屡次入室猥亵女童的恋童癖患者。

我在前文写过，在案发前（2004年至2006年）卢斯发生过12起夜间闯入三个度假村的案件。6起案件中，罪犯坐或躺在儿童的床上。在9起案件中，公寓没有硬闯的痕迹，没有物品被偷走，或只有极少的财物被偷走。当时一个7岁的女孩声称看见的男子是深色皮肤（也有说法是皮肤晒黑的那种深色，不是指黑人），有烟草的气味，说有口音的英语。

2007年，警方向海洋俱乐部要了一份前雇员和现雇员的名单。但不知为何，海洋俱乐部没有把欧克利德斯·蒙泰罗列在名单上，导致葡萄牙警方从来没有留意过这个人的存在，直到2013年。

可惜警方再没有机会询问欧克利德斯·蒙泰罗，因为他已于2009年因车祸去世。

警方后来搜查过他的家，询问过他的遗孀，但没有找到什么线索。欧克利德斯·蒙泰罗的遗孀和家人很愤怒，认为警方是想找个死人做替罪羊。

【没药花园】

目前可以确认的是，欧克利德斯·蒙泰罗是个瘾君子，有过入室盗窃的历史，但并没有恋童癖和性侵的记录。他此前无论是偷客人财物还是入室盗窃，目的很明确：为了找钱。

而在几起儿童性侵案中，包括玛德琳这起，都没有钱财丢失。如果欧克利德斯·蒙泰罗都已经翻墙入室了，手头拮据的他怎么会不趁机多偷盗点财物？

从他接近190厘米的身高来看，从仅46厘米宽的窗户进出的可能性很小。或许，他只是打开窗户看看停车场的情况？

他的外形、身高、肤色也不符合简或者史密斯一家的目击。

04. 麦卡恩夫妇藏尸

用餐前死亡、藏尸

一些人提出，麦卡恩夫妇确实曾藏尸，但不像岗卡罗说的发生在用餐期间，而是发生在用餐前。

现在已知：

傍晚五点半，麦卡恩夫妇从托儿所接走玛德琳，有家长签名记录。

晚上六点半，大卫声称看到玛德琳好好的。

晚上七点，杰瑞离开网球场，有签名记录。

晚上八点半，杰瑞和凯特出现在餐厅。

假设这些记录没造假，大卫没说谎，那么意外死亡和转移尸体可能发生在晚上七点至八点半之间。

为什么这比岗卡罗所说的，杰瑞在吃饭中间跑出去转移尸体更合理？因为时间更充裕，且夫妻两个同时在家，也有合谋的机会。

那么，玛德琳是因为什么原因死亡呢？

目前主要有三种猜测：

1. 摔跤。（这种属于意外，父母责任不大，我不认为他们的理性选择是藏尸。）

2. 父母之一殴打。（目前没有任何人指出麦卡恩夫妇有家暴历史，要打死一个 4 岁孩子，下手需要非常狠。）

3. 玛德琳可能对喂给她吃的安眠药物发生过敏反应，造成过敏性休克，倒在沙发背后。杰瑞作为心脏科医生，急忙移开沙发，试图给玛德琳做按压胸口和人工呼吸。而这时，玛德琳肺部的血液从嘴巴喷溅在沙发背后和墙上。

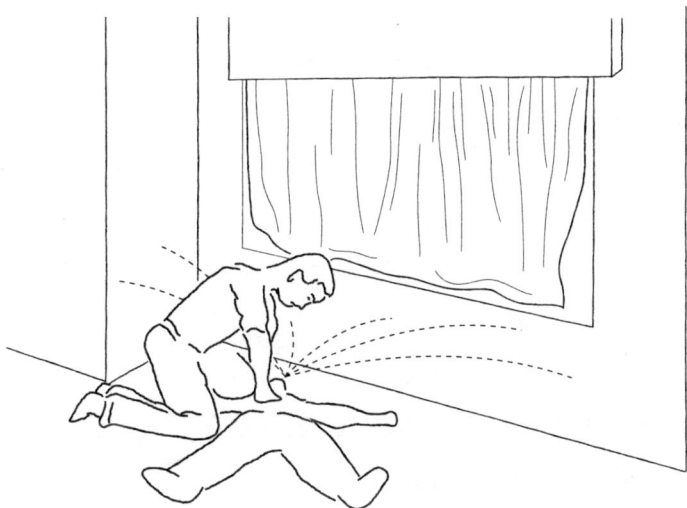

第三个理论听起来似乎比前两个更合理。

有人或许会问：

1. 如果晚上八点半以后，玛德琳的尸体就不在房间里了，麦卡恩夫妇只是假装定时回 5A 查看，他们为什么要让马修代替他们回 5A？

如果马修当时认真一点，会发现玛德琳不在床上，窗户打开了。这或许是凯特追求的理想状况，由第三个人发现和证实"犯罪现场"。

2. 麦卡恩夫妇刚刚失去一个女儿，且做完如此恐怖之事，就立刻赶去饭局，在餐桌上和其他人互动时，大家都没有察觉到他们情绪的差异？认为他们具有这种演技，真不知是神化还是妖魔化？

3. 同样，他们如果已经成功藏尸二十四天不被人找到，为什么要在二十四天后冒高风险转移尸体？

5月3日前玛德琳已死亡

这种理论有点接近阴谋论。玛德琳在 5 月 1 日或者 5 月 2 日已经死亡，并被转移。

那么5月1日和5月2日到底发生了什么？5月3日前玛德琳有可能死亡吗？我们再看看案发前的时间线。

5月1日晚上九点，水中有氧操女教练纳茹·切卡亚在餐厅举办了一个有奖竞猜，结束后被杰瑞邀请和他们一桌人坐在一起喝一杯。外国网友表示，这个年轻的大胸女教练很性感，桌上的男性是不会冷落她的。

纳茹·切卡亚总共坐了二十分钟，至晚上九点五十分。她留意到有一个人一直不在桌边，刀叉没动过，但不知道是谁。后来警方给她看了照片，她觉得没怎么留意到大卫的存在，但不确定。但简和拉塞尔都声称当晚拉塞尔在房间陪他们生病的女儿，缺席的是拉塞尔。

5月1日晚上十点十六分，凯特提前独自回5A，这由她的手机活动证实。据悉九人组去餐厅吃饭时不带手机，所以此前这9部手机在吃饭期间都没有活动。但凯特的手机在晚上十点十六分至十点二十七分之间有一系列频繁的电话和短信，也间接说明她回到5A了。虽然不清楚她独自在公寓联系了谁，但可以确认不是联系九人组的其他人。等到葡萄牙警方在几个月后调查麦卡恩夫妇时，通话记录已经都删除了。

住在5A正楼上的是一个英国老太太帕米拉（已去世）。2003年起，她一直住在水上村小区。案发三个半月后，她突然向警方提供了一个重要信息。

帕米拉表示，在5月1日晚上十点半，听到一个小女孩的哭声，并且不停喊叫"爸爸，爸爸"。哭声越来越大，持续了一小时十五分钟。她很确定哭声是来自楼下的5A，不像是艾米丽这样的小小孩。

晚上十一点四十五分，帕米拉自称听到麦卡恩夫妇回家了，随着麦卡恩夫妇进屋，哭声停止了。但她并没有看见他们回家，只是听到有人打开了楼下的阳台门。（有人质疑孩子哭声这么大，帕米拉不可能听到移门声。）

2007年7月24日的一条相关新闻下面，有个网友留言说，5月1日晚上十点，九人组到达 500 多米远的卓别林酒吧，开始喝酒放松，直到晚上十一点四十五才回家，其间没人回去查看孩子。这和帕米拉的证词在时间上是一致的。但此留言并未获得任何卓别林酒吧的人的证实，警察也没有当真，有人认为是网友造谣。

如果凯特确实在晚上十点十六分就回到了 5A，也就是说玛德琳号啕大哭时，凯特是在家的。或者是她对女儿置之不理，或者就是她在教训玛德琳，所以，玛德琳才会哭喊"爸爸"求助，而不是"妈妈"。晚上十一点四十五分，可能是因为杰瑞回到家里，玛德琳才停止了哭泣。

根据凯特提供给葡萄牙警方的证词，5 月 1 日晚上，玛德琳睡在他们大人的房间。如果她晚上十点半至十一点四十五都在哭泣，那她是在半夜才入睡？

5 月 2 日，早上七点三十六分，凯特打电话给她英国的朋友阿曼达。这天早上用手机的时间比她平时任何一天早至少两个小时。

儿童卧室靠窗的床上被褥很凌乱，显得有人曾在上面睡过。当警察问凯特是否曾睡在儿童房时，凯特承认在 5 月 2 日当晚睡在了孩子们房间空置的小床上。

她说那天晚上，她不满杰瑞在晚餐时忽视她，两个人发生了争吵。为了报复杰瑞，她在杰瑞睡着后，自己搬去了小房间睡。

但她不知道杰瑞是否留意到自己没睡主卧。

而杰瑞在被警察询问时则说，他以为凯特是因为自己打呼才半夜睡到隔壁房间，所以连问都没问过她。

质疑麦卡恩夫妇的人认为，分房睡其实发生在 5 月 1 日晚上，凯特为了隐藏 5 月 1 日晚上真实发生的事，而说谎了。

5 月 3 日早上，凯特听到玛德琳问她："昨晚我和肖恩哭的时候，你在哪儿呢？"

凯特最初的证词是："昨晚艾米丽和肖恩哭的时候，你怎么没过来呢？"

既然 5 月 2 日凯特和孩子们睡在一个房间，那么，哭泣指的是他们还在餐厅没回家时？

5 月 3 日案发当晚就餐时，凯特和杰瑞没有坐在一起，中间隔了菲奥娜。当然菲奥娜和她丈夫大卫之间也隔了杰瑞。

可以确定的是，5 月 1 日和 5 月 2 日，凯特和杰瑞确实发生了不愉快。

但这究竟是和世界上千千万万的普通夫妻一样，只不过是日常生活中诸多争执之一，后来女儿丢失反而让两个人的感情经历考验；还是一次性质严重的争吵，严重到凯特可能会把怒气转移到长女身上，甚至造成她意外身亡？

凯特因与杰瑞争吵而导致女儿意外身亡这个假设可能成立，也可能不成立，关键看凯特是什么性格的女性。如果她本身冲动、易怒、善妒，那么这一切在她身上发生的可能性很高，但如果她本身是个温柔、委曲求全、理性的人，可能性就很低。

有人怀疑这些事其实都发生在同一天，不是 5 月 1 日，就是 5 月 2 日。

现在除了女教练 5 月 1 日受邀，凯特在 5 月 1 日晚上十点十六分回 5A 这两件事基本可以确定，其他事件的时间到底是哪天并不确定。帕米拉可能记错一天，凯特可能故意说谎推迟一天。

我联系起这些单个事件，提出许多种可能性中的一种：

5 月 1 日晚上，杰瑞邀请了女教练入座，在餐桌上相谈甚欢。（显然女教练和凯特是完全两种类型的女性。）凯特为此吃醋。晚上十点十六分，她独自提前回 5A，并在接下来的十一分钟内联系了一个人或几个人，且她不希望警方或者杰瑞知道她做了些什么，所以后来删除了记录。

她的电话吵醒了玛德琳。玛德琳走出了房间，不愿再回去睡觉。正在气头上的凯特可能把气撒在玛德琳身上，进行训斥或者拉扯（如果只是置之不理，4 岁的小孩很少会在困倦的情况下持续哭一个多小时），导致其更加号啕大哭。

晚上十一点四十五分，杰瑞回家，玛德琳停止哭泣。杰瑞和凯特有争执。

当晚为了安抚玛德琳，也为了不让她吵醒双胞胎，杰瑞让玛德琳睡到主卧。我认为搬动玛德琳那张小床是很麻烦的，所以玛德琳应该是和父母睡在大床上。而凯特心情不好，睡不着，起身独自走到儿童房，和双胞胎睡在一个房间。

5月2日清晨，一夜辗转难眠的凯特醒得比往常早许多，早上七点三十六分，她就打电话联系了在英国的朋友阿曼达，向闺密倾诉。

5月2日晚上，凯特（或许在杰瑞的默许下）为了防止玛德琳像前几日一样醒来大哭，惊醒双胞胎，便喂几个孩子吃了助眠药。

玛德琳发生药物过敏反应，站在沙发上时，突然休克，倒在沙发背后的地上。杰瑞做人工呼吸施救，无效。

这不会只是夫妻中一个人的错误。如果凯特不顾杰瑞反对，私自喂药，杰瑞应当会愤怒、仇恨，不会配合一起说谎，且表现恩爱。

他们短暂地把尸体藏在主卧的衣柜里。5月2日晚上，或者5月3日白天，他们用某些方法，譬如把尸体裹在毯子里，扛到了海边的某个岩石洞中隐藏。

布朗一直认为他们起先是把尸体藏在海边的某个岩石缝里。但目前没有证据表明，警方漏掉搜索那些地方。

我其实认为他们没有车，又不熟悉当地，要带着尸体步行，被目击的概率很高，理论上也不可能走很远。而如果是本地恋童癖患者可以有交通工具运输且熟悉当地，可行性高很多。

在案发后的两个月内，他们曾找机会趁记者不再包围时，去那个地点看过尸体的情况。

这个假设意味着，5月3日，凡声称见过玛德琳的证词都是假的。

1. 傍晚五点半，凯特接玛德琳从托儿所离开的记录是假的。

2. 晚上六点半，大卫拜访5A，说看到了玛德琳，是他在说谎。

3. 下午两点二十九分，玛德琳拍的最后一张照片是伪造的。

那么，让我们看看这些证据。

1. 托儿所记录

首先我看了公布的记录，确实进出都有签名。5月2日中午，接走玛德琳的人不是凯特，而是托儿所阿姨。这可能是因为凯特走得匆忙，忘记签字，托儿所阿姨代签。

托儿所阿姨卡特里奥纳·贝克说，5月2日早上九点十分，杰瑞把玛德琳交给她。中午十二点二十五分，卡特里奥纳·贝克把玛德琳交给凯特。下午两点五十分，凯特把玛德琳交给她。傍晚五点半，凯特接走玛德琳。

但公布证据原件的网站这部分缺失了2页，5月3日的证词丢失了。所以只有签名，而看不到卡特里奥纳·贝克是怎么说的。

有人会说，托儿所的阿姨们都在5月3日看见了玛德琳，不可能造假吧？

但也有网友认为，这个托儿所里的孩子都是就住几天的游客，每天进进出出的孩子有很多，所以很有可能阿姨无法把每个孩子的名字和脸对上号。这给凯特机会，在接送双胞胎时，趁乱在签名本上写下玛德琳的名字。

2. 大卫拜访

大卫去5A是可以被证实的，当时有个邻居看到大卫前往5A。但他那次到底有没有看到玛德琳，无法核实，只有他自己知道。

3. 最后一张照片

麦卡恩夫妇一直声称玛德琳生前的最后一张照片，是用凯特的佳能Mpx6相机拍的，但直到5月24日才公布。照片显示拍于5月3日的下午一点二十九分（相机的夏令时没调过来），实际是5月3日的下午两点二十九分。

为了研究照片到底是不是伪造的，我花费了很多时间。

很多人认为照片是伪造的，譬如：

1. 觉得照片上玛德琳的边缘有些模糊，疑似是切图贴进杰瑞和艾米丽的合影的。（但我看了原图，不算模糊，他们看到的可能是精确度小的图片，甚至是网友恶意扭曲的图片。）

2.杰瑞眼镜里的反光不对劲。（有人论证过，泳池侧边是可能看起来竖的。）

3.杰瑞的眼镜是这样贴上去的，为了证明照片是在买眼镜后拍的。（看不出是贴上去的，而且这样做是不是有点画蛇添足？）

4.照片是真的，但当天天气很冷，他们不应该穿这么少，这可能是前几天降温前拍的，篡改了照片的数据。（穿衣服的多少因个人体质不同各不相同。）

5.构图中玛德琳坐得太边缘了，把她拿掉才是人物居于中间的构图。（构图属于个人喜好。）

6.为什么过了三周才公布玛德琳的最后一张照片？

这些都没有很说服我，直到我看到一条线索。

还记得那两只嗅觉犬在8月2日去搜索了别墅吗？全程有摄像机拍摄整个过程。但一个网友发现，在6分多钟时，镜头扫到了屋内摆设，拍到了床头的一张照片。

当我看到这张照片时，也感觉后背一凉。

不得不佩服这些细心的网友。虽然录像不清楚，但从照片上的姿势来看，这张单人照片上的玛德琳和那张合影上的玛德琳几乎一样。

这张单人照的诡异之处在于，它不仅是从三个人的合照上直接裁下来的，还修掉了杰瑞和妹妹的手，并模糊处理，做成单人照。

为什么有人要这么做？难道不是留着三个人的合影更有意义吗？

会不会有人把玛德琳早前拍的单人照抠图后，贴进了父亲和艾米丽在5月3日拍的双人照中，也做成了这个单人照，目的是伪造玛德琳在5月3日白天还活着的假象？

我一度确实相信是这样的。但我需要看到麦卡恩夫妇对此事的解释，才能真正下结论。

我终于找到了麦卡恩夫妇对此事的阐述。他们表示，因为教会需要一张玛德琳的单人照做海报，所以才从三个人的合照上面裁下来，做成了海报。

他们此前也用过其他单人照做海报，这次决定用这张，可能是因为这是玛德琳生前的最后一张照片？或者因为玛德琳笑得特别灿烂？

考虑再三，我还是选择相信麦卡恩夫妇的解释。

1.如果他们花了三周的时间，特意把玛德琳贴进两人的合影中，目的是为了掩藏玛德琳的死亡时间，他们应该会格外留心藏好原始照片，不太会再把它用作单人照。

2.单人照的背景模糊。这可能正是因为它是从三个人的合照上裁下来的，无法完美裁掉杰瑞和艾米丽的手，所以才不得不再模糊处理一下背景。这说明三个人的合照在前，单人照在后。

综合以上三点，我们依然无法证实或者证伪玛德琳在5月3日前已去世。

【没药花园总结】

我知道读到这里，可能很多人还很茫然，希望我能给出一个明确的答案：到底这是一次绑架案，还是麦卡恩夫妇的自导自演？

抱歉，我没有办法给出答案。

我在看新闻和视频时，看到下面的评论，觉得全世界的网络暴力都一样可怕。哪怕这对夫妇在镜头前抽泣，来自世界各国的评论大多是："骗子！""你们应该下地狱！""为什么这个蛇蝎女人还不被抓起来？""你们不配有子女。"……

可这些义愤填膺的网友怎么那么确定麦卡恩夫妇是凶手并藏尸呢？

如果这对夫妇是无辜的，这些言论会让他们多绝望？

我认为网友了解的情况不会比我更全面。很多人只是看了一个博客，或者一本书，就被说服了。我一向反对让情绪冲在理性的前面。在不能100%肯定的情况下，只能探讨多种可能性，不应该针对当事人进行情绪宣泄，因为太容易伤及无辜。

我认为必须听到对立双方的声音，才能做出更好的判断。

而我花了一个多月的时间，依然摇摆不定，只能说每种情况都有一定的可能性，但也都有漏洞。

从传播学上，我可以理解，怀疑麦卡恩夫妇的理论会更得人心，更容易传播。我自己在看这些理论时明显感觉自己更有精神，而看人口贩卖之类的理论时会觉得比较平淡。

为什么呢？

1. 父母藏尸的故事更离奇，情节更曲折。

2. 父母和子女的关系与每个人的生活息息相关，看完那些分析更让人有恍然大悟、看穿一切的感觉。

3. 嫌犯明确，一旦成立，意味着可以结案，谜底解开了。

但如果是人口贩卖，由于不能确定到底是哪个恋童癖患者和人贩子，意味着这个案子依然是一个谜团，人们依然不知道玛德琳是生是死，人们对答案的渴求依然得不到满足。

所以，我选择不对本案下结论。

你们读了我写的那么多对证据的讨论，更支持哪一种？

8

克里斯·沃兹杀妻灭女案

有媒体称这是 21 世纪发生在美国的最糟犯罪。

弗雷德里克是美国科罗拉多州的一个小镇，坐落在丹佛市的北面。小镇只有一万多人口，平日里风平浪静。围绕着小镇的是大片平原，上面有许多钻井平台和油井，当地许多居民的工作和石油有关。

沃兹一家人生活在弗雷德里克郊区的一个新小区。他们符合美国典型白人中产家庭的形象：夫妻两个人都有体面的工作，有两个孩子，住在大房子里。

妻子香安·沃兹漂亮、热情，是当地的小名人，丈夫克里斯·沃兹工作勤奋又顾家。一家人的生活看似完美。

2018 年 8 月 13 日午后，弗雷德里克警方突然接到一个姓阿特金森的女子的电话，声称她的好朋友、同事香安失联了。

这通电话牵扯出一起骇人的案件——被几乎所有人都视作"模范父亲""理想丈夫"的克里斯，在那天清晨谋杀了怀孕十五周的妻子和两个年幼的女儿。

杀完人后，他还记得打包自己的午餐，并去便利店买了一个三明治，然后若无其事地上班了。

一个情绪、心理正常，从小到大没和人打过架，连超速罚单都没收到过的"好男人"，为什么会毫无征兆地杀光所有的家人？

在法庭上，检察官、辩护律师、香安的娘家人以及克里斯的父母，都在一遍遍追问克里斯，这一切究竟是为什么。

虽然中国也发生过类似的案件，但公开的证据和资料都比较少。而本案中，科罗拉多州警方公布了 1960 页完整的调查报告，包含尸检报告、当事人的通信记录、电脑手机的活动、所有证人的证词等等。

结合这份官方调查报告，当事人的社交平台账号，警方公布的随身摄像机内容，对双方父母的采访，以及关于本案的纪录片、新闻报道……我将讲述案件经过，并讨论凶手的人格和他在杀人前的心理变化，希望能从中获得一些警示。

上篇：案情篇

01. "完美"的四口之家

33 岁的克里斯和同龄的妻子香安都是北卡罗来纳州人，两个人于 2010 年在北卡罗来纳州相遇。

香安当时刚被查出患有红斑狼疮，身体很糟糕。治病期间，在社交平台上收到了克里斯的好友申请。两个人相识后，克里斯给了她很大的鼓励，陪她直到身体好转。

"我当时（收到好友申请时）想，搞什么鬼？我永远不可能去见他。但是一件事引发另一件，八年后，我们有了两个孩子，我们住在科罗拉多州。他的出现是发生在我身上最棒的事。"香安曾在社交平台上这么写道。

两个人于 2012 年 11 月 3 日结婚，婚后搬到了距离北卡罗来纳州遥远的科罗拉多州。

2013 年，他们花 40 多万美元买下了一栋有五个房间的近 400 平方米的大房子。同年年底，香安生下了大女儿贝拉。

2015 年夏天，二女儿塞西出生。

2018 年 6 月 19 日，香安在社交平台上晒出了一张 B 超图，以及丈夫看到 B 超图后回复的消息："我已经爱上这个宝贝了。"

香安从不吝于在网上表达对丈夫克里斯的爱，说他是她的明星。她还在那个帖子中评论道：克里斯是两个女儿能求到的最好的爸爸。正因为有他，她才会那么勇敢答应生第三个孩子。

夫妻两个人也都努力地工作。

克里斯是科罗拉多州最大的石油和天然气公司 Anadarko 的一名油田操作工人，年薪约 6.5 万美元。

香安则是多层营销公司 Le-vel 的独立销售代表，主要推销 Thrive 品牌的健康营养品。

根据香安自己在社交平台透露出的信息可以得知，2016 年这家公司以 8 万美元的年薪聘请了她。由于她出色的销售技巧，公司每个月额外给她 800 美元的汽车津贴，她用这笔钱买了一辆全新的雷克萨斯越野车。此外，公司还奖励像她这样的销售领导去新奥尔良、墨西哥、多伦多、多米尼加共和国、拉斯维加斯、圣地亚哥等地免费旅行。

香安显然对自己的生活十分满意。她频繁地在社交平台上展示她所拥有的一切：她的好车，大房子，两个可爱的女儿，一个体贴、帅气的丈夫。

2018 年 6 月 19 日，她写道："我爱上了现在的生活方式——活着并享受着和我的家人在一起的每一刻……我对创造回忆和充实自己的生活都上瘾了。"

在香安发在网上的照片和视频中，克里斯的脸上总是带着温柔的微笑，默默扮演她身后支持者的角色。

那么，在短短一个多月中，到底发生了什么事，让克里斯的态度突然发生 180 度转变，从一个好丈夫、好爸爸成为杀妻灭女的凶手？

02. 东西都在，人不见了

2018 年 8 月 13 日，香安刚刚从亚利桑那州出差回来。

她的飞机计划在 8 月 12 日晚上十一点多降落，却晚点了两个多小时。和她一同出差的好友阿特金森开车把她送到家，当时已经是 8 月 13 日的一点四十五分。

那天天亮后，香安本来约好医生进行孕期检查，却没有出现，接着又错过了一次公司会议。阿特金森在出差时就听香安说起身体不适，不禁有些担心。她给香安打电话，发消息询问，一个上午都没有收到回复。

中午十二点十分，阿特金森前往香安家找她，透过车库门发现香安的那辆雷克萨斯还停在车库，她每天穿的鞋子摆放在大门前，这一切似乎都显示她在家。阿特金森知道她家大门密码锁的密码，但却发现里面用链条锁住了，进不去。

阿特金森担心香安在房子里晕倒了，便联系了克里斯，得到的答复是：香安虽然有糖尿病，但从来没晕倒过。

阿特金森催促他赶快回家，并报了警。

下午一点四十分，一个警察前往香安家查看。过了不久，克里斯也开着公司的卡车从石油公司赶回家。

克里斯打开门后，家里并没有人。

克里斯说早上五点半自己就去工作了，出门时香安和孩子们还在家里睡觉，她醒来后可能带着孩子离家出走了。既然大门背后的链条还在，那么她只能带着女儿从车库离开，但车子却没有被开走。

而且好端端的香安为什么会离家出走？

克里斯告诉警察当天早上发生的事。半夜两点妻子到家时，自己已经睡着了。早上五点，他醒来后，告诉身边的妻子想要和她分开，并谈到要卖掉这个房子。而在过去几个月，他们也一直在讨论分开的事。

他说，他们虽然没有争吵，但都情绪激动，都哭了。最后，香安说她会搬去一个朋友家住，但并未说是哪个朋友。

阿特金森无法接受这个回答。她问克里斯："香安在这里最好的朋友是我，她不先向我求助，会去哪个朋友家呢？"

克里斯允许警察进屋查看。警察带了随身记录仪，仔仔细细地从地下室到一楼客厅，到二楼房间，都查看了一遍。

克里斯特意指着儿童床给警察看，两个女儿走到哪儿都要抱着的两条小毯子不见了，暗示她们可能在出走时带上了最需要的东西。

但警察却留意到，主卧的大床光秃秃的，被子、枕头都被扔在地上，而床单不见了。

接着，警察还发现了香安因为工作需要时刻不离手的手机，以及钥匙、证件、钱包、结婚戒指通通都在家里。

阿特金森在香安的背包里，找到了她每天服用的治疗红斑狼疮的药。在楼上房间里找到了克里斯的小女儿塞西常吃的哮喘药。

她去朋友家为什么不带自己的手机、钥匙、证件和随身药物？

在那辆雷克萨斯车上，还有两个孩子的儿童座椅。他们家只有这一辆车，平时克里斯上下班只开公司的卡车。香安如果带孩子离家出走，为什么不开车？如果是其他人来接母女三人，为什么不带上儿童座椅？

当警察和阿特金森在房间里发现越来越多的疑点时，随身记录仪中的克里斯也显得越来越局促不安。

03.一个多月，什么都变了

2018年6月22日到6月26日，沃兹夫妇一起参加香安公司奖励的圣地亚哥旅游，镜头中的他们依然表现得十分甜蜜。

度假回来的第二天（6月27日），香安便带着两个女儿回到她和克里斯的老家北卡罗来纳州过暑假。由于香安的工作相当于微商，不受地点限制，她计划三个人一直住到8月7日，其间她们会在克里斯的父母家和她自己的父母家各住一半时间。

克里斯的180度转变正是发生在他们分开的一个多月内。

刚开始克里斯还会积极回消息、打电话，但明显地一天比一天冷淡，她有时只能祈求他回消息。

香安曾在一条短信中抱怨道：自己肚子里怀着宝宝，要独自照顾两个女儿，还要工作赚钱，但他却过着单身汉的快乐日子，很少关心一下她和女儿们如何了。有时候他连续几个小时不回消息，让她怀疑他是不是和其他女人在一起，甚至更糟。

面对这样的抱怨，克里斯虽然还会说几句甜言蜜语来安抚，但态度越来越敷衍。

母女三人在北卡罗来纳州的最后一周，克里斯飞过去和妻子女儿们团聚。但出现在机场的那个男人，却好像完全变了一个人，变得很冷漠，故意疏远她。

香安发消息问他："为什么在我离开科罗拉多时，你的手几乎舍不得从我身上拿开，但等我们在机场再见时，我要开口求你，你才会亲我一下？"

克里斯到达后，香安莫名肚子疼，在客厅的沙发上呕吐了一夜。当香安的哥哥和父母在一旁照顾她时，克里斯却没有从卧室里走出来看她一眼，和过去那个体贴的丈夫判若两人。

克里斯的表现被香安的母亲看在眼里。所以，女儿和外孙女们失踪的当天上午，她就坚定地告诉警方，一定是克里斯对母女三人做了什么。

在几天的冷暴力后，克里斯突然对香安说，他不想要她肚子里的孩子，他有两个女儿就够了。再生一个孩子，让他害怕得要死。

在香安的不断追问中，克里斯声称，自己因为有更多时间独处、思考，觉得他俩不再适合了。

她提议去见婚姻咨询师，被他拒绝了。

克里斯的行为让香安深受伤害。

8月5日，她给他发消息说："我不知道你怎么会在短短五周半的时间内就不爱我了，还是你已经不爱我很久了？但是如果你不爱我的话，当初又怎么会计划要另一个孩子？"

8月6日，香安对他说："我想念你的气味，你在我做饭时抚摸我，你在床上抚摸我，我想念抱着你的时候……如果你不爱我了，不想解决困难，不再感到幸福，只是因为孩子们才留在婚姻里，我需要你告诉我。"

但克里斯显然没有勇气告诉香安他的真实想法。他只是回复说："我不是因为孩子们才留下。她们是我的光，这一点不会改变。我没有在五周内就不爱你了，这是不可能的。我不会抹去过去的八年。我也不知道我脑子里在想什么。"

香安想要让克里斯抱抱她，让她感到安全，但克里斯只是回复："这一切都会解决的。"

8月7日，他们两个人带着孩子一起回到科罗拉多州的家里，但一切都和6月时不同了。克里斯一个人睡进了地下室。

当天香安在发给朋友的一条短信中诉苦："他变了。我不知道他是谁。他整整一周没有碰我，没有亲我，不愿意和我说话，只有我一直想弄明白到底哪儿出了问题。我们之间的关系从来没有这样过。我只想哭。"

她甚至提到，为了挽回关系，她在孩子们睡着后主动想和他做爱，却被他拒绝。她从未哭得那么伤心过。

香安本来计划在8月19日开派对向朋友们公布孩子的性别，但由于克里斯态度的变化，只能取消。

8月9日，从北卡罗来纳州回来两天后，香安带着满心的困惑和低落的情绪，去亚利桑那州出差。

8月13日，她刚刚出差回到家，却失踪了。

04. 背后的女人

香安和两个女儿失踪的消息很快传遍了社区，以及整个小镇。

香安的同事、朋友、家人和当地居民纷纷出门寻找母女三人，警察和美国联邦调查局也出动了，带着嗅觉犬在房子四周寻找踪迹，但母女三人却踪迹全无。

智能门锁没有她们外出的记录，附近居民安装的摄像头也没有捕捉到她们的身影。

第二天，这个消息被丹佛市的多家媒体报道，在整个科罗拉多州引起关注。

8月14日，克里斯在自家的门廊前接受了丹佛一家电视台的采访。这次的采访是一份非常好的分析人说谎表现的样本。

在镜头里，当记者让克里斯介绍一下自己的两个女儿时，克里斯一边说出两个女儿的名字和年纪，一边不停地眨眼睛和吞咽口水。

当记者问他，香安可能去哪儿时，他翻来覆去地说："我现在不会推测什么。我希望她现在在某个安全的地方，和孩子们在一起。但是，我的意思是，她会不会只是离开了？我不知道。但是如果有人控制了她，而她们不安全……我希望她们现在回来。如果她们现在是安全的，她们会回来的，但如果她们现在不安全……这是我不知道的部分。两个孩子是我的生命，我的意思是她们的微笑点亮了我的生命。"

在整个采访中，他的声音发紧，显得局促不安，脖子上还有一道可疑的红色擦伤。

当他说"我只是想要她们回来"时，竟然忍不住笑出了声，虽然他很快把笑容压制住了。

这中间还发生了一处疑似口误。他说联邦官员昨天就在房子四周搜索，想寻找她们的 remains（遗体），又立刻改口为寻找 information（信息）。

当记者让他对可能在收看新闻的妻子说几句话时，他有些敷衍地说："如果你们在外面，请回来吧。如果有人抓住了她，请把她送回来。我需要见到每个人。少了任何人，这个房子都不是完整的，请把她送回来吧。"

新闻视频下面有一条评论：一些人弄丢自己的狗都比他显得伤心。

那两天，当网站和电视台都在播放香安母女三人失踪的消息时，30 岁的妮可·克辛格也看到了新闻。

妮可是克里斯的同事，也是女朋友。

她以前只是个小小的记账员，后来重新去念本科学位。2013 年，27 岁的她从科罗拉多州立大学的地质学专业毕业。

案发时她是塔斯曼地球科学公司的合约工，职位是工程师，而这家公司刚好和克里斯工作的石油公司有合作。

根据她自己的叙述，每天早上，当克里斯和其他工人在办公室里等着被派遣到油田上去时，妮可会从这群男人中间走过，把她的午餐盒放进冰箱，两个人因此打过照面。

在 6 月中的一天，克里斯走进她的办公室，做了自我介绍。妮可觉得他很性感，且注意到他的手上没戴婚戒。后来出来约会时，克里斯说起他有两个女儿，但立刻补充道，他和妻子正在协商离婚的事情，就差财产分割的一些小细节了。

在妮可看来，克里斯是个善于倾听、善解人意的男人。两个人在 7 月初发生关系，并保持一周见四五次的频率。

因此，当怀孕的香安一个人带着两个女儿住在北卡罗来纳州时，克里斯开着妻子的雷克萨斯，带着情人到处约会。

为了隐藏两个人的出行记录，他用信用卡购买了石油公司的预付卡，并用预付卡来支付餐厅等消费。他让妮可相信，这些预付卡是公司给他的奖励。

当这两个人黏在一起，感情之火越燃越烈时，克里斯对妻子的爱情之火逐渐熄灭，成了一堆不可复燃的死灰。

2018 年 7 月 28 日和 29 日是周六和周日，克里斯和妮可到大沙丘国家保护区旅行。

他把旅行时拍的视频、照片，以及妮可传给他的各种摆造型的裸照，都存进了一个伪装成计算器的秘密相册中。而这些私密照片竟然多达上千张。

克里斯后来对警察说，在大沙丘公园的那个周末，是他"末日的起点"。

也就是说，在那个周末他对妮可的爱进一步升华，让他下定决心要和她在一起，并走上一条杀妻灭女的不归路。

2018 年 7 月 31 日，从大沙丘公园回来两天后，克里斯按原计划去北卡罗来纳和妻女团聚。

他到了北卡罗来纳后对香安表现得很冷淡。同时，为了安抚吃醋的情人，他打电话告诉她，自己已经正式提交离婚申请了，并请她帮忙找一间公寓，他可以和两个女儿搬出来住。

8 月 13 日，香安和两个女儿失踪的那个上午，妮可一直都和克里斯保持着密切的联系。

克里斯平静地告诉她，他的家人"走了"。香安带孩子们去参加一个聚会后，再也没回来。

但很快，妮可从当天的新闻中看到，这对夫妇不仅从未离婚，而且香安此时还有着十五周的身孕。她称自己十分震惊。

她给克里斯发了许多信息，打了很久的电话。8 月 13 日晚上，克里斯终于承认，自己此前说已经离婚是骗人的。

妮可问自己，如果他说的话全是假的，那还有什么是真的？

虽然她也不敢想香安和两个女儿可能会去哪儿，但当警察上门找她调查时，她坦白了自己和克里斯的婚外情。

8 月 15 日，警方给克里斯做了一次测谎，克里斯没通过测试，随后立刻被捕。得知他被捕的消息，石油公司当即解雇了他。

克里斯开始不承认杀人。一个警察问他："是否香安做了什么事情，才让他这么冲动呢？"

或许这个问题给了他灵感，他突然开口道："我不想再保护她了。"

05. 认罪，但继续说谎

克里斯说的版本是这样的：8月13日清晨，他向香安提议分开，随后便下楼了。等他回到楼上房间时，发现香安丧失了理智，正在掐塞西，而贝拉的尸体就在旁边。于是他也暴怒了，掐死了香安。

随后，他把三具尸体用卡车运到他工作的偏远的石油储存地，把两个女儿的尸体分别塞进两个储油罐中，挖了个浅坑把怀孕的香安埋了。

警方在他公司的油田上找到了三具尸体，但尸检结果并不符合他的说辞。

在香安的尸体上，除了颈部留下克里斯的手指印外，没有任何抵御伤或搏斗的伤痕，这显示她更可能是在睡梦中或者没有防备的情况下突然被掐住脖子，而非在冲突或者搏斗中。

大女儿贝拉的舌头有几处被咬破了，说明她死时是清醒的，并且激烈反抗，而小女儿身上没有挣扎的伤痕。她们两个人的死因都是闷死，而不是掐死。

随着调查的深入，克里斯在案发前后更多的活动都指向这是一次有预谋的谋杀。

当绝望的香安在网上搜索各种方法试图挽回自己的婚姻时，克里斯在网上搜索去哪儿度假，以及奥迪 Q7 的价格。以他当时的收入和债务情况，是买不起 Q7 的，这或许说明他当时已经有了杀妻后独占家产的打算。

香安在网上买了一本指导幸福婚姻的书，希望克里斯能先读一读。克里斯答应了，但警察随后在垃圾桶里找到了这本还没拆封的书。

在作案的前一天下午，克里斯突然打电话给同事，说自己会在第二天早晨直接去油田（即抛尸区域）操作，让他不用过去。他支开同事，是为了第二天能有几个小时独自处理尸体的时间。

在杀完人后的那个上午，他先打电话给女儿们的幼儿园，说贝拉和塞西这学期不读了，以免他们找人。接着，又迫不及待地打电话给房产中介，说自己想出售房子。

其余时间，他都忙着给妮可发消息，激动地讨论两个人的未来。

克里斯说，他做这一切的目的，是为了和交往两个月的情人有个"全新的开始"。

检察官问他："你要重新开始，离婚不就行了？为什么要杀死所有人？"

克里斯无言以对。

妮可后来在接受媒体采访时说："我不认为他所做的事情有一个合乎逻辑的解释。这是完全说不通的行为，这太恐怖了。"

当天晚上到底发生了什么？他和香安之间真的发生了争吵吗？他是先杀害香安再杀害女儿，还是先杀害女儿的？

克里斯对这些问题全都保持沉默。

由于香安的家人不希望有更多的死亡，所以检察官听从他们的建议，放弃了死刑诉求。最后，克里斯被判五个无期徒刑，终身不得保释。

06. 不寒而栗的真相

克里斯在狱中时，几十家媒体试图采访他，都被他拒绝。最后，60 多岁的传记作者谢丽尔·卡德尔的一句话终于让他开口了。

她说："事已至此，你若讲出自己的故事，或许可以改变另一些人的人生。"

在后来克里斯给她的回信中，大家才知道 8 月 13 日那天到底发生了什么。

而这一切，比网友们猜测的情节恐怖得多。

根据 2019 年 10 月媒体公布的信件内容，克里斯承认杀害香安和女儿的念头已经在他脑海中盘旋几周时间了。

8 月 12 日晚上，当他哄两个女儿上床时，他就对自己说：这是我最后一次给宝贝们裹毯子了。

8 月 13 日，出差回来的香安上床睡觉，两个人并没有发生争吵。

克里斯突然下床走进两个女儿各自的房间，拿起她们床上的枕头，把睡梦中的她们先后"闷死"。

接着，他爬回到床上，开始和香安争吵。他说当他掐死香安时，记得要挤住颈静脉，才能阻断血流到她的大脑。他告诉自己坚持，因为一旦把手松开，她仍然会阻止自己和妮可在一起。

香安的双眼充血，无力反抗，瞪着自己的丈夫死去。他说自己每次回忆那个画面，印象最深的是香安化开的睫毛膏把整张脸染成了黑色。

但令克里斯震惊的是，当他用床单包裹妻子尸体的时候，两个女儿突然走进了房间。她们醒过来了！

贝拉的眼睛上有淤青，两个孩子都明显受到了创伤。

克里斯后来相信，这是上帝给他的一次机会，让他就此收手。但他当时只感觉到愤怒：为什么她们还活着？

女孩们问克里斯："妈妈怎么了？"他回答："她不舒服。"

当他把妻子的尸体拖下楼梯，装进卡车时，两个女儿一脸惊惧地跟在后头。5 岁的贝拉先哭了起来，而后塞西也开始啜泣。他自己称，这一幕简直是噩梦。

他把香安的头和脚用垃圾袋绑起来，装到卡车上，带着两个哭泣的女儿开车去油田。对了，出门前，他没忘记带上自己的午餐。

他把香安的尸体抛在地上后，回到车上。他先从 3 岁的塞西怀中抢走小毯子，把它蒙在她头上，闷死了她。

接着，他扛着塞西的尸体爬上储油罐，把尸体扔了下去。他说，没想到一切这么简单，他还听见塞西撞击原油、溅起水花的声音。

杀死5岁的贝拉的过程是最令人揪心的。

他很惊讶，这个"小小的安静的贝拉竟然有这么强的求生欲"。她看到妹妹死了，明白父亲要对她做什么，开始叫起来："爸爸，不要！"，并激烈反抗。但克里斯并未住手。

他把闷死的贝拉塞进了另一个储油罐。由于储油罐的开口直径只有20厘米，他把尸体硬塞进去，导致贝拉的金发被扯掉了一束，屁股有擦伤。

更让人无法接受的是，他声称自己把她们扔进储油罐，不是为了藏尸，主要是担心贝拉和塞西又像之前那样再次苏醒过来。他要断绝她们任何求生的机会。

据一个石油专家所言，原油中含有硫酸等物质，有很强的腐蚀性。如果幼儿的尸体浸泡在其中几周，可能会溶解为石油和粉尘。

由于香安的尸体太大不可能被塞进储油罐，克里斯在荒地上挖了一个浅坑进行掩埋。在他把尸体滚下去后，他发现有四个月身孕的香安好像生孩子了。后来尸检发现，包裹胎儿的羊膜囊确实戳出了阴道。

香安的尸体掉下去时脸朝下。克里斯称自己当时是那么气愤，以至于故意不帮她调整姿势。

克里斯在处理完尸体后，去便利店买了一个三明治吃。他对警察说，在杀完人后，自己感觉到从未有过的轻松。

克里斯在这封信中确实很诚实，诚实到没有显示出一丝的悲痛和忏悔。他在和传记作者见面时，提及次数最多的是"对不起妮可"，而不是香安以及她的家人。他还爱着情人。

我相信克里斯的自白会激起每个人的愤怒，他配得上香安家人在法庭上对他的称呼：禽兽、邪恶的人、没良心的精神病患者。

但他已经不可能被判死刑了，还能怎么办？美国公众在网上发起请愿，他们作为纳税人和公众，要求监狱把克里斯贴在牢房中的三名受害人的照片没收，他不能把它们作为战利品保存在自己的牢房里。

这个请愿传到了克里斯那里。他对传记作者说："他们可以夺走我的照片，却夺不走我的回忆。"

整个案发过程，有一点令我不解：他几次提到了他在杀人时的怒火。

但从香安发给他的短信来看，案发前几天她几乎没和他争吵，她一直在求和，哀求，挽回他。他的那种深仇大恨到底从何而来？只因为她们阻碍他和情人的全新开始吗？

妮可作为本案的受保护证人，被允许改名，更换身份。许多人至今认为妮可不是证人，而是本案的同谋。当我找到越来越多的令人惊讶的细节后，我对妮可在本案中扮演的角色也有了更多新的认识。她当然不像她自己说的那么无辜，只是受克里斯蒙骗而已。

克里斯在杀害母女三人前究竟有什么样的心理变化？他本是个恶魔，伪装了一辈子的老实人，还是他邪恶的一面被妮可激发了？

从某些角度来说，我认为他的行为和心理是可以解释的（可以解释并不代表是可以被接受和原谅的）。

下篇：懦弱与残暴

本案令许多人不解。在遇到妮可前，克里斯和香安在一起的八年间从未出轨，悉心照顾女儿们，对妻子言听计从。哪怕香安在自己的社交平台上，也满是对他的称赞。为什么这样一个男人，仅仅为了一段一个多月的婚外情，就制造了一起骇人听闻的惨案？

为了弄清楚这个问题，2019 年 2 月，两名调查员前往他服刑的监狱对他做了五个小时的访谈。他们告诉他，弄明白他的心理，对他们今后调查类似案子会很有帮助。克里斯在访谈中表现出懊悔，声称那天他和香安为了离婚后女儿的抚养权争吵，他一时激动掐死了她。但几个月后，他在给传记作者的信中却说了截然不同的故事。他承认是预谋杀人，并且在杀死香安前，他先闷死了两个女儿。这让他的动机更加费解。

以下我会从多个当事人的角度，分析这起案件是怎么一步步发展至此的，以及案发时可能发生了什么。这类案件很极端，但它包含的人物关系却并不罕见，甚至可能有普通人可以借鉴的人生教训。只有当我们更客观、深入地了解罪犯的心理，才能预防此类案件的再次发生。

01. 妮可的谎言

这起案件已经尘埃落定，大家最愤怒的当然是克里斯的所作所为，都不知道该骂他什么才能配得上他罪大恶极的行为。但同时，很多网友不愿意相信妮可无罪，甚至流传谣言，说妮可父亲是石油公司老板，收买了警察，等等。

妮可和克里斯的关系暴露后，立刻被公司辞退，并遭到了网友的威胁。有人打电话给检察官，要求追究妮可的刑事责任。检察官说："案子结束了，三个人都是克里斯一个人杀的。"哪怕到了 2019 年，克里斯也坚持妮可没有教唆他杀人，更没有协助他。为什么那么多人揪住妮可不放呢？一部分原因是她确实对警方和媒体隐瞒了一些事。妮可在案发第二天，嘱咐克里斯把两个人之间所有的短信和通话记录删光，这也可以理解为她担心丑闻曝光，但克里斯留了一小部分没删。当天，妮可还在网上查询了"警察能追踪短信吗？""电话公司保存短信多久？""短信内容和短信细节有什么不同"。事后，警方恢复了两个人的手机和电脑上的搜索历史、通话记录，以及克里斯保存在秘密相册中的照片，但是短信记录和内容无法恢复。

问题一：妮可到底有多了解沃兹夫妇？

妮可在 2018 年三四月入职现在所在的塔斯曼地球科学公司，自称是在那里认识克里斯的。综合各种证词，我认为两个人是在 5 月的某天，加了电话号码，通过短信聊天。她曾在采访中声称："（案发时）我们只是刚遇到不久，我几乎不了解他。"这句话一直被公众嘲讽。但当警察恢复了她手机上的搜索记录后，发现她竟然早在 2017 年 9 月 1 日就搜索了"香安·沃兹"这个名字。也就是说，比"认识"克里斯（最早 2018 年 3 月）早半年多，她就知道香安了。只要搜索香安的名字，前几条搜索结果之一必然有香安异常活跃的内容公开的公众平台账号。

2017 年 8 月 29 日，香安做了一个脖子手术。8 月 30 日，克里斯登录妻子的平台账号，代替香安发帖报平安。9 月 1 日，还在使用公众平台账号的妮可，不太可能没看到这一切。2017 年，妮可为什么搜索香安？她们之间有什么交集？除了她没有人知道。

有记者曾拿着这条记录问检察官是不是笔误。对方答，不是笔误，电脑显示什么，他们就记录什么，但妮可咬定她是在 2018 年才认识克里斯的。在克里斯服刑期间，有记者拿着这条搜索记录问克里斯，他也显得十分惊讶，咕哝道："可能香安在网上比较有名吧……"

克里斯确定自己没说过妻子的名字，也没提过香安怀孕，他理所当然地认为妮可不知道。但其实，不仅在 2017 年，在和克里斯交往后，案发前后，妮可多次搜索过香安、克里斯、克里斯父亲的名字，他们的公众平台账号，以及他们的家庭住址。因为这些记录，有美国网友猜测，在 2017 年的某个场合，妮可就遇到了克里斯，并且迷恋上了他。她是个跟踪狂，一直在网上调查这对夫妇。2018 年她去塔斯曼地球科学公司工作，就是为了接近克里斯。这想法或许太夸张了，但可以肯定的是，克里斯不如他自己以为的那般了解自己的情人，但妮可却远比他以为的更了解他们一家。

妮可在案发后清空了自己的搜索记录，隐瞒了对沃兹一家人的了解。她告诉媒体，她和克里斯在办公室遇见时，他没戴婚戒，以为他单身。两个人第一次约会时，克里斯就骗她正和妻子在办离婚手续。她在采访时很愤怒："他说的一切都是谎言！"但克里斯在狱中否认了。2019 年 2 月，他告诉调查员，当时自己没戴戒指是因为瘦了许多，戒指需要调整尺寸。他和妮可刚认识不久，妮可就要看他的手机，手机屏保就是香安的照片。他还给她看手机里两个女儿的照片。直到两个人关系进展到后期，他才向妮可承诺自己会离婚。克里斯认为妮可撒谎是为了"保住面子"。

问题二：妮可知道香安怀孕吗？

妮可对警方说，她在 2018 年关闭了所有社交平台账号，具体时间应当是在加入新公司前或者和克里斯聊天前。

一般来说，不喜欢用停用就可以了，没有特殊原因，为什么要费周折关闭呢？社交平台可以把现实中意想不到的陌生人联系起来。这让人怀疑她突然关闭账号，是否想要隐藏什么社会关系，不想被克里斯发现。

我试验了一下，如果自己没有账号，几乎看不到其他用户发的帖子，那她为何在 2018 年还多次搜索沃兹夫妇的社交平台账号呢？譬如，2018 年 8 月 5日，当克里斯和香安在北卡罗来纳时，身在科罗拉多州的妮可就搜索了他们。不排除一种可能，她在注销实名账号后，另外注册了一个小号。

香安的社交平台账号是她用来推销 Thrive 的阵地，她的私人生活的分享对所有人可见，所以即便不加好友妮可一样可以看到全部内容。

2018 年 5 月 29 日，香安上传了一个视频，关于克里斯知道自己怀孕后的反应。此后，她在社交平台上多次提到自己怀孕。很难相信对香安充满好奇的妮可经过多次搜索却从未发现这些公开信息。

克里斯却真的相信妮可什么都不知道。8 月 8 日（案发前五天），妮可告诉克里斯，她已经把两个人的感情告诉了一个朋友。克里斯很紧张，担心那个朋友会通过他的社交平台发现香安的社交平台，从而发现香安怀孕，并告诉妮可。克里斯当即把自己的社交平台账号关闭了。

他怎么从没想过，妮可自己也可以通过这个途径知道香安怀孕呢？想必是妮可告诉他，自己没有社交平台账号，也从来不看吧。

克里斯一直想要一个男孩。7 月 31 日，他去北卡罗来纳和妻女团聚前，妮可告诉他，希望自己"能为他生下他的第一个儿子"。

正因为这句话，克里斯更无法接受香安肚子里的孩子。后来他在狱中承认，他到了北卡罗来纳后偷偷给香安服用大剂量止痛药，试图让她流产。那天香安在沙发上呕吐了一夜，克里斯都没有走出房间关心一句。

在北卡罗来纳时，克里斯陪香安去做检查，发现是个男孩。香安高兴地拉住克里斯的手，但克里斯一脸冷漠。为了不让妮可失望，他必须在男孩生下来前解决这个问题。

那么，妮可说这句话只是巧合吗？

更可能，妮可知道了香安怀孕，担心克里斯心软，离不成婚，便继续用美好的前景诱惑他，让他相信哪怕失去香安肚子里的孩子也没关系，自己会给他生个儿子。

传记作者曾问克里斯，是谁给他弄到止痛药的。他说这是另一个他会带进坟墓的秘密。

当克里斯在做最后的思想斗争时，妮可也在发动总攻不让克里斯逃脱。

7 月 24 日，妮可在网上搜索："和我有外遇的男人说他会离开他的妻子。"

8月4日，她花两个小时在网上搜索婚纱。

8月8日，她搜索了："和你的情妇结婚。"

8月11日在和克里斯最后一次约会前，她花了四十五分钟搜索："如何准备 anal sex（肛交）。"（这条信息一度成为很多新闻标题。）

8月13日案发。

案发前，妮可在克里斯面前装作对他的家庭一无所知，案发后，她在警察面前装作是克里斯谎言的受害者。但从她删除的搜索记录来看，她很可能早就知道克里斯的婚姻幸福，有两个女儿，妻子正怀孕。她只是不顾一切地想要"得到"克里斯。

妮可曾对警察说，她相信哪怕自己不存在，这对夫妻也迟早会出事，自己只是加速了这个过程。

她说，他们之间最大的问题是财务危机。

那么，真是这样的吗？

02. 挥霍和破产

在一些论坛上的讨论中，有美国网友认为是香安把克里斯逼到了崩溃的边缘。那些帖子用词刻薄，让我一度以为是克里斯的家人发的帖子。但我发现这样的帖子下面支持的网友竟然也很多。

经济上不负责任是香安最为人诟病的地方。

虽然香安在社交平台上表现出生活富裕、无忧无虑，但其实早在2015年6月，沃兹夫妇就曾申请科罗拉多州的破产保护令。

根据法庭记录，他们当时的信用卡欠了上万美元，再加上房屋贷款、汽车贷款、学生贷款、消费贷款，欠的医疗账单、物业费、按摩费……他们的总债务高达44万8820美元。但他们当时的资产，只有一辆价值8000多美元的

2006 年产的福特车，一个价值 1000 美元的戒指和一只价值 5 美元的狗。提出破产申请时，克里斯刚到这家石油公司工作半年，税前年薪 6 万美元。而香安则是一家儿童医院的电话接线员，时薪 18 美元。这样的收入远不能支撑他们的支出——他们的房贷、车贷和其他固定支出就要 4900 美元。我注意到，他们还欠了梅西百货 1547 美元以及 Nordstrom（美国高档百货公司）3038 美元，也就是说尽管负债累累，他们依然没有停止买东西。破产保护令通过后，法院允许他们慢慢偿还房贷和车贷，并免去一些债务。香安想了个主意，让她的爸妈搬来一同住了 16 个月，这样既可以一起分担生活费和各种开支，还可以帮忙照顾孩子，节省了请保姆的钱。

2016 年 1 月，香安加入了 Le-vel 公司，推销营养品 Thrive。Le-vel 是家传销公司，一个人发展的下线越多，收入也就越高。公司不提供社保和底薪，只给销售提成。

据同事说，2016 年和 2017 年，香安并没有挣到什么钱。但 2016 年她完成了一定的业绩后，公司奖励她每个月 800 美元的汽车津贴，她立刻拿津贴买了一辆新款雷克萨斯 RX350。

过了几个月，克里斯也被奖励了汽车津贴，但并没有买车。

2017 年中期，香安索性辞掉医院接线员的工作，全身心投入传销中。除了自己的社交平台账号，香安还掌控着克里斯的账号，每天转发她的五六条推销帖。香安有的朋友因不堪忍受她在社交平台上的狂轰滥炸，悄悄取消了好友。

那么沃兹夫妇在 2018 年的收支平衡了吗？并没有。

克里斯这几年的收入没有增长。香安积累了 200 多个下线（克里斯也是她的下线），2018 年年收入预计在 6.5 万美元至 7 万美元之间。

家庭收入虽然增加了，消费也在升级。

贝拉和塞西被送去当地最贵的托儿所，一年学费 2.5 万美元。

香安有一个粉色衣帽间专门用来放鞋子，另一个紫色衣帽间放衣服。

在警察的随身记录仪中，他家墙上挂着一幅很大的电子画框。妮可去过他们家，她对警察用八卦的口吻惊叹道："那个房子里满是高档东西，一看就知道标价很贵。"

案发前，沃兹一家再次徘徊在破产的边缘。

他们几乎把每张信用卡都刷爆了，共欠了约 1 万美元。香安长期只还最低还款额，利息越滚越多。五个月前，香安不得不从克里斯的退休金中提取了 1 万美元用来开销（提前取退休金不能免税，一般不这么做）。案发前他们又拖欠了三个月的房贷，银行已经给他们发了警告信。

第三个孩子的出生会让这个家庭的经济雪上加霜，但香安好像并不在意。

从多个证人那里可知，香安管钱，以及替所有开销做主。克里斯没有两人银行账户的密码。他的个人花费较少，也没有自己的车，每天开公司卡车上下班。卡车上装有 GPS，他不能开车去家和工地以外的任何地方。他的信用卡绑定香安的手机，每一笔消费香安都会立刻收到通知。

因此，有美国网友指责香安："（克里斯）许多年来努力工作，对家庭忠诚，每天凌晨四点起床工作一整天，洗衣服，给孩子洗澡，读睡前故事，配合转发那些无厘头的 Thrive 宣传和社交平台上愚蠢的帖子，却还要看着香安无节制地挥霍，沉迷于奢侈的妄想，一次次把他们的经济状况拖入绝境。"从香安对财务危机无动于衷也可以看出她的性格：乐天派，总是对未来很有信心，少有忧患意识，做事往前冲，不太计较后果。另一方面，她在社交平台上像打了鸡血一般展现"高端生活"，也是传销事业的需要。这就像微商的套路"喜提航空母舰"，极力吹嘘、包装自己多么成功，最终吸引更多的人加入。Thrive 奖励员工旅行、汽车津贴而非金钱，也是为了鼓励员工在网上晒出来吸引眼球。据网友说，这些旅行并非完全免费，自己也得掏一部分腰包。当香安一个人频繁去外地旅行时，很多时候是克里斯留在家里照顾两个孩子。

案发前，香安想到了当年让父母搬来合住那一招。她计划让自己在 Thrive

的同事夫妇一家三口搬来一起住，帮忙分担房贷、水电煤气费，互相照顾孩子。那么，克里斯对于这种经济状态是什么感受呢？在杀害香安和两个女儿那天的早上八点多，克里斯就发消息给房产中介，委托她把房子上市出售。可见他迫不及待想甩掉这个包袱。

03. 突然觉醒的个人需求

香安和克里斯向外人隐瞒自己的财务状况，毕竟这样的财务状况和香安想营造的成功人士的形象不符。就连香安的父母以及她那些无话不谈的闺密都不知道她家缺钱。妮可也承认，克里斯从未对她说过他家"破产"过。

那妮可为什么会说财务状况是案件最大的导火线呢？

妮可应当调查过沃兹夫妇的收入状况（网上很容易查到），看到过他家那么多的高档商品，看到克里斯没有自己的车，聪明的她很快猜到香安身上有什么问题是男人们不喜欢的。她并不需要诋毁香安，只要展示自己不一样的地方就行了。

譬如，她曾问克里斯："如果你不是住那么大的房子，你会住在什么地方？"克里斯答："可能像农场木屋一类。"她说，他俩达成共识，都喜欢更简单一点的生活。这句话反衬出香安的虚荣、物质。

妮可告诉警察，她自己的经济状况很稳固，克里斯曾向她感叹：他以前不知道世上还有像她这样的女人存在。

她试图让警察相信：是香安的铺张浪费激怒了克里斯，让他杀害妻子。她的话暴露出，她或许正是从这方面下手引起克里斯对妻子的厌恶。

克里斯在监狱接受调查员探访时，曾说过一句话："如果没有遇到妮可，我会不会觉得我和香安的关系糟糕？很可能不会。"

克里斯过去几年被越滚越大的债务推着前进，疲于奔命。但他习惯了服从，以为这就是自己的责任，是属于他的人生，却没有深思另一种可能性。遇到妮可后，一切都不同了。妮可有意识地让他"看见"，原来还有更适合他的、更好的生活方式存在。

如果他和妮可结婚，两个人都有稳定的工资，都量入为出，可以存下退休金，也能过上更符合自己心意的生活。

作为一名前修车工，他应当有自己渴望的车。香安拿到汽车津贴后，立刻卖掉两个人的旧车，买了她喜欢的白色雷克萨斯，并在社交平台上称之为她的车。克里斯拿到汽车津贴后，只能放弃，因为他家养不起另一辆车。

过去，克里斯认为他的人生价值就是妻女开心。但在妮可的引导下，他才意识到个人的需求从来没有真正被满足过。他或许会问自己：难道我工作那么多年，不值得有一辆 Q7 吗？

等到了这一刻，当他想要离开时，他才发现过去那么多年铺张的生活方式将他和香安锁在了一起。

他们的家庭就像一台功能复杂、耗电量巨大的机器。香安需要克里斯稳定的工资、良好的信用分数以及公司支付的医疗保险来维持机器运转。靠她一个人，机器根本转不起来。克里斯想从大机器中逃离，只运转一台属于自己的简单的小机器。但他的存电已被耗光。离婚后他要支付三个孩子的赡养费直至他们 18 岁，意味着哪怕离开，也要继续把电力输送给大机器。他不可能启动自己的机器。

他觉得自己被锁住了，实际上对香安也是如此。他最后的举动相当于用火药炸了那台机器来脱身。

所以我认为这个过程是：消费观念不符 + 妮可出现→克里斯想离开→发现挥霍导致经济锁住，谁也离不开→走入极端，想通过杀人脱身。

妮可把这个过程简化为：消费观念不符导致杀人，是不合理的。

04. 弱者不再希望服从

克里斯怕离婚后一无所有，妮可也会离开他，这或许是他选择谋杀而不是离婚的原因之一。但我认为这依然解释不了他为何有预谋地杀害两个女儿，为何在杀害妻女时如此愤怒。

香安的父母说，他们以前对克里斯很满意，觉得香安再也找不到比克里斯更能照顾她的人了。香安和克里斯都曾讲过一段经历。本来香安对克里斯不是太满意，但第三次约会时，香安的红斑狼疮发作，靠在克里斯的大腿上睡着了。克里斯让她在自己腿上躺了两个半小时没敢动一下，香安醒来后很感动。

婚后，克里斯也继续扮演老好人的角色。当香安召集一群 Thrive 的同事到家里做客时，克里斯带着所有孩子们在二楼玩，不打扰女人们的聚会。

当然香安也做家务，做饭，洗衣服，带孩子。

克里斯的狱中访谈提到，他母亲辛迪从两个人开始约会就不高兴，觉得香安配不上自己儿子，并觉得香安在控制克里斯。她在一档访谈节目中说："克里斯在香安身边总是很焦虑、紧张的样子，随时站在她身后准备听她差遣。如果她要什么东西，他都是跑着去的。"

辛迪称，香安常在自己面前说克里斯这也不会，那也不好。一个骄傲的母亲当然不愿意看到儿子被其他女人这么数落，哪怕只是玩笑话。"如果我是克里斯的话，我是不会和这种人约会的。"她甚至说，这个婚姻早几年就该结束了。

因为不喜欢香安，她和克里斯的父亲、姐姐甚至都没去参加他们的婚礼。之后因为香安觉得对她自己的健康有利，要求搬到科罗拉多州，克里斯的父母更觉得香安是故意要让儿子远离他们。

香安似乎对他人的情绪不太敏感，总是很乐观。2018 年 6 月底，香安带着两个女儿回北卡罗来纳，还计划在双方父母家各住一半时间，但矛盾很快发生了。

由于塞西对坚果过敏，香安在去之前给辛迪列了一个需要采购的食品单子，并叮嘱大人们不要在塞西面前吃坚果。但当她带着两个女儿到达时，却发现辛迪完全没有按照她给的单子采购，家里到处是坚果。她只能自己开车去超市。在她离开后，辛迪给孩子们（包括克里斯姐姐的孩子们）吃冰激凌，却偏偏又是坚果冰激凌。塞西吃不到，大发脾气。辛迪告诉她："是你妈不让你吃。"

香安回来后得知这一切，和辛迪吵了一架。辛迪说，她这么做，是为了给塞西一个教训：她不能总是得到她想要的。（感觉这句话是说给香安听的。）

香安生气地带着两个孩子离开，再也没去住过。

我曾在《长子型、次子型、付出型、索取型的由来》中写过一句话：如果你的丈夫很软弱、听话，那么恭喜你，你很可能会被附送一个强势的婆婆。

辛迪在采访中说起香安的婚礼："我们都没去参加，因为我和她处不好。"很可能，在家中她的丈夫、儿子、女儿都听命于她。当香安和辛迪因为坚果吵架后，经常给孩子视频点赞的爷爷罗尼突然在社交平台上拉黑了香安，并且缺席了塞西的生日会。

辛迪的脾气在克里斯案开庭时就显露了出来。当着悲痛欲绝的香安父母的面，她读了一封给克里斯的信，有一半内容在告诉克里斯自己多么爱他。她甚至说，她已经原谅了他。（在这种场合，她似乎不是那个有资格说原谅凶手的人。）

在采访中，当主持人问她担不担心儿子被判死刑时，她说一点都不担心，现在死刑排队可能到老死都轮不上。说到这儿，她甚至恶意揣测香安家人的善良。检察官曾说过，香安家人不希望有更多的死亡了，阻止他提出死刑诉求。但辛迪却暗示：他们很虚伪，明知克里斯即便判死刑也死不了。

克里斯的母亲是一个态度强硬，总是摆出对抗姿态，说话不友好的女性。她不按照香安提供的单子购买，故意喂孩子们坚果冰激凌，或许也是出于一种对抗心理："别以为我会像我儿子一样被你使唤。"

在这场婆媳大战中，克里斯只能两头打圆场。此前，他一直都选择站在香安这边，但他的内心是什么感受呢？

和妮可暂别的克里斯到了北卡罗来纳后，听说了坚果一事。他一想到自己的父母以后再也见不到两个孙女了，便很难过。他向香安抱怨，她这么做如同在他和父亲之间插了一把匕首。（我认为他没提母亲，是怕激化矛盾。他和父亲感情格外深，香安也知道这一点，他希望能以此让香安心软。）但他的抱怨却让香安彻底爆发。

8月4日，攒了几周怨气的香安突然给他发了数条极长的短信，情绪激动地控诉他和他的父母。香安称自己在"保护女儿不受恶毒的人伤害"，称婆婆是个"邪恶的人"，谴责克里斯维护自己的父母，这几周对待她像对待垃圾和屎一般。

在收到暴风骤雨般的短信后，克里斯过了两个小时才回复。他没有争辩，而是跟她道歉，表示他妈把一切都大大搞砸了，强调自己很爱孩子。但这没能平复香安的怒火。她继续责怪他父母，强调自己在保护女儿们。克里斯回道："是的，你保护了我们的女儿，我为此一百万倍地感谢你。"

8月5日，香安依然在怒斥克里斯的父母，并禁止克里斯带女儿们见爷爷奶奶。当天晚上，克里斯突然提出自己和香安不再合拍了。

是的，这一次已经不再是香安和辛迪之间的战争。另一个女人站在了天平上。

妮可的加码或许使得克里斯想要彻底放弃香安，让自己从妻子和原生家庭的矛盾中解脱出来。

他在那天后独自去见父母时，也告诉他们，他打算离婚。他应该知道，这个消息至少能让他母亲高兴。正如辛迪在采访中所说，她听到儿子的这个打算时，感觉"他终于见到了光"。

05. 尊严和雄风

2019 年，克里斯对传记作者说，他从妮可那里得到了从未有人给过他的"尊重"。

据妮可回忆，克里斯告诉她，香安不愿意听他的意见。香安会在孩子面前骂他，而孩子们也会鹦鹉学舌。有次他想向香安要什么东西，香安叫他闭嘴，说他什么都不懂，而孩子们也开始对他重复这两句话。他觉得很伤心，正是那个时候他想过要和她分开。香安经常在社交网络上称赞丈夫，但主要内容是赞美他有多么爱孩子，多么爱妻子，多么为家庭付出……潜台词是我是一个幸运的女人，一个有魅力的女人。香安用尽力气想要获得其他女人的羡慕。（通常来说，男性更喜欢的赞美方式，是能够让其他男性羡慕自己。）

在家里，香安可能确实不如在网上呈现的那般顾及克里斯的感受。她在斥责他父母的短信中写道：她都比克里斯更有种来保护他不被他父母欺负，她希望克里斯也有种来保护他自己的家人（香安和两个女儿）。

"有种"的原词是 balls（蛋蛋）。"没种"等于说男人没有雄性气概，不像男人。

香安希望丈夫"有种"对抗自己的母亲，辛迪则希望儿子"有种"反抗自己的老婆……夹在中间的克里斯的内心必然饱受煎熬。不同的男性接受这句话的程度不一样，一个本身就自卑、敏感，担心自己不够雄性的男人，会更介意。

其实看到这里，大家应该清楚一个连锁的因果关系了。克里斯从小就很"安静"，从不挑起事端，没和人打过架，甚至在青春期都没有叛逆过。同时，他和他人交往时不太自信（传记作者曾问他为何不看着她的眼睛，他说他一向如此），性格懦弱，遇到矛盾从不与人争执，而是选择服从……

当辛迪恨铁不成钢时，却没有意识到这样的克里斯正是被她训练出来的。

从案发前后的表现来看，辛迪是个骄傲的女性，觉得自己儿子什么都好。很可能从克里斯小时候起，她就在外人面前极力维护他，遇到问题替他出面解决；但在母子之间呢，为了教养出一个和她相处起来最舒服的儿子，辛迪又懂得如何操控儿子，让他服从自己的所有安排。

于是，一个懦弱无能、性格被动、自卑又自恋的克里斯诞生了。习惯了做母亲的傀儡的他，一旦在成年后进入婚恋关系中，就会自动进入这种服从模式。他会不自觉地被强势的女性吸引。哪怕刚开始两个人的关系相对平等，在下意识的互动下，平等关系也会逐渐变成女强男弱，尽管他在意识层面未必期待如此。

调查员去监狱看他时，问了一句话："看上去你似乎更容易被强势的女性吸引？"克里斯含糊地回答："看上去是这样，因为我更内向。我是很随意的性格，香安通常做所有的决定。"

他们刚认识时，他是修车师傅，身材微胖，唯唯诺诺，站在开朗、热情、漂亮的香安身旁，像个跟班。他只能靠自己的诚意（而不是魅力）打动她。香安完全掌握主动权，很享受一个男人崇拜自己，对自己唯命是从的感觉。香安不时会用社交平台上的赞美来给他的人生价值定性：为妻女付出就是你的人生意义。

虽然这些年想必辛迪没少在背后唠叨：克里斯，你应该像个男人，你不能再被那个女人操控了，她在剥削你，她看不起你……但没有用。躲在香安身后，就是克里斯的舒适区。

香安和辛迪一样，意识不到自己的强势，她把克里斯的逆来顺受视作两个人性格合拍。直到被杀害前一天，她才开始反省。

那天，一直试图挣脱的克里斯突然对她说："什么时候你能让我独立做一件事？比如挂墙上的画，而不是告诉我该挂在哪儿。"

克里斯的话让香安震惊了。她一直以为他喜欢那样。在8月12日发给朋友的短信中，她写道："他从不和我争吵，我说什么，他都说好。他和我都知道，我做事有自己的方法，但我不知道他作为一个男人感觉怎么样，会不会受到困扰……我确实看不起他了，没有意识到他们是他的父母。我告诉他要有种保护他的家人。克里斯一直很顺从。"

常年夹在两个女人中间的克里斯，为什么突然变了？

一方面是因为坚果问题导致辛迪和香安的矛盾激化了，甚至闹到克里斯的父母拉黑香安的地步，香安再也不让爷爷奶奶看孙女了。克里斯很痛苦，但他在面对香安时，却始终硬气不起来，连替父母辩解的勇气都没有，只能带着满腔怨气继续道歉，讴歌香安。

另一方面是因为他们的婚姻中又出现了手段更高明，更懂得操控人心的妮可。

辛迪过去很得意自己有个听话的儿子，却没想过正因为儿子没主见，所以他很容易被妻子影响。香安过去很得意有个顺从的丈夫，却没想到正因为他软弱，所以他也很容易被情人操控。

克里斯对传记作者说，当他和妮可在一起时，他感觉他们的关系是"平等的"，自己更有主导权。妮可经常会拿一些事问他意见如何。所以他认为，她非常尊重他。

更重要的是，他就像一只在雌性动物面前想展现力量求交配的雄性动物，希望成为配偶眼中有骨气、有霸气的男人。妮可让他自我感觉良好，他想保持自己在妮可眼中的高大形象，非常担心她会和香安一样觉得他没种。

当香安骂他没种保护她和两个女儿时，自卑的克里斯或许在想："有种的我会是什么样子的？掐住你的脖子让你闭嘴？站出来为自己的母亲辩护？不辜负妮可的期望？"

表面上来看，他杀害妻女是为了追求和妮可"全新的开始"。但本质上，他杀害妻女是要告别那个软蛋克里斯。他认为要真正硬气起来，必须彻底摆脱香安和两个会叫他"闭嘴"，不尊重他的女儿。

这种意识当然是完全错误的。

他认为只有毁灭妻子才能让自己像个男人，其实更反映出了他骨子里的软弱，以及愚蠢。

06. 被妮可下蛊了？

我再简单回顾下这三个人的感情经历。

根据克里斯在狱中的自述，他从小腼腆，性格被动，在妮可之前，从没有其他女人主动追求他，所以在美国人恋爱最活跃的整个高中，他都没谈过恋爱。

香安在年轻时曾有一段维持了三四年的婚姻。她在高中时认识了读法学院的前夫。两个人婚后感情出现问题，当时在轮胎店当店铺经理的香安把所有精力花在工作上，尽管前夫努力挽留，但香安执意在 2008 年离婚。

香安是那种热情，有野心，总是很有干劲的人，也很有自己的主见。她的朋友很多，她和所有人相处融洽。而克里斯则相反，他内向，沉默，随大溜儿。

2010 年，经过克里斯一个亲戚的撮合，香安和克里斯加了社交平台的好友。克里斯在狱中回忆，除了他母亲一直对香安不满意外，两个人的感情一直都很好。

2017 年克里斯开始用 Thrive 的减肥产品，并锻炼身体，成功减重。之前臃肿的他变得英俊强壮。

每天克里斯背上都会贴两片 Thrive 的产品，并喝配套的保健品。他每天晚上十二点睡觉，早上四点起床，似乎从来不需要更多的睡眠。克里斯在社交平台推销产品时也说过，贴了 Thrive 的产品后，他的运动手表显示他的心率持续很高，仿佛一直在运动。

因此，也有人怀疑是不是 Thrive 的产品含有什么药物成分会改变人的心智。

在香安的打造下，克里斯成为女性心目中的理想丈夫：体格完美，照顾家庭，宠妻狂魔。晒丈夫是香安社交平台上的一大主题。

如果这是个小说，情节可能是这样的：2017年8月的一天，一个叫妮可的单身女子和香安因为琐事譬如抢医院停车位发生了激烈争执。报复心强的妮可在知道香安的名字后上网搜索，找到了香安和她的丈夫的信息，发现克里斯的工作和她的专业有一定关联。她便申请那个工作，接近克里斯，只为了抢走香安最得意的东西，却没想到克里斯为她疯狂到杀人的地步。

好吧，这或许太戏剧性了。妮可在8月的搜索记录显示出她确实动了和克里斯结婚的念头，而不仅仅是作为报复香安的手段。

也或许，2017年某天，妮可听人说起过那个有名的香安，便好奇地搜索了一下，看到了香安的"完美丈夫"克里斯。她看到了香安拥有的一切，心生忌妒。几个月后，她去新公司上班，在一群工人中认出了克里斯。这不是那个香安的丈夫吗？

女人之间的好胜心让她在克里斯面前刻意施展魅力。照克里斯的说法，最开始是妮可更主动。

当妮可问克里斯："以前出过轨吗？"他回答："从没有，或许因为你不一样。"

香安越高调地向丈夫示爱，妮可就越得意，连这样忠诚的男人都臣服于她的魅力，为她破例。一些女性对男性的征服欲并不是来自获得他的爱本身，而是来自同性之间的攀比——她用一个男人对自己的迷恋来证明自己比他的前女友、女友、妻子优秀。

克里斯说，当他们开始发消息时，他从未想过两个人之间会真的发生点什么。我猜这是真的。过去那么多年他在恋爱市场上不受欢迎，现在只是刚刚把身材练好，又怎么敢妄想一个漂亮的单身女性会主动喜欢他？

因自卑而没贼心和洁身自好是两回事。6月27日香安一离开，两个人立刻黏在一起。

妮可说 7 月 4 日是一个转折点。那天是美国国庆假日，克里斯因为前晚睡在妮可家，错过了身在北卡罗来纳的香安在早上打来的十个电话。克里斯急忙穿好衣服，想赶回家和香安视频。妮可不放他走。克里斯害怕香安生气，最终还是走了。

克里斯离开后，妮可追到了他家。这是她第一次去他们家。她看见了他们房子里的那些高档用品，对克里斯大发脾气，责怪克里斯永远把妻子放在第一位，把她放在第二位。虽然两个人刚开始没多久，但她已经表现出强烈的占有欲和攀比心。

克里斯安抚了很久才让她平息怒火。妮可赌气说当天不要再联系，便独自去看了球赛。可到了晚上，她又给克里斯打电话，让他过去，于是克里斯又去了她家。

香安抱怨他老不接电话、不回消息的那一个月，克里斯几乎每天都睡在妮可家。他忙着在网上搜索维多利亚的秘密、阿根廷的红酒、本州最好的啤酒、附近的国家公园……

他难得独处时看到妻女的照片，会问自己到底在干什么，但只要和妮可在一起，就什么都不想了。

他说到了后来，他不知道自己是谁，不记得自己以前的样子，不知道在自己身上发生了什么。他自称感觉像被一个缰绳套住了脖子，被用力拖走了。

他的这段话导致媒体的一些评论：克里斯暗示自己被施了巫术（还有说他被催眠了）。

巫术当然是不存在的。其实这很好理解，对于恋爱经历贫乏又没主见的克里斯，妮可给出的诱惑实在太大了。

一方面是新鲜的性吸引。当克里斯在北卡罗来纳时，她不停给他发裸照或内衣照，哪怕在 8 月 13 日案发后，她还给克里斯发了一张裸照。

另一方面她那炽热主动的感情，让克里斯感觉自己很有魅力，而不是那个只会靠两个半小时一动不动来打动女性的"傻帽"。

最后，妮可向克里斯勾勒的美好前景正是投其所好——她的收支平衡，财务稳定，他不用再遭受一次破产的屈辱，两个人的生活方式也接近，都喜欢户外运动，而不是那些衣服鞋子。

克里斯从未受过这般待遇，一切如同做梦一般完美。他就像一颗小铁钉，被一块巨大的磁铁牢牢吸住。他在贺卡上写下想和她共度余生。

但妮可真的决定了和克里斯在一起吗？未必。她事后对警察说，克里斯对她说了很多次"我爱你"，她只说过一两次。她说，她并不确定要和克里斯结婚，因为她想建立自己全新的生活，但克里斯已经有两个女儿了。

这是她第一次表露，两个女孩会成为她和克里斯生活的障碍。

虽然她说自己在克里斯面前从未说过对两个女孩不满意，但她真的没有流露过吗？她的一喜一怒都操控着克里斯的情绪，他体会不到吗？

显然妮可很擅长欲擒故纵。7 月 31 日，克里斯去和妻女团聚时，她反复对他说："你为什么不修复和你老婆的关系？你为什么不和她再试试？"他只能回答："试过了，是香安不想和好。"同时，妮可却因克里斯没及时打电话而发火："你是不是和她在一起，所以不敢给我打电话？"

她嘴上说的那些反话，其实是在给克里斯变相施压：你们和好吧（我和你就完了）。她吃准了克里斯在此时已经沉迷，不愿意放弃她，二选一时会有利于她。

那么，她会不会也用同样的手段，用种种情绪上的变化（而非语言），让克里斯意识到：如果他带了两个女儿，她不愿意和他一起生活呢？

这起案件让我想起安徽宿州的特大灭门案。朱大鹏生了两个女儿，一直觉得在村子里抬不起头。他的情人和她丈夫生了儿子，她投其所好地让朱大鹏相信，她有个秘诀可以只生儿子。朱大鹏因此特别"爱"她。

但其实情人并不想和丈夫离婚与朱大鹏结婚。当朱大鹏想和她结婚生儿子时，她借口道："你有这么爱你的老婆女儿，我怎么能和你在一起？"自私、愚蠢的朱大鹏为了向情人表忠心，把两个女儿和妻子先后杀掉。

当然，他杀妻女时不会告诉自己是为了生儿子，那样他自己过不了道德这一关，狠不下心。他必须先找到妻女的错，激发自己的愤怒。他找的借口是，妻子常年和他父亲偷情，大女儿是他俩生的。后 DNA 检验并不是这样的。

克里斯也同样。他被巨大的诱惑牵引，但没法赤裸裸地告诉自己，我是为了和新欢过好日子才杀害妻女的。他必须找到一个愤怒爆发点，才能让自己有"力量"去完成这个邪恶的挑战。

07. 愤怒的火药桶

我曾写过一篇文章《在伤害自己前，先做这三件事——评杨宝德被女博导奴役》讨论愤怒。有些人，特别是会操控人心的那类人（譬如寄居蟹人格），特别擅长使用愤怒。只要不符合他们的利益、心意，他们可以一秒变脸。一旦目的达成，立刻可以撤回愤怒。这些人是情绪的主人，我非常厌恶用情绪操控去达到任何目的的人。

很多人缺少发怒的力量，多半是因为他们童年时父母比较强势，会压制他们的愤怒。所以在儿童早教中，当孩子发脾气哭闹时，大人不应该禁止他们的发怒，而应教他们识别自己的愤怒，并用合理的方式表达。

若没有能力表达愤怒，积攒到某一天，可能变成失控的狂怒，对自己和对周围的人或事造成不可挽回的伤害。这是情绪的奴隶。

克里斯在这方面很无能，他根本不懂如何讨价还价，如何争取自己的利益，如何表达愤怒，所以他一直都在潜意识里积攒他的火药桶。为什么说是在潜意识里？因为他在意识层面知道，自己就算生气也改变不了什么，带着恨意生活只是徒增痛苦，所以这些怨气就会慢慢被收集到潜意识中。

如果没有遇到明火，这个桶还是安全的。但妮可是那根擦燃了的火柴。

为什么那只愤怒的火药桶爆炸威力那么大，竟然让他制造了杀妻灭女案？

一方面是长年积累，除了香安，里面还有他母亲辛迪和其他人贡献的火药，他们都让他在内心深处觉得自己不被尊重，缺乏男子气概；另一方面，他特别需要火药桶在这一刻被引爆，这是他逃避困境的一种极端方式。

妮可的威逼利诱，让他鼓起勇气对香安提出分开。当香安大为震惊，追问他是不是要离婚时，他却又胆怯了，说暂时不想离婚。他越是在现实中无法真实表达自己的诉求，他就越恨自己，越厌恶香安。

香安不愿放手，用各种办法想挽回这段婚姻。克里斯无奈只能答应她的要求：读婚姻指导的书，等她出差回来后公布孩子性别，共度二人世界修复关系……他因此得到片刻的喘息。

而另一边，妮可告诉他，鉴于他要离婚了，她已经把他们的关系告诉了朋友，不再给他回头路。他听说后立刻注销了社交平台的账号。他父亲问他为什么这么做，他答："解放我自己。"

克里斯就像进入了一条狭窄的巷子，背后是步步紧逼的妮可，前面是香安。两个女人他都很怕。他若真有勇气告诉香安真相倒也罢了，但他还是改不掉八年来服从的习惯。他被困在了自己的怯懦无能所构建的高墙内。

对于他这种性格和状态来说，杀掉妻女反倒成了一条逃避困境的"捷径"。

克里斯要想让自己有爆发力去清除障碍，就必须煽动自己的情绪，让自己愤怒。他必须找到她们做错的地方，以此迷惑自己的内心，合理化自己的行为。

所以，他主动向妮可倾诉，妻子和两个女儿都不尊重他，让他伤心。所以，他会在案发前一天质问香安，她何时能让他自己做主挂一幅画？

他并不是在和她协商，并不是在给香安改进的机会，只是试图通过说出理由，来合理化接下来将要爆发的愤怒。

　　他铆足了劲，终于可以做一个有雄风的男人，把阻碍他获得自由和幸福的人毁灭。当他掐死那个他平日里很怕的女人时，他只有凭着一腔愤怒才能下手。

　　这就可以理解，为什么当他发现两个女儿苏醒了会那么生气。就像魔鬼交给他一个艰巨的任务，他好不容易一鼓作气完成了，以为可以赢得奖赏，却在这时发现前面设置了更多的挑战。

　　他感到一种被老天捉弄的挫败感。那时他已经不能回头，心里只有一个念头：克服困难，完成它。

　　他在杀完人后一边开车一边听了 Metallica 乐队的一首歌"Battery"。

08. 当晚发生了什么？

　　8 月 11 日，案发前两天，克里斯带妮可出去约会时不再像往常那样使用公司的预付卡，而是用了信用卡支付。远在亚利桑那州的香安的手机上立刻收到了一条餐厅的消费提醒。

　　警觉的香安马上发消息问克里斯吃了什么。即便此时的克里斯已经破罐子破摔，决心要杀人，依然不敢对她的短信置之不理。于是回复：和同事在一起，点了啤酒和三文鱼。将信将疑的香安和她的闺密们找到了那家餐厅的网站，发现三文鱼并没有那么贵。那是不是他请男同事喝了啤酒呢？她们加了半天，发现金额也不对。

　　8 月 11 日约会后，妮可花了许多时间搜索克里斯、香安、克里斯父亲的名字，以及他们家房子的地址。

　　8 月 12 日晚上，案发前几个小时，克里斯给妮可打了一个一小时五十一分钟的电话，从晚九点二十八分，一直打到晚上十一点十九分。

　　这个时间差不多和香安原定的航班时间重合（晚上九点四十五分至晚上十

一点二十五分）。

也就是说，克里斯算准了香安差不多登机后开始给妮可打电话，一直打到香安差不多下飞机才挂。

但其实香安的飞机晚点了，她给克里斯发了消息。克里斯直到和妮可打完电话才回复："天，我刚在沙发上睡着了。你到家会很晚了。"

在动手前几小时，克里斯和妮可打了近两个小时的电话，究竟说了什么？

由于两个人都把这通时间点关键的电话删除了，导致有人怀疑妮可教唆克里斯犯罪或者在商量杀人计划。

我个人认为妮可不太可能让克里斯杀人，闹出命案对她没有任何好处。而且如果这是两个人精心谋划的事，想必不会留下那么多漏洞。她更可能是在那通电话中最后施压并用前景诱惑，让克里斯离开妻女。

可是，克里斯有勇气杀掉所有家人，却没有勇气离开。

2019 年，调查员找克里斯访谈。克里斯说，香安当天半夜两点回到家，两个人还做了爱。早上五点多他起床后，和香安谈起离婚一事。香安很愤怒，说她知道他一定在外面有其他女人了，并警告他，以后再也别想见到两个女儿。他一生气就掐死了香安。

几个月后，他对传记作者改变了说辞。他先杀害了两个女儿，才回到床上和香安争吵，杀人。香安完全没有反抗，只是用充满血的眼睛瞪着他死去。

我认为他还是在说谎，他和香安在那个早晨并没有发生争执，香安被掐住脖子时正处于睡梦中，等反应过来时已经晚了。

首先，克里斯既然已经下决心杀人，也已经杀害了两个女儿，此刻争执还有什么意义？争吵反而可能惊醒邻里，导致杀人失败。其次，法医发现香安没有任何防御伤，克里斯身上也没有伤。香安的父亲说，香安斗志顽强，双腿格外有力，如果是醒着且处于争吵中的话，她一定会挣扎反抗。

为什么克里斯哪怕承认预谋，也要加入争吵的情节？因为他不愿意面对一个事实：真实的他懦弱到根本没有胆量和香安吵架。

那个吵架的画面和内容都是他在脑海中反复想象的。

香安在给闺密的短信中说，若真的离婚，她会为两个孩子的全部抚养权奋战到底。闺密们也让她一定要把房子拿到手。她们都在骂他。

香安是个斗士。克里斯比谁都清楚这一点。他不敢在短信中说出离婚两个字，是因为他知道，万一真的和香安决裂，站到了她的对立面，他会经历一场可怕的战斗。懦弱的他光是想象争吵的画面就怕得要死。

趁香安在睡梦中掐住她的脖子，是最懦弱、最卑鄙的一种逃避方式。

从克里斯和占有欲极强又好胜的妮可偷情开始，这场悲剧就不可避免，不存在偶然性。哪怕动手前的他能听到一个声音提醒：杀了妻女你会失去一切，坐一辈子牢，被世人唾弃……我相信，他还是会那么做，因为对于拥有这个性格、这个心理，走到这一步的他来说，别无选择。

懦夫都是如此，他们总是被动地被各种人和事牵扯着，被推进某个计划之外的困境中，又总是为了逃避眼前的困难，把更大的麻烦留到后面。

在杀人那一刻，焦头烂额的克里斯的"首要任务"是缓解妮可的逼迫，并回避和香安的战斗。自私、懦弱至骨髓里的他，没有能力冲过游戏中的关卡，而选择拔掉了电脑的电源。

克里斯认为，作案时的他不是平日里的自己。但我认为这正是那个真正的克里斯——懦弱和残暴总是共存。他以为暴力可以像歌里唱的那样把软弱撕碎，把胆怯粉碎，但恰恰相反。

暴力也可以是一种逃避，证明他没有勇气承担出轨的责任和离婚的后果，他甚至没有胆量诚实地面对自己的欲望，承认自己的自私和卑劣。

所以香安说他没有种，并没有冤枉他。

09. 终结

案发四天后，妮可在网上搜索安博·弗雷（另一起著名杀妻案中的情人）的一本曝光婚外情内幕的书赚了多少钱，以及现在身价多少。

如果克里斯真的和妮可在一起了，我相信妮可很快会看到他究竟有多懦弱而嫌弃他。两个人的关系会更快地进入强弱模式。

更有可能妮可并不爱他，只是太想赢另一个女人。一旦香安不存在，克里斯也不再有价值。

妮可时常表现得很自信。譬如她对警察说，克里斯很爱自己，只要自己在他身边，去哪儿他都开心。现在他不能和自己说话，一定挺难过的。

但克里斯在 8 月 15 日被捕后，妮可从没看过他或接听他的电话。

克里斯说希望自己哪怕有一次机会，可以对妮可说句"对不起"。传记作者问他是否还爱她，他说："我曾觉得这份爱是真的。"

妮可对警察说，她相信不管自己有没有和克里斯交往，他都会杀人。若不是杀妻女，那杀的或许是某个同事或是她。她暗示克里斯骨子里是暴力的凶手。

克里斯大概不会想到，妮可为了撇清自己的那部分责任，会如此描述他。

我不认为杀妻灭女是必然会发生的。母亲辛迪、妻子香安往木桶里加的火药，以及那根在火药桶旁点燃的火柴，缺一不可。

更关键的是那个一直无意识地往肚子里积攒火药的木桶本身。这是一个可悲、可鄙又迷茫的灵魂，他甚至没弄明白"我是什么样的人，我到底想要什么。"。

克里斯后来在科罗拉多州的牢里被狱友欺负，他们叫他去死。他说自己信了基督教，希望能有机会出狱当一个牧师。他收到很多求爱信，包括一个科罗拉多州的女人给他寄来的比基尼照片，但他说不打算再爱别人。

克里斯说他很懊悔，如果这一切没有发生，他现在是两个可爱的女孩和一个小男孩的父亲，还有一个漂亮的妻子。

可惜没有如果。

在牢中悔恨一辈子，每天面对自己卑鄙可怜的灵魂，懊恼自己的罪行，每天一闭上眼就会听到贝拉的声音"爸爸，不要！"，也算人间地狱吧。

图书在版编目(CIP)数据

迷案重现:没药花园 / 何袜皮著 . -- 长沙:湖南
文艺出版社,2020.10
ISBN 978-7-5404-9773-6

Ⅰ.①迷… Ⅱ.①何… Ⅲ.①犯罪心理学—通俗读物
Ⅳ.① D917.2-49

中国版本图书馆 CIP 数据核字(2020)第 161793 号

上架建议:畅销·犯罪心理学

MI'AN CHONGXIAN: MOYAO HUAYUAN
迷案重现:没药花园

作　　者:何袜皮
出 版 人:曾赛丰
责任编辑:匡杨乐
监　　制:毛闽峰　李 娜
策划编辑:张 璐
特约编辑:孙 鹤
营销编辑:焦亚楠　刘 珣　刘 迪　杨秋怡
封面设计:介末设计
版式设计:潘雪琴
出　　版:湖南文艺出版社
　　　　　　(长沙市雨花区东二环一段 508 号　邮编:410014)
网　　址:www.hnwy.net
印　　刷:嘉业印刷(天津)有限公司
经　　销:新华书店
开　　本:680mm × 955mm　1/16
字　　数:254 千字
印　　张:19
版　　次:2020 年 10 月第 1 版
印　　次:2020 年 10 月第 1 次印刷
书　　号:ISBN 978-7-5404-9773-6
定　　价:48.00 元

若有质量问题,请致电质量监督电话:010-59096394
团购电话:010-59320018

MYRRH GARDEN
没药花园